# 中国存款保险制度运作模式与定价机制研究

马莉 ◎ 著

Operation Pattern and Pricing Research of China's Deposit Insurance System

·广州·

**版权所有　翻印必究**

图书在版编目（CIP）数据

中国存款保险制度运作模式与定价机制研究/马莉著．—广州：中山大学出版社，2016.2

ISBN 978-7-306-05574-3

Ⅰ．①中…　Ⅱ．①马…　Ⅲ．①存款保险制度—研究—中国　Ⅳ．①F842.69

中国版本图书馆 CIP 数据核字（2015）第 316494 号

| | |
|---|---|
| 出版人： | 徐　劲 |
| 策划编辑： | 钟永源 |
| 责任编辑： | 钟永源 |
| 封面设计： | 林绵华 |
| 责任校对： | 杨文泉 |
| 责任技编： | 何雅涛 |
| 出版发行： | 中山大学出版社 |
| 电　　话： | 编辑部 020-84111996，84113349，84111997，84110779 |
| | 发行部 020-84111998，84111981，84111160 |
| 地　　址： | 广州市新港西路 135 号 |
| 邮　　编： | 510275　传　真：020-84036565 |
| 网　　址： | http://www.zsup.com.cn　E-mail：zdcbs@mail.sysu.edu.cn |
| 印 刷 者： | 广州中大印刷有限公司 |
| 规　　格： | 787mm×1092mm　1/16　9.75 印张　238 千字 |
| 版次印次： | 2016 年 2 月第 1 版　2016 年 2 月第 1 次印刷 |
| 定　　价： | 29.80 元 |

如发现本书因印装质量影响阅读，请与出版社发行部联系调换

# 中文摘要

　　随着中国金融自由化、利率市场化的稳步推进，在金融市场效率提高的同时，商业银行也将面临更加激烈的竞争和挑战，或许会有一部分银行由于管理不善、运作效率低下等问题而面临淘汰。如何保障这些银行中小储户的利益？如何应对由于恐慌而可能产生的挤兑风险？如何防范由一家银行的支付危机而诱发整个金融体系的信用危机？这些问题都是中国金融管理部门面临的重大课题。综观世界各国的经验，建立合理的存款保险制度是一个不错的选择。

　　存款保险制度（Deposit Insurance）指由符合条件的各类存款性金融机构集中起来建立一个保险机构，各存款机构作为投保人按一定存款比例向其缴纳保险费，建立存款保险准备金，当成员机构发生经营危机或面临破产倒闭时，存款保险机构向其提供财务救助或直接向存款人支付部分或全部存款，从而保护存款人利益，维护银行信用，稳定金融秩序的一种制度。

　　世界各国的实践经验表明，存款保险制度在保护存款人利益、提高公众对银行信心，保证银行体系稳定等方面具有重大作用。但存款保险也会使银行放松对业务风险的选择，产生道德风险、逆向选择和公正缺失等一系列问题。研究发现，合理的体系设计、反应风险差别的公平费率对道德风险具有重要的制约作用，为一国存款保险制度成败的关键。

　　本书着眼于中国存款保险制度运作模式和费率体系的研究，主要内容在两个方面：

　　1. 中国存款保险制度运作模式的研究

　　本部分首先阐述世界各国建立存款保险制度的实践经验，其次分析中国建立存款保险制度的条件，最后详细研究存款保险制度运作模式的具体要素，以此来提出本书对于中国存款保险制度运作模式的分析和评价。这部分研究重点是存款保险制度运作模式的具体要素，写作基本思路是：

　　（1）梳理世界各国的选择，对比不同国家存款保险制度运作模式的特征。

　　（2）阐述国际存款保险协会的指导原则。

(3) 综述我国学者的研究建议。
(4) 解读中国《存款保险条例》的具体规定。
(5) 提出本书的思考与建议。

2. 中国存款保险定价研究和费率测算

研究发现，公平合理的费率体系可以有效地降低存款保险制度所诱发的道德风险。所以，费率体系的设计是一国存款保险制度运作成败的关键。理论上存款保险定价主要有两类方法，一类是以 Merton（1977）的期权定价模型为基础的定量方法；一类是以银行评级和资本标准为基础的预期损失定价法，这两类方法各有优势。第一类方法把存款保险看作一个期权，运用期权定价方法来研究存款保险价格，这种方法运用复杂的数据和模型，使得定价更具客观性；但这种方法依赖于有效的市场数据，更适合证券市场比较发达的国家，或具有客观数据的上市银行。第二类方法是传统保险定价法，通过基本分析、市场分析以及评级分析来估计银行违约概率及违约损失，将预期损失率看作存款保险费率；第二类方法相比第一类方法更具一般性，它是基于银行的财务信息、监管评价等指标，所以不局限于上市银行；但这种方法带有一定主观性，依赖于有效的监管和评级体系。

我国目前存款类机构有五大类，5 家大型商业银行，12 家股份制商业银行，上百家城市商业银行，几千家各类农村金融机构以及 387 家外资银行。多层次多元化的存款类机构注定我国存款保险费率定价必定十分复杂。在这众多的存款类机构中，目前上市的银行只有 16 家。本书对上市银行和非上市银行分别采用不同的方法进行费率测算。这部分写作思路是：首先，对 16 家 A 股上市银行采用第一类方法进行费率定价；然后运用估计出的费率进行因素分析，分析那些影响银行风险即保费的因素，建立回归模型；再用此回归模型对非上市银行进行定价。本文共测算了中国 140 家商业银行的存款保险费率。综合这些测算结果，本文提出了对中国存款保险制度费率体系的建议。

笔者认为，虽然在中国存款保险制度建立初期，不易采用过于复杂的费率体系，但是统一费率体系不能反映银行风险差别，无法激励银行审慎经营，建议采用差别费率体系。为此，本文综合 140 家商业银行的存款保险测算费率，按照从小到大排列，分为五个级别，提出了中国存款保险制度的五级差别费率体系：

（1）一级费率为 0.01%，4 家商业银行位于这个级别，分别是工商银行、建设银行、农业银行和中国银行，他们都是全国性质的大型股份制银行；

（2）二级费率为 0.03%，36 家商业银行位于这个级别，包括 3 家上市银行（交通银行、中信银行和民生银行）、3 家非上市股份制银行（渤海银行、恒丰银行和浙商银行），以及 30 家城市商业银行；

（3）三级费率为 0.05%，41 家商业银行位于这个级别，包括 8 家上市银行（华夏银行、浦发银行、招商银行、兴业银行、平安银行、宁波银行、北京银行、南京银行）、20 家城市商业银行和 13 家农村商业银行；

（4）四级费率为 0.07%，22 家商业银行位于这个级别，包括 1 家上市银行（平安银行）、1 家非上市股份制银行（广发银行）、7 家城市商业银行和 13 家农村商业银行；

（5）五级费率为 0.10%，37 家商业银行位于这个级别，包括 11 家城市商业银行和 26 家农村商业银行。

本书是在当今中国现有数据条件下，做一个尝试，对中国存款保险制度费率体系提出了较为详细的建议。随着未来中国金融市场更加完善，市场数据和财务数据更加健全，精确地反映风险差别的费率需要更深入的研究。

# ABSTRACT

With the progress of China's financial liberalization and interest rate liberalization, the efficiency of the financial market has been improved greatly. And commercial banks have been faced with more challenges and competition. But at the same time, There will be some banks that can not manage well without strict supervision. They may face elimination because the problem of management mechanism problem and the efficiency of operation. So how to protect small depositors of these banks? How to deal with the fear of bank – run? How to prevent the financial system credit crisis? These are major issues of China's current financial market. Throughout the world experience, deposit insurance system is a good choice.

Deposit insurance is a regime that allows various qualified deposit financial institutions together to establish an insurance institution to which deposit institutions as holders pay insurance premium which is a certain percentage of its deposit as deposit insurance reserve. In case member institution suffers operation crisis or bankruptcy, the deposit insurance institution can provide financial rescue or pay depositors in full or part. So far, 111 countries or regions have established deposit insurance system. Though different contents exists among deposit insurance systems in different countries, the positive role of deposit insurance system in protecting depositors, improving public confidence in banks and maintaining the stability of bank system has been recognized.

This paper focuses on the design of China's deposit insurance system. There are two main research contents:

1. The operation pattern of China deposit insurance system

First we research on deposit insurance system in the other countries. And then, following the guide of International Association of Deposit Insurers (IADI) and suggestions of the domestic scholars, we analyse China's situation and give the final design of China's deposit insurance system.

2. The premium system of deposit insurance

There are numerous methods to price deposit insurance. How to effectively evaluate the risk of bank is the core problem. Theoretically, deposit insurance premium pricing methods fall into two categories: one is quantitative method based on Black – Scholes Option Pricing Model, the other is expected loss pricing method based on bank rating and capital standard. Both two methods have their virtues and faults. In the first method, deposit insurance is deemed as option, and using option pricing method to determine deposit insurance premium. This method applies complicated quantitative data and models, which renders the pricing relatively objective. However, this method requires effective market data; therefore, it is more suitable for listed banks with well – developed securities market. The second one is a conventional pricing method. It estimates the probability of default and default loss of banks through basic analysis, market data and rating information. In this method, expected loss will be deemed as deposit insurance premium. The second method based on financial information of bank, regulation appraisal, and other index, is more general, not limited to listed banks. However, this method relying on effective regulation and rating system is subjective to a certain degree.

On March 2015, Draft Regulations on Deposit Insurance of china released by the State Council suggests that deposit insurance scheme is on track. According to plan, premium will gradually transit from flat – rate at initial stage to differential rate in future. Therefore, a research on deposit insurance premium system of Chinese financial institutions is extremely necessary. At present there are five major types of banks in China, 5 big commercial banks, 12 joint – stock commercial banks, hundreds of city commercial banks, thousands of rural financial institutions and 387 foreign banks. So China's deposit insurance pricing is due to be complex.

First this article uses modified Black – Scholes Model, which is a prevailing method in international community to price deposit insurance premium, to conduct empirical analysis of 16 listed banks of china to calculate deposit insurance premium, in hope of finding out a deposit insurance premium pricing model suitable to listed banks in China and constructing a deposit insurance premium system which can reflect risk level. Then we do the factor analysis of estimated rate of banks, establish the regression model of facors. And we use the regression model to price the non listed banks. Altogether we have comprehensive measured deposit insurance premium rate of 140 banks. according to the ascending order,

Then we conduct China deposit insurance rate system suggestion, we divide banks into five levels:

Group 1: 0.01%.

There are 4 commercial banks in this level: Industrial and Commercial Bank of China, China Construction Bank, Bank of China, Agricultural Bank of China. They are the national nature of the large – scale banks.

Group 2: 0.03%

There are 36 commercial banks in this level, including 3 listed banks (Bank of Communications, China CITIC Bank and China Minsheng Bank), 3 non listed joint – stock banks (Bohai bank, Prudential Bank and Zheshang Bank), and 30 city commercial banks.

Group 3: 0.05%

There are 41 commercial banks in this level, including 8 listed banks (Bank of China, Shanghai Pudong Development Bank, China Merchants Bank, IndustrialBank, Ping An Bank, Bank of Ningbo, Bank of Beijing, Bank of Nanjing), 20 city commercial banks and 13 rural commercial banks.

Group 4: 0.07%

There are 22 commercial banks in this level, including 1 listed banks (Ping An Bank), 1 non listed joint – stock banks (Guangdong Development Bank), 7 city commercial banks and 13 rural commercial banks.

Group 5: 0.10%

There are 37 commercial banks in this level, including 11 city commercial banks and 26 rural commercial banks.

# 目 录

1 引言 ········································································· (1)

2 存款保险制度运作模式研究 ········································· (3)
   2.1 世界各国存款保险制度实践及经验 ························· (3)
      2.1.1 美国存款保险制度实践及经验 ························ (3)
      2.1.2 其他各国存款保险制度实践及经验 ················· (4)
   2.2 中国存款保险制度实施条件 ·································· (5)
   2.3 存款保险制度运作模式研究 ·································· (11)
      2.3.1 政策目标 ··················································· (11)
      2.3.2 职能权限 ··················································· (14)
      2.3.3 组织形式 ··················································· (20)
      2.3.4 会员资格 ··················································· (30)
      2.3.5 保障存款范围 ············································ (38)
      2.3.6 限额承保和联合承保 ··································· (42)
      2.3.7 筹资机制 ··················································· (54)

3 存款保险定价模型研究 ················································ (67)
   3.1 Merton 的 B-S 期权定价模型 ································· (67)
   3.2 Marcus & Shaked 修正模型 ···································· (69)
   3.3 Ronn & Vermade 引入监管宽容的修正模型 ············· (72)
   3.4 Duan & Yu 的多期定价模型 ··································· (75)
   3.5 Duan 的 GARCH 期权定价模型 ······························ (80)

## 4 中国存款保险费率实证测算 ……(84)

### 4.1 上市银行存款保险费率实证测算 ……(84)
#### 4.1.1 模型 ……(84)
#### 4.1.2 数据 ……(84)
#### 4.1.3 实证结果及分析 ……(89)
#### 4.1.4 总结 ……(96)

### 4.2 存款保险费率风险因素回归分析 ……(97)
#### 4.2.1 风险指标选择 ……(98)
#### 4.2.2 数据来源 ……(99)
#### 4.2.3 回归模型 ……(100)
#### 4.2.4 回归结果及分析 ……(101)
#### 4.2.5 总结 ……(104)

### 4.3 非上市银行存款保险费率测算 ……(104)
#### 4.3.1 数据来源 ……(104)
#### 4.3.2 模型 ……(105)
#### 4.3.3 结果及分析 ……(105)

### 4.4 中国存款保险制度差别费率体系设计 ……(109)

## 5 中国存款保险制度运作模式总结 ……(114)

## 附表 ……(117)

## 参考文献 ……(142)

# 1 引 言

据美国高盛集团首席经济学家杨·哈齐斯估算，2008年次债危机给全球造成的直接损失达1.4万亿美元，间接经济损失不可估量。在金融危机期间，美国数以千计的中小银行倒闭清算，就连举世闻名的花旗集团（损失估计356亿美元）、美林集团（损失估计近400亿美元）、摩根斯坦利（损失估计103亿美元）都损失惨重。并且，次债危机所诱发的系统性风险拖累全球经济，至今世界各国也未能完全走出金融危机的阴影。2010年，越演越烈的主权债务危机蔓延欧洲，进一步重挫了原本已经脆弱的金融体系。2011年9月，全球各大证券市场出现大幅下挫，连一向稳健的黄金交易市场，也创下单日下跌5.5%的历史纪录。由于金融衍生工具的泛滥和金融一体化的发展，世界金融体系被绑定在一起，所以近几年一个机构或主权的危机往往演变成整个金融市场或者全球的经济危机。全球金融体制异常脆弱，防范系统性风险，防范金融危机，已经成为当今世界的主要课题。

其实，早在1933年经济大危机以后，人们就认识到，银行体系由于存在构造性缺陷、基础性缺陷和系统性缺陷[①]，容易发生挤兑风险，而一家银行的破产倒闭往往引起"多米诺骨牌"效应，对其他金融机构形成冲击，进而造成整个金融系统的恐慌和社会信用体系的破坏。于是世界各国吸取教训，加大了对银行风险的监管，相继探索建立了存款准备金制度、央行最后贷款人制度、存款保险制度。这三种金融保障制度在1933年危机之后相继受到世界各国普遍采用，已经成为防范银行风险、防范金融危机的三大安全防护网。尤其是存款保险制度，它在保护中小储蓄者利益，防范挤兑风险上成效显著。

存款保险制度（Deposit Insurance）[②]指由符合条件的各类存款性金融机构集中起来建立一个保险机构，各存款机构作为投保人按一定存款比例向其缴纳保险费，建立存款保险准备金，当成员机构发生经营危机或面临破产倒闭时，存款保险机构向其提供财务救助或直接向存款人支付部分或全部存款，从而保护存款人利益，维护银行信用，稳定金融秩序的一种制度。

1929—1933年的大危机重创美国经济，特别是金融市场，众多银行倒闭，存款失去保障，公众对银行丧失信心。在此背景下，1933年美国建立了联邦存款保险公司（简称FDIC）。随后许多国家仿效美国，相继建立存款保险制度。目前，已经建立存款保险制度的国家和地区已有111个[③]，存款保险制度在保护存款人的利益、提高公众对银行的信心，保证银行体系的稳定等方面所起到的作用得到了一致认可。

新中国成立以来，除海南发展银行外，我国尚未发生其他银行倒闭或者清算事件，所以很多人认为我国根本没有必要建立存款保险制度，事实上，以国有银行为主的金融体系

---

① 胡炳志（2003）：银行存在构造性缺陷、基础性缺陷、系统性缺陷，易发生挤兑风险。
② 定义见百度百科。
③ 见 www.iadi.org。

存在"隐性存款保险"。国家作为国有银行的担保人和最后承担者，相当于政府给商业银行的存款提供全面的隐性保护。这种隐性的保护使得居民和企业放松了对银行风险的关注。20世纪90年代后期，在我国经济金融改革的过程中，国有银行完成了股份制改造，"自主决策、自主经营、自负盈亏"的市场化经营主体资格已经具备，并且成功上市。随着我国金融自由化、利率市场化进程的进一步推进，政府会进一步放松管制，发挥市场机制的调节作用，这样势必会使银行面临更大的竞争和挑战，或许会有一部分银行由于管理机制、运作效率等问题而面临淘汰。而当今整个世界经济金融形势的不稳定性，使得这个可能性大大增加。那么，如何保障这些银行中小储户的利益？如何应对由于恐慌而可能产生的挤兑风险？如何防范由一家银行的支付危机而诱发整个金融体系的信用危机？这都是我国目前金融领域的重大课题。综观世界各国的经验，存款保险制度对于这些问题能起到良好的效果。

我国国内对存款保险制度的研究从20世纪90年代初开始至今已经有20多年，虽然存款保险制度也存在着一些问题，但是它的功能也毋庸置疑，理论界和金融界基本上都赞同我国推行存款保险制度，所以目前研究的焦点主要集中在如何设计出更加适合我国的存款保险制度，包括保险范围、赔偿标准、保险费率、问题银行处理办法、组织体制等的选择。

本书着眼于中国存款保险制度运作模式和费率体系研究，研究目标有两个：一是中国存款保险制度运作模式的研究，阐述世界各国建立存款保险制度的实践经验，分析中国建立存款保险制度的条件，详细研究存款保险制度运作模式的具体要素，解读中国《存款保险条例》，提出本书对于中国存款保险制度运作模式的思考和建议；二是中国存款保险费率体系的研究，梳理主流存款保险费率定价模型，针对中国非上市银行和上市银行找到合适的方法来测算存款保险费率，然后根据实证测算结果来设计中国存款保险费率的体系。

# 2 存款保险制度运作模式研究

从1933年美国建立存款保险制度以来，建立存款保险制度的国家和地区已有111个①。这些国家建立存款保险制度的实践及经验无疑是宝贵的财富。了解这些国家建立存款保险制度的背景及遇到的问题，研究这些国家存款保险的设计，对完善中国存款保险制度，起到事半功倍的作用。

## 2.1 世界各国存款保险制度实践及经验

### 2.1.1 美国存款保险制度实践及经验

美国是世界上最早建立存款保险制度的国家，建立的背景是20世纪30年代大危机时期，当时美国股市崩溃，大批企业一夜之间倒闭，这些现象引起了恐慌，人们争相到银行去提现，造成大面积"挤兑"现象发生，使得银行面临流动性危机。据统计，大危机期间，美国超过9000家②银行倒闭，银行体系遭遇信心危机，整个金融系统陷入瘫痪。为了控制银行危机，重拾人们对银行体系的信心，美国国会在1934年宣布创立联邦存款保险公司（Federal Deposit Insurance Corporation，FDIC），为个人存款提供保险。实践证明，FDIC的创办是成功的，它使得人们的恐慌情绪慢慢平复，美国银行倒闭的数量急剧减少，1934年至1980年将近50年中，倒闭的银行不足500家③，倒闭银行的所有受保存款都得到了FDIC的赔付，公众对金融系统的信心增强，金融体系趋于稳定。

但是，到了20世纪80年代，美国经济陷入衰退，银行状况日益堪忧，1980年至1994年间又有超过2900家④金融机构倒闭。这种系统性风险给FDIC带来了巨大的赔付压力。为了应对日益恶化的金融环境，美国国会进行了一系列改革，包括1989年颁布《金融机构改革、恢复、强化法》，建立新的存款保险基金；1991年颁布《联邦存款保险公司改进法》（FDICIA），实行风险调整的费率体系，给予FDIC 300亿美元的借款权；1993年颁布《公共预算协调法》，明确了受保存款机构倒闭时的清算方法和顺序；1996年《存款保险基金法》⑤，要求对储蓄协会保险的所有存款征收特别保费，保证基金充实。这些措施使得美国快速积累了充实的存款保险基金来应对风险，也明确了FDIC对问题金融机构处理、关闭的程序和方法，更是世界上第一家实行风险调整型费率体系的国家。经过银行

---

① 见 http://www.iadi.org.
② 数据来源于 *Deposit Insurance: the U.S. Experience*，Michael Zamorski，美国联邦存款保险公司战略规划执行部长，在2005年存款保险国际论坛中的发言论文。
③ 数据来源同上。
④ 数据来源同上。
⑤ 具体法案可见FDIC官方网站 http://www.fdic.gov.

倒闭危机和大刀阔斧改革，美国存款保险制度日益完善，掌握了更多处理问题银行的方法，但FDIC仍然面临一些挑战和需要改革的地方，Michael Zamorski（美国联邦存款保险公司战略规划执行部部长）在存款保险国际论坛发言中指出了未来FDIC需要改革的方向：存款保险机构和金融监管机构在信息共享，处理问题银行等方面的协调；对参保银行风险状况地及时掌握和提早干预；基金积累规模和风险费率更加合理化等。

综上所述，美国存款保险制度建立已经将80多年，是迄今为止时间最长、经验最丰富、体系最完善的存款保险制度，从美国FDIC的经历来看，我们总结出以下几个结论：

（1）FDIC在保护中小储户存款，稳定公众对银行信心方面的作用毋庸置疑。

（2）FDIC在个别银行面临问题时，提早干预、财务援助、倒闭清算、存款赔付等处理方法的综合运用日益成熟，卓有成效。

（3）FDIC在面临银行系统性危机（如20世纪80年代储贷危机）时，显得力不从心。

（4）只有适应市场环境、设计合理的存款保险制度才能发挥应有的作用。

（5）建立充实的存款保险基金是存款保险制度的根本。

（6）存款保险机构与金融监管机构的协调和权责划分问题制约着FDIC的效率。

吸取美国存款保险制度的经验和教训有助于明确中国存款保险制度建设的方向和重点，结合以上有关FDIC的经验总结以及中国的实际国情，我们至少可以明确如下三点：

（1）存款保险制度的作用毋庸置疑，但存款保险无法应对系统性危机，需要其他机构和方法的配合，这样的认识有助于给存款保险清楚的目标定位。

（2）符合中国国情和金融状况的合理运作模式是存款保险制度成败的关键。

（3）金融安全网三大体系的协调和权责划分影响存款保险制度运作效率。

### 2.1.2 其他各国存款保险制度实践及经验

美国之后，世界其他各国对于存款保险制度的探索，相对晚一些。20世纪60年代，印度、挪威、多米尼加共和国、菲律宾、密克罗尼西亚、德国、加拿大、黎巴嫩和芬兰9个国家相继建立了存款保险制度。集中爆发期是20世纪90年代，当时美国刚刚完成存款保险制度改革，开始实行风险费率体系。美国存款保险制度的完善吸引了世界其他各国的争相效仿，在20世纪90年代有38个国家相继开始实施存款保险制度，早期已经建立存款保险制度的国家也在这个时期进行了改革和修正。国际存款保险协会（IADI）建立于2002年，致力于分享彼此存款保险制度的经验，促进国际间的合作，提供指导和帮助。在IADI的帮助下，又有36个国家包括一些原来实行隐性存款保险的国家也积极改革，纷纷建立存款保险制度。截至2014年，已经有111个国家建立了显性存款保险制度，还有41个国家正在筹备中①。存款保险制度已经成为国际公认的金融安全网必不可少的组成部分。2008年，IADI根据各国经验和教训，提出了一套存款保险制度的指导规范，在2009年3月与巴塞尔委员会联合公布了《有效存款保险制度核心原则》②。

世界各国的实践和IADI的努力都给中国提供了宝贵的经验：

---

① 世界各国建立存款保险制度的时间分布见图1。
② 核心原则详见 http://www.iadi.org/cms/secure/docs/JWGDI%20CBRG%20core%20principles_18_June.pdf。

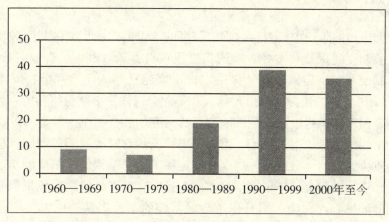

图 2-1 世界各国建立存款保险制度时间分布
据来源：根据 IADI 官网提供的数据整理而得，见 http://www.iadi.org。

（1）存款保险制度在稳定银行体系，保护小额存款方面的作用得到了世界公认。
（2）改革隐性存款保险为显性存款保险已经成为世界发展趋势。
（3）金融风险管理技术的快速发展，使得实行风险调整型存款保险费率成为可能。
（4）随着世界各国金融监管部门监管水平的日益提高，存款保险当局在问题银行信用评估、早期风险预警和干预，以及事后倒闭处理等方面积累了大量经验。
（5）《有效存款保险制度核心原则》的颁布给未建立存款保险制度国家提供了一个范本，但它只是一个规范性的指导，由于各国国情和金融发展水平之间的差异，世界各国存款保险制度在具体细节设计上仍有很大不同。

所以，当前中国建立存款保险制度的主要工作是在吸取世界各国经验的基础上，根据中国的国情和金融发展水平，研究适合中国的存款保险。对中国的存款保险制度设计不能照搬某一个国家的体系，而是应该参考各国的制度设计特征，找到跟中国国情匹配和适合的设计。

## 2.2 中国存款保险制度实施条件

我国国内对存款保险制度的关注始于20世纪90年代初，当时正值世界各国争相效仿美国进行金融改革和建立存款保险制度的高峰期。当时理论界的研究主要集中在对已经建立存款保险制度国家的经验研究，实务界更注重分析探讨我国是否应该建立存款保险制度。

在分析国外经验的过程中，研究者们出现了分歧，有的赞成我国实施存款保险，有的仍然觉得我国目前尚不适合实施存款保险。赞成者们看到了存款保险制度在国外的成功运作，也看到了它在稳定银行系统，保护小额存款方面的作用，当然起作用的前提是合理的制度设计。反对者认为我国目前不具备建立存款保险制度所需的这些先决条件，我国的金融行业才刚刚起步，银行的治理结构还不完善，监管机构在信用评级、监管手段等方面还不成熟，金融主体还比较单一，国有银行占有较大的份额，这些情况使得我国不适宜实施存款保险制度。

在研究者们激烈的争论中，对存款保险制度的认识也在逐步加深，实务界也从来没有放弃对存款保险制度的探索和准备，政府高度重视对存款者利益的保护。1993年《国务院关于金融体制改革的决定》发布，该决定提出要建立存款保险基金，保障社会公众利益；1997年的全国金融工作会议提出要研究和筹建全国性中小金融机构的存款保险；中国人民银行成立专门工作小组进行存款保险制度的研究和准备工作。但是，1997年东南亚金融危机爆发，中国的金融机构受到了一定程度地波及，政府加强了对问题机构的处置，依法关闭了一些重大风险的金融机构。这次危机延缓了建立存款保险制度的步法，任何改革只有在良好的经济环境和金融环境中推行才能取得应有效果。但这次危机也坚定了中国建立存款保险制度的决心，它让人们见识了金融系统的不稳定性，见识了银行固有的脆弱性。危机过后，中国开始系统地进行金融体制改革。

如今20年过去了，中国的国情和金融环境发生了很大变化，金融改革取得了一定成效，金融主体越来越多元化，利率市场化进程稳步推进，中国存款保险制度的实施条件已经成熟。

**1. 金融改革取得成效**

1997东南亚金融危机爆发之后，为防范金融危机在中国发生，整顿金融秩序，防范和化解金融风险，中国开始进行大刀阔斧的金融改革。改革的大刀首先伸向四大国有银行。

1997年11月，第一次全国金融工作会议决定："中央财政定向发行2700亿元特别国债，补充四大国有银行资本金；将13939亿元银行不良资产剥离给新成立的四家资产管理公司；以及取消贷款规模，实行资产负债比例管理等"，这些措施进一步推进了国有银行商业化的步伐。

2002年，中国加入WTO的第一年，为了应对可能面临的外资银行的竞争，第二次全国金融工作会议决定："快速推进新一轮国有商业银行改革，完善银行内控机制，加强管理，改进经营，提高服务水平；在此基础上，实行股份制改造，建立现代金融企业的法人治理结构；政府组建中央汇金投资有限责任公司来主导银行业的重组上市。"随后，工商银行、建设银行、中国银行陆续完成股份制改革在海外上市，三大行的上市也激发了其他商业银行的上市热情，纷纷在海外、香港和国内A股市场排队上市。

2007年1月，第三次全国金融工作会议决定推进中国农业银行的整体改制和上市工作。中国农业银行于2010年7月15日和16日正式在上海和香港两地上市。至此，中国四大银行全部实现上市。

政策性银行改革也在2007年开始推行。2012年，第四次全国金融工作会议又明确提出了要"深化国家开发银行改革，推动中国进出口银行和中国出口信用保险公司改革，研究推动中国农业发展银行改革，继续推动中国邮政储蓄银行改革"。

从1997年至今，中国金融领域发生了翻天覆地的变化，金融机构完成股份制改造，自主经营、自负盈亏的竞争格局已经形成，银行的治理结构也得到了大大的改善，共有16家商业银行在中国A股市场上市。这些改革成效的取得，为我国实施存款保险制度做好了准备工作。

## 2. 银行主体显著增多

中国在20世纪90年代开始金融体制改革，经过国有银行股份制改造，城市信用社改组城市商业银行，以及农村金融机构改革等一系列措施后，金融机构主体更加多元化，金融机构数量不断增加，截至2013年年底，我国银行业金融机构共有3949家，从业人员355万人（见表2-1）。

表2-1 中国银行业金融机构类型分布

| 银行类型 | 数量 | 银行类型 | 数量 |
| --- | --- | --- | --- |
| 政策性银行 | 3 | 农村合作银行 | 122 |
| 大型商业银行 | 5 | 农村信用社 | 1803 |
| 股份制商业银行 | 12 | 村镇银行 | 987 |
| 邮政储蓄银行 | 1 | 贷款公司 | 14 |
| 城市商业银行 | 145 | 农村资金互助社 | 49 |
| 农村商业银行 | 468 | 外资法人金融机构 | 42 |

数据来源：根据中国银行业监督管理委员网站整理而得。

（1）5家大型商业银行。中国工商银行、中国建设银行、中国银行、中国农业银行、交通银行是我国银行业的主体，资产规模占整个银行业金融机构的43.3%（见图2-2），经过10多年的改革，这5家大型商业银行都已经成功上市，治理水平不断提升，股权结构进一步完善，风险管理水平逐步提高。在今后一段时期内，这5家大型商业银行仍会是我国银行业的支柱，也是建立存款保险制度需要特殊考虑和处理的主体。

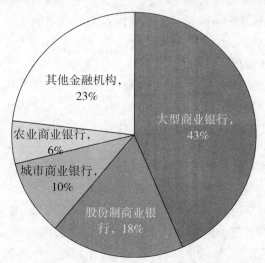

图2-2 2013年银行业金融机构资产负债规模占比
数据来源：根据中国银行业监督管理委员网站整理而得。

（2）12家全国性质的股份制商业银行。12家全国性质的股份制商业银行，由于资产规模相对小，机制灵活，在近10年里发展迅速，金融创新层出不穷，资产规模占比不断提升，截止到2013年，12家股份制商业银行的规模占整个银行业金融机构的17.8%（见图2-2）。如今已经有8家股份制商业银行成功上市，在今后一段时期内，他们仍是我国银行业发展的探索者和创新者。

（3）城市商业银行。在银行业规模占比排第三的是城市商业银行。从2003年开始，城市信用社陆续重组改造成城市商业银行或者退出市场。截至2013年年底，我国共有城市商业银行145家，总资产15.18万亿元①，在银行业金融机构中占比10.0%（见图2-2）。我国的城市商业银行以"立足本地、服务小微、打牢基础、形成特色、与大银行错位竞争"为发展思路，深化市场细分，明确市场定位，在支持小微企业发展和消费金融方面发挥举足轻重的作用。但是，这些城市商业银行的发展参差不齐，像北京银行、上海银行那样发展迅速，已经走向全国的银行；也有一些风险较大问题较为严重需要改组或退出的银行。而这些银行正是存款保险制度重点需要关注的对象。

（4）农村金融机构。随着我国加大对"三农"问题的政策支持，农村金融体制改革也是近10年来金融领域的重点问题。农村信用社自1951年成立以来，坚持服务"三农"市场定位，不断探索完善管理体制，在农村地区网点众多，服务功能完善，为农业增产、农民增收和农村经济社会发展作出了历史性贡献。与此同时，农村信用社不断成长壮大，公司治理不断完善，经营状况显著改观，步入良性发展轨道。截至2013年年底，全国共有468家农村商业银行、122家农村合作银行、1803家农村信用社、987家村镇银行，以及49家农村资金互助社（见表2-1）。这些数量庞大的中小农村金融机构也是未来我国存款保险制度的重要组成部分和重点监控对象。

银行主体的多元化及数量的增加丰富了我国的金融行业，促进了金融市场竞争，提高了效率。良性的市场经济就是要通过竞争优胜劣汰。这是未来中国3800多家金融机构所必然要面对的，银行不倒闭的神话势必要打破，未来银行间的重组和退出将会是常态，只有这样，整个金融行业才能健康良性发展。但是，银行业的倒闭又关系着众多普通居民的存款，必须保障中小储户的资金安全，存款保险制度的建立显得十分必要。特别是近10年来，如春笋般涌现的城市商业银行和中小农村金融机构，他们的经营有自己的特色，但是也面临业务过于集中在某个地区或某个领域，导致风险过于集中的情况。所以，建立合理的退出机制，做好银行倒闭的防范和处理工作是当前面临的一个重大问题。而存款保险制度就是为了这个使命而诞生的。

**3. 利率市场化稳步推进**

1992年，我国确立了建立社会主义市场经济体制的改革目标，利率市场化问题是金融领域的重要问题。我国利率市场化的基本思路是"先外币、后本币，先贷款、后存款，存款先大额长期、后小额短期，逐步建立由市场供求决定金融机构存、贷款利率水平的利率形成机制，中央银行调控和引导市场利率，使市场机制在金融资源配置中发挥主导作用"②。

中国的利率市场化进程一直在稳步推进中，1996年中国人民银行宣布"放开银行间

---

① 数据来源见中国银行业监督管理委员会2013年报，http://www.cbrc.gov.cn/chinese/home/docView/3C28C92AC84242D188E2064D9098CFD2.html。
② 见《中国人民银行文告》2003年5月。

同业拆借利率，随后放开银行间债券市场、国债市场、贴现市场和外币存贷款市场的利率，接着允许贷款利率浮动并逐步扩大贷款利率浮动空间，上浮没有限制"，贷款利率市场化已经接近完成。2012年6月7日，中国人民银行对"金融机构人民币存款基准利率允许浮动，上浮区间最高到基准利率的1.1倍"。2013年7月20日，为进一步推进利率市场化改革，中国人民银行决定全面放开金融机构贷款利率管制。2014年11月22日，中国人民银行宣布将金融机构存款利率浮动区间的上限由存款基准利率的1.1倍调整为1.2倍；2015年3月1日，存款利率浮动区间的上限调整为1.3倍；2015年5月11日，存款利率浮动上限继续扩大至基准利率的1.5倍；2015年8月26日，中国人民银行宣布放开一年期以上定期存款利率浮动上限，标志着我国利率市场化改革又向前迈出了重要一步。①

利率市场化给了金融机构充分的定价权，使得金融资源更加合理配置。但是，利率市场化良好运作的前提是金融市场机制的完善，比如金融机构要具备定价能力，通过精密的财务核算来给资金定价；存款者要具备自主选择和风险判断的意识和能力；监管者要具备更加高明的间接监管手段来保证市场稳定。这些前提条件在我国都尚待完善。

（1）在我国，长期以来银行业的利润主要依靠存贷利差，而存贷利率一直由中国人民银行直接制定，使得商业银行不需要考虑利差问题。利率完全市场化后，银行之间出于竞争，有可能会出现盲目提高存款利率来吸引客户的现象，而为了弥补这较高的存款利率成本，在资金运用上也会倾向于那些高风险高回报的渠道，增加了经营的不稳定性。

（2）存款客户面对各家银行提供的利率只会争相选择高利率的银行，而没有习惯于去考察这家银行的风险状况。从我国居民的投资经验上来看，我国投资者的风险意识不强，承担风险的能力也不够，一方面无法对银行起到监督作用，一方面无法承受存款损失。

（3）监管者过去一直采用较为直接的控制手段，利率市场化以后，监管者只能通过间接手段来管控，需要监管者更高的监管水平。

世界上很多国家在推行利率市场化的过程中，或者由于时机选择不当，或者由于过于激进，或者由于恶性竞争等原因，而出现多家银行倒闭的情况，从而造成不同程度的经济危机。正是因为如此，我国的利率市场化才慎之又慎。但是无论如何谨慎，利率市场化就是要创建一个有序竞争，优胜劣汰的机制，势必会出现一些风险较高，业务问题较为严重的银行要被淘汰的局面，所以在完全利率市场化之前，建立完善的银行退出机制，规范问题银行的处理程序，保护好这些银行存款者的存款安全，这些问题需要提前做好准备。而存款保险制度在这三个方面具有重要作用，甚至很多国家的存款保险制度正是在利率市场化的要求下建立和完善的。

**4. 全球金融风险加剧**

2008年的次债危机给全球造成的损失不可估量，美国数以千计的中小银行倒闭清算，危机所诱发的系统性风险拖累全球经济，至今世界各国也未能完全走出金融危机的阴影。而始于2009年年底的欧债危机可能导致的损失和后果更加耸人听闻。全球各大证券市场近几年来出现大幅波动，连一向稳健的黄金交易市场，也在2011年9月创下单日下跌5.5%的历史纪录。

---

① 中国利率市场化进程详细内容见附表1。

为什么美国的次债危机会波及全球金融市场？为什么希腊的主权危机会拖累整个欧洲乃至全球经济？为什么全球证券市场及投资市场的波动越来越大？为什么经济危机的周期越来越短？我们可以归因为：经济的全球化、金融的全球化、衍生金融工具的泛滥。

随着经济全球化的进展，世界各国之间商品及资金往来越来越密切，世界各国经济之间的互相影响也越来越大。往往一个国家的经济问题会迅速传导到那些与其有密切往来的国家，使得整个全球经济被绑定在一起。2008年美国的次债危机危害了美国经济，而美国作为全球经济大国，无论是出口额还是进口额都是惊人的，美国经济的衰退会直接影响那些与它有贸易往来的国家，所以次债危机由美国经济危机演变为全球经济危机。随后，美国经济刚有复苏之态时，欧债主权债务危机爆发，使得全球经济又受之拖累。中国一直是世界经济中非常重要的一分子，2013年年底中国进出口贸易总额达4.16万亿美元，其中出口2.21万亿美元，进口1.95万亿美元①。对出口依赖程度较大的中国在这两次危机中都受到了很大程度的影响。所以，经济的全球化导致全球的风险传播面更大。

伴随着经济全球化，金融全球化也快速发展。跨国经济贸易往来必然要求有能够提供跨国金融服务的金融机构。所以随着经济全球化，产生了越来越多的跨国银行，跨国金融集团。他们的产生提高了全球金融市场的效率，促进了全球经济的发展。截至2013年年底，18家中资银行业金融机构共在海外51个国家和地区设立1127家分支机构，总资产超过1.2万亿美元②。金融的全球化使得金融风险传播速度更快，一个国家和地区的金融危机、资金危机、流动性危机能够影响其他国家的金融机构，使得金融机构更加脆弱。

在金融全球化发展中，金融衍生工具的扩张更进一步加剧了金融风险。金融衍生工具的出现具有规避风险，套期保值的功能。它不是服务于资金的流通，而是对资金流通给予保障和风险转移，不需要对应于实体经济，所以很多人认为这是一种虚拟金融。这种虚拟金融衍生品的发行规模愈演愈烈，甚至超乎它赖以衍生的实体金融工具的规模。这种现象使得金融系统的一个小问题，在衍生工具的作用下往往剧烈扩大。如当年的迪拜债务危机，一个弹丸之地的债务危机原本不足以产生多大影响，但是由其衍生的信用违约掉期产品（CDS）的规模是其本身债务的数倍，从而导致它的影响被放大。美联储前主席保罗·沃尔克（Paul A. Volcker）日前在"上海论坛2012"闭幕会上提到现在全球衍生品交易总和多达700万亿美元，这些资金应用于商业贷款、商业交易，为企业提供资金保障，但全球商业贷款规模还不足10万亿美元，金融衍生品的贷款体量超出真实贷款体量70倍之多。而他表示，金融体系崩盘主要程度上就是由衍生品泛滥导致。

正是由于金融衍生工具的泛滥和金融一体化的发展，世界金融体系被绑定在一起，一个机构或主权的危机往往演变成整个金融市场或者全球的经济危机。金融风险愈演愈烈，并且传播迅速，影响波及面广，全球金融体制异常脆弱，防范系统性风险，防范金融危机，已经成为当今世界的主要课题。而存款保险制度，在发现风险、防范风险以及事后处理等方面具有重要作用，是金融安全网的重要组成。所以在全球金融风险加剧的今天，银行业的风险比之过去不可同日而语，而政府不可能再给所有银行提供隐性全额担保制度。

---

① 数据来源于中国统计局网站。
② 数据来源于中国银行业监督管理委员会2013年报。

建立能够提早预警银行风险，及早干预银行问题，事后及时给予赔偿的有效存款保险制度对中国金融体系具有重大意义。

## 2.3 存款保险制度运作模式研究

目前，世界上已经建立显性存款保险制度的国家有111个。各国政治经济环境不同，所选择的存款保险制度内容各有不同，在全世界没有存款保险制度的标准范本。随着世界各国对存款保险制度功能的肯定和建立存款保险制度国家的增多，国际存款保险协会（IADI）和巴塞尔委员会从1999年开始，加大了对存款保险的研究和实践总结，期望建立一套国际通用的存款保险规范。目前，他们出台的最有价值的两个规范分别是《存款保险指南》和《有效存款保险制度核心原则》。

《存款保险指南》是在1999年11月的金融稳定论坛会后，专门成立存款保险研究小组，综合了国际金融组织（如世界银行与国际货币基金组织）、金融监管部门、各国存款保险机构以及专家学者的意见，在2001年9月的金融稳定论坛上公布的，其权威性不容置疑。《存款保险指南》包括七大部分20多个关键点，"从实施存款保险制度的前期分析到实施效果的评估，从存款保险公司的治理结构到对失败银行的具体救助措施，内容十分详尽，可以说是存款保险理论研究与各国实践的集大成者"[1]。

此后，从2008年开始，国际存款保险协会根据2006年10月巴塞尔协会颁布的《有效银行监管核心原则》（修订版），在《存款保险指南》的基础上，结合其成员国的实践经验，创建了一套存款保险制度的核心原则，于2009年3月颁布，名为《有效存款保险制度核心原则》。

《存款保险指南》和《有效存款保险制度核心原则》是存款保险制度研究领域的纲领性文件，它们并不是提供一个单一的存款保险模式，而是一个存款保险制度的国际规范和指导原则，并且根据各个国家的经济情况，提供了可供选择的方法和设计，甚至包含了对发展中国家从隐性全面保证到显性存款保险制度过渡期的一些建议。所以，这两个规范对要建立存款保险制度的国家来说，简直是瑰宝。

本书在对存款保险制度具体内容进行研究时，采取的基本思路是：首先梳理世界各国的制度选择，对比不同国家存款保险制度的特征；其次阐述《存款保险指南》和《有效存款保险制度核心原则》的要求；综合我国学者的建议，解读中国《存款保险条例》，分析中国现实情况，提出笔者的思考和建议。

存款保险制度的具体内容包含以下几个方面。

### 2.3.1 政策目标

建立存款保险制度，首先要明确制度想要达成的目标，目标不同，赋予它的职能也不同。一般存款保险制度都必然包含的目标是对小额存款者的存款进行保护和赔付。小额存款者通常对金融知识不甚精通，他们没有能力和途径去对复杂的金融机构进行监督和评

---

[1] 李仁真、刘建新：《存款保险指南》及其评析，《法学论坛》，2002年7月。

估,即使有些人能够做到,付出的成本也远大于所得到的收益。而当他们得知金融机构的一些负面消息后,所能做的就是通过提取自己的存款来保护自己的利益,他们是属于"用脚投票"的人。所以存款保险的首要目标就是保护中小存款者的存款。

存款保险制度给予小额存款者提供保障的同时,避免了他们盲目提取存款保护自己的行为,从而有助于防止银行挤兑发生,维持金融体系稳定性。可以说,没有一种制度比显性存款保险制度更有助于防范银行挤兑风险。正是存款保险制度的这些功能才使得很多建立存款保险制度的国家赋予了制度更多其他的目标。

1. 世界各国的选择

世界各国在建立存款保险制度时,由于建立背景和时机不同,所赋予其目标也有很大不同。有些国家的存款保险制度是在经济危机、银行危机发生时建立的(如美国、印度、菲律宾、挪威等),所以他们的目标还包含了提供信用保障,提升公众对银行系统的信心,从而摆脱金融危机。有些国家的存款保险制度是为了补充现有金融监管的不足而建立的(如尼日利亚等),他们的目标还包含处理问题金融机构,清算银行等现有金融监管无法做到的方面。有些国家的存款保险制度是在进行金融改革时引进的(如日本、俄罗斯等大多数国家),所以他们的目标还包含维护金融稳定,完善金融监管制度,建立公平竞争的市场化金融环境,为金融改革做好前提准备。

总结起来世界各国存款保险制度的目标主要有:保护小额存款者利益、提供银行信用保障、提升银行体系信心、促进金融行业公平竞争、维护支付体系的有序、维护金融系统稳定、提供处理问题金融机构的机制等。每个国家在建立存款保险制度时,都要结合自己国家的国情,选择合适政策目标,目标不同,赋予存款保险制度的职能也不同,它的权限和内容也不同。

2.《存款保险指南》和《有效存款保险制度核心原则》的要求

面对世界各国不同的目标,两大规范精选出其中最重要的,一致认为存款保险的公共政策目标是:保障小额存款者利益,促进金融体系稳定。两大规范认为目标的确定至关重要,"应正式载明于法规的序文中",并且"应妥善整合纳入存款保险制度的设计中"[①]。

两大规范同时还提出存款保险制度还需兼顾防范道德风险的目标。道德风险源于保险领域,是指个人在获得保险后,由于不需要承担风险所带来的后果,往往疏于防范风险,甚至追求风险,而给保险人带来更大损失的自私行为。存款保险作为保险的一种,同样会产生道德风险问题。Boot & Greenbaum(1993)认为,存款保险制度在保护存款者利益的同时,不可避免地会诱使银行经营者从事高风险投资活动,引发道德风险。

(1)存款者的道德风险。存款保险制度建立之前,存款者至少在自己了解的范围内,会选择信用良好、经营稳健的银行,这无形中是对银行业的一种公众监督。建立存款保险制度之后,存款者的存款有了保障,银行经营风险不由他们来承担,他们自然也不会过多关注存款银行的风险和信用,吸引存款者的只是谁能够提供更高的利率,这就是存款者的道德风险。

(2)存款机构的道德风险。存款者忽视风险只重利率的行为无疑还会带来另一个恶

---

① 见《存款保险指南》。

果，那就是银行为了吸引客户，只能提高利率，而高利率意味着高成本，高成本只能通过高收益来弥补，所以银行会更加倾向于那些高风险高收益的业务，这种情况使得银行业风险更高，稳定性更差，这就是存款机构的道德风险。

存款保险制度所带来的这两个方面的道德风险使得存款保险制度的效果大打折扣，甚至还会诱发系统性风险，所以当初很多学者反对建立存款保险制度。任何一个制度都是有利有弊，关键是利大于弊还是弊大于利。学者们通过不断的研究，发现良好的制度环境和合理的制度设计有助于减小道德风险。良好的制度环境包括：公司治理结构健全、市场约束机制有效、风险管理制度稳健、管制与法律框架完善等。

《存款保险指南》和《有效存款保险制度核心原则》（以下简称《核心原则》）同时指出，合理的制度设计有助于减小道德风险。如实行保额限制、共同承保、实施风险差别的费率、免除一些承保范围、提前干预问题银行机构等措施（对这些方面笔者会在后文的具体设计中详细来阐述）。

综上所述，两大规范所提倡的存款保险制度目标是：保障小额存款者的利益，促进金融体系的稳定，防范道德风险。

### 3. 我国学者的建议

对于存款保险制的目标，国内学者没有什么分歧，都认为保护小额存款者的利益是首要目标。有的学者认为无需赋予存款保险制度太多目标，主要还是以中央银行为首来对金融市场进行监管和保障，只需它履行事后赔付职责，保障存款这单一目标就够了。有的学者则根据我国的金融形势，提出存款保险制度还应该弥补现有金融安全网的不足，致力于建立金融市场的退出机制。有的学者更是对存款保险制度赋予了更多的希望更多的目标，解正山（2009）提出我国存款保险制度的政策目标可以为："保护存款人利益（机构存款人及其他如银行、保险公司等债权人不受存款保护）；对投保问题金融机构实施破产监管；维持银行体系的稳定与健康发展；促进银行业的公平竞争"[①]。

### 4.《存款保险条例》的规定

"《存款保险条例》：第一条　为了建立和规范存款保险制度，依法保护存款人的合法权益，及时防范和化解金融风险，维护金融稳定，制定本条例。"

《存款保险条例》（以下简称《条例》）第一条既是对制定条例目的的说明也是对中国存款保险制度目标的定位。从第一条可知，中国存款保险制度的基本目标是"依法保护存款人的合法权益"，在此基础上"及时防范和化解金融风险，维护金融稳定"。虽然《条例》第一条对目标的定位有3点，但是从第七条存款保险基金管理机构的职能和第十七条存款保险基金管理机构的风险处置措施的规定来看，存款保险制度的目标并没有赋予其多大的职能，对于"防范和化解金融风险"存款保险基金管理机构主要依靠"风险警示"和"提高费率"来实现，真正的问题银行处置还是依赖现有金融监管机构。所以《条例》对中国存款保险制度的目标定位还是比较保守，在存款保险制度建立的初期，目标不宜过多。

### 5. 笔者的分析与建议

笔者认为存款保险制度的目标应该综合考虑一国经济状况、监管框架和银行体系结构

---

① 解正山：《有效存款保险制度核心原则》评价及对我国的借鉴，《上海金融》，2009年第10期，第53—58页。

等问题。以我国的现实情况来看，首先，我国目前经济状况还算稳定，经济增长虽有所放缓但仍保持高速增长，短期之内出现银行大量倒闭的可能性不大，那么短期之内存款保险基金管理机构除了收取保费积累资金为以后做准备之外，还应该利用自己的资金和优势承担一些其他的目标和职能。比如问题机构的处置。我国金融改革已经取得成效，市场化的金融环境已经初步呈现，利率市场化以后银行的优胜劣汰在所难免，但是，我国目前还没建立金融机构的退出机制。这是目前金融监管层面的空白，那么建立存款保险制度后，既然存款保险制度要为那些问题金融机构的失败而买单，那么它就有直接的动力去处置这些问题金融机构，包括提早干预问题机构的运营、提供资金援助以及倒闭后的清算工作，建立合适的金融机构退出机制。而其他的比如稳定金融体系等目标，则由原本已经得心应手的中央银行来承担可能更为合适。对于刚刚建立的制度，明确而简单的目标往往更实用。所以笔者建议，随着未来存款保险基金管理机构的完善，存款保险制度的目标在现有基础上，可以考虑增加"建立金融市场退出机制"的目标。

存款保险的政策目标不是一成不变的，往往随着一国经济金融状况的改变而需适时地加以调整。比如日本，在其利率市场化后，很多金融机构倒闭，为了解决这些金融机构的清算问题，其于2002年修改了《存款保险法》，在原有政策目标基础上增加了"确保金融机构破产后的基金结算"。而与日本扩大目标相反的是匈牙利，其在2006年起，缩小了存款保险机构的职能也减少了存款保险的目标，仅为小额存款者提供保险，原因是匈牙利成立一个综合监管部门，负责金融行业的全面监管，涵盖了风险性监管，所以为免重复，减小了存款保险机构的目标和职能。加拿大也由于存款保险公司与其联邦监管机构之间的职责重叠而在2005年修改《存款保险公司法》，删除了"促进良好的商业与金融实践"这一政策目标。所以在存款保险制度建立初期，由于不完善，没有必要赋予他太多的目标。而随着中国经济金融环境的改变，结合金融监管的架构，再来适当地加以调整。

### 2.3.2 职能权限

存款保险机构的职能和权限往往受到赋予它的目标来决定。一般情况下，以保护小额存款者利益为单一目标的制度，往往在职权上也比较窄；而赋予制度的目标越大，那么它的职权也越广。据此，国际上通常把存款保险制度分为两类：狭义的"付款箱"类型和广义的"风险最小化"类型。

"付款箱"类型（Pay-Box）存款保险机构的职权最为狭窄，仅在银行倒闭和关闭之后对承保存款进行偿付。这样的存款保险机构的典型特征是在银行关闭之前没有任何权利进行干预，银行关闭之前的所有事情都由政府或者监管机构来进行。具体来说，这种类型的存款保险机构的职权如下：

（1）制定保费，征收保费。存款保险机构根据银行提交给监管机构的报告，制定并征收保费，为赔付积累基金。

（2）管理保险基金。保费征收以后，存款保险机构要负责保险基金的投资运作，尽量投资于安全资产，以保证资金的保值和增值。

（3）银行关闭之后及时赔付存款人。在监管机构决定关闭一家银行之后，通知存款保险机构，对于关闭银行的存款者进行赔付。当然赔付的形式是多样的，取决于监管机构如何决定该银行的退出形式。一般来说尽量避免现金赔付，最好的方法是选择一个接收人，由其接收该被关闭银行的所有资产和负债，而存款保险机构把相应的赔付转账给此接收人。有些国家的存款保险机构可以作为接收人，这样的存款保险机构，职权略微广一些。

"风险最小化"类型（Risk-Minimisers）存款保险机构的职权较广，也称为"损失最小化"型，它的目的是使自己的损失最小，风险最小。它的典型特征是可以在银行倒闭之前进行干预。它的职权具体来说如下：

（1）制定保费，征收保费，管理基金，及时理赔。（Pay-Box 所具有的职责）

（2）批准或取消银行加入存款保险制度的资格。以损失最小化为目的的存款保险机构，它拥有审批会员资格的权利。对于商业银行来说，那些经营更加激进，风险更大的银行更愿意加入存款保险体系，来获得最后的保障；而那些经营稳健，信用良好的银行，反而不愿加入存款保险体系。这是保险领域有名的"逆选择"现象。赋予存款保险机构审批或取消会员资格的权利，可以有效地避免逆选择的负面影响。对于那些风险较大，经营不稳健，有可能带来高额损失的银行，存款保险机构有权拒绝其参加存款保险，或者在其不听取改进建议时取消其会员资格。而没有存款保险资格的银行，其信用必定深受公众质疑，从而与那些享有存款保险的银行相比缺乏竞争力。这种审批制度有利于督促商业银行防范风险，合规经营，否则失去存款保险资格意味着失去了存款者的信任。

（3）监测银行状况，评估银行风险。存款保险机构为了达到损失最小化，必然要防范未然。赋予存款保险机构检测银行状况、评估银行风险的职责，可以使其早日发现银行的问题，采取必要的措施来避免损失的进一步扩大。同时，对银行风险的评估也方便存款保险机构制定合理的反映风险的保费。（有关银行风险的评估预警会在后文详述）

（4）对问题银行进行提早干预。对于经营出现问题的金融机构，存款保险机构有权采取一系列提早干预的措施，来避免损失扩大。这些措施包括：提出改善建议，替换高管人员，提供财务援助等。通过提早干预，来改善银行经营状况，维持其持续经营能力，防范损失扩大。当然，如果这些措施的成本过大，超过问题银行破产所产生的支付成本，可以直接关闭该银行。

（5）清算倒闭银行。如果决定关闭一家问题银行，那么，接下来的清算程序也需要存款保险机构来参与或承担，包括充当接管人，清算其资产，追偿其负债，追求相关人的法律责任等。

**1. 世界各国的选择**

一国存款保险制度应该选择狭义的"付款箱"类型，还是广义的"风险最小化"类型，是由该经济金融状况以及存款保险制度的政策目标来决定的。笔者收集各国资料，把那些明确说明了职权类型的国家按地区综合起来（见表2-3）。从可得资料的73个国家里，"付款箱"型的国家有40个，主要集中在欧洲和非洲，特别是欧洲那些较早建立存款保险制度的国家，如德国（1966年）、芬兰（1969年）、奥地利（1979年）、荷兰（1979年）、法国（1980年）、英国（1982年）、瑞士（1984年）等。而"风险最小化"类型的国家有33个，主要集中在亚洲和西半球，特别是那些较晚建立存款保险制度或者进行过存款保险制度改革的国家，如美国（1934年建立，1991年改革）、加拿大（1967年建立，1995年改革）、哥伦比亚（1985年建立，1998年改革）、墨西哥（1986年建立，

1999年改革)、秘鲁（1992年建立，1999年改革）等。

表2-2　世界各国存款保险制度职责类型分布

| 地区 | 付款箱型 | 风险最小化型 | 合计 |
| --- | --- | --- | --- |
| 欧洲 | 24 | 8 | 32 |
| 非洲 | 7 | 3 | 10 |
| 亚洲 | 4 | 6 | 10 |
| 中东 | 2 | 2 | 4 |
| 西半球 | 3 | 14 | 17 |
| 合计 | 40 | 33 | 73 |

数据来源：各国存款保险机构网站及IADI网站。

目前"付款箱"型制度较多，但各国存款保险制度改革的趋势正是扩大存款保险机构的职权范围，如美国、加拿大、哥伦比亚、墨西哥、秘鲁等国家都是在20世纪90年代存款保险制度改革中，从"付款箱"型制度改革为"风险最小化"型。为什么越来越多的国家改革为"风险最小化"型制度呢？它与"付款箱"型制度相比优势是什么？美国存款保险制度历史前文已经做过介绍，下面以加拿大存款保险改革进程来分析这两者的利弊。

加拿大[①]存款保险公司（CDIC）成立于1967年，是较早建立存款保险制度的国家之一，建立时采用"付款箱"型制度，建立后，制度一直运转良好，赔付正常。但20世纪80年代的银行危机改变了这种状况，1982—1987年间，43个大型金融机构倒闭，CDIC为此支付了大约50亿加元，损失惨重。这一轮倒闭风潮引发加拿大各界对加拿大金融监管和存款保险制度的质疑。为此，政府就如何改进存款保险体系做了大量研究，所有研究报告的共同结论是"监管体系没有起到应有作用，CDIC'付款箱型'制度的权利不够"[②]。研究者们认为金融监管的失灵主要是因为他们缺乏足够的动力来避免损失。作为金融监管机构，当他们发现金融机构经营出现问题时，往往会多给这些机构一些时间，希望他们恢复正常，或者会为问题机构提供援助，帮助他们渡过难关，轻易不愿让这些机构倒闭。因为金融机构的倒闭显示了监管机构的无能。这种现象被称为"监管宽容"，这是监管领域被广泛认同的一个潜在问题。结果就是"监管宽容"造成了损失的加速扩大。但承担最后损失的却是CDIC，而不是监管机构。所以与监管机构相比，存款保险机构更有动力来作出更加合适的决策，能够更加客观的衡量援助成本和倒闭的损失。因此，1987年加拿大修改《存款保险法》，扩大了CDIC的职权，CDIC从"付款箱"型制度改革为"风险最小化"型制度。改革后的10年，CDIC的损失量大幅降低，反而积累了50亿加元的资金。由于基金的充足，CDIC向金融机构收取的保费也大大降低。加拿大的经验告诉我们"风

---

[①] 有关加拿大存款保险制度介绍的资料很多，其中关于职责说明较为详细的文献是：R. N. Robertson. Loss Minimization and the Role of the Deposit Insurer, A Collection of Papers Presented at the International Forum on Deposit Insurance (2005).

[②] 这些研究报告中最有名的是一个处理了许多重大金融机构倒闭案的法官提出的一个司法质询，被称为"Estey Report"艾斯提报告。

险最小化"型的制度提供了一个激励机制，提高了 CDIC 的效果。

正因如此，世界各国倾向于建立"风险最小化"型的存款保险制度。许多"付款箱"型制度的国家通过改革，逐步给予存款保险机构更大的职权，以最小的损失成本获得金融体系的稳定。如菲律宾于 2004 年通过改革，在原来"付款箱"型制度的基础上赋予存款保险机构对银行的检查权，及对欺诈和银行异常情况进行调研的权力，并要求它与菲律宾中央银行（BSP）紧密配合，采取迅速正确的措施。

表 2-3 各国存款保险机构的职能和权限

| 国家 | 职权类型 | 主要职权表述 |
| --- | --- | --- |
| 加拿大 | "风险最小化"型 | 存款保险，收集信息、监督风险，早期干预，管理和处置问题银行 |
| 尼日利亚 | "风险最小化"型 | 存款担保，银行监督，破产处理，银行清算，协助央行管理 |
| 菲律宾 | "风险最小化"型 | 存款保险，对银行的检查权，与中央银行配合采取措施，对欺诈和银行异常情况进行调研 |
| 日本 | "风险最小化"型 | 存款保险体系的管理和检查，金融机构破产时实施财务重组或财务救助，不良贷款的回收及合法债权的追索，改善金融机构营运状况 |
| 美国 | "风险最小化"型 | 存款保险，管理和处置破产银行，为问题银行提供财务援助 |
| 俄罗斯 | "风险最小化"型 | 负责存款保险的运作，在银行破产程序中担任接管人 |
| 波兰 | "风险最小化"型 | 存款保障，分析和监测银行的财务状况，对问题银行提供财务援助 |
| 匈牙利 | "付款箱"型 | 存款保险（2006 年从"风险最小化"型改革为"付款箱"型） |
| 中国香港 | "付款箱"型 | 银行破产时赔付小额存款人，提供一个有序的市场退出机制 |
| 印度 | "付款箱"型 | 存款保险 |
| 巴西 | "付款箱"型 | 赔付受保存款（正考虑扩大范围，倾向于向问题银行注资） |

但是"风险最小化"型的存款保险制度也有其弊端，那就是存款保险机构与金融监管机构的权责划分和矛盾解决问题。"风险最小化"型的存款保险制度往往赋予存款保险机构较大职权，包括对问题机构的早期干预、处理等，这些职权有时会与现有金融监管部门的职能有重合，这样会造成资源浪费，同时加重存款机构成本。所以在扩大存款机构职权的过程中，必须注意其与金融安全网其他部门的配合和职权划分（有关此问题将在 2.2.3 中详述）。

2.《指南》和《核心原则》的要求

两大规范在总结世界各国实际经验的基础上，详细介绍了"付款箱"和"风险最小化"两种类型存款保险制度的职能和权限的要求，但是并未设置一套统一的职权。两大规范认为"没有任何单一或一套职权适合所有国家的存款保险机构"[①]，有些国家适合"付款箱"型，有些国家适合"风险最小化"型，有些国家可能介于两者之间。职能和权限设置的核心要求是要与该国的公共政策目标一致，一般情况下，以保护小额存款者利益为单一目标的制度，往往在职权上也比较窄，适合"付款箱"型的职权设置；而赋予制度

---

① Guidance for Developing Effective Deposit Insurance Systems, Financial Stability Forum, 2001.9

的目标越多，那么它的职权也越广。但无论职权宽窄，两大规范都要求在设计存款保险制度时就应该明确职权范围并在法规上正式载明。

《指南》中指出了设置存款保险机构职权时的一个关键问题，"要分清存款保险机构在金融安全网中所承担的责任"。存款保险机构"必须具备必要的权利以履行职责"达成政策目标，包括审查合同、制定适当的准则、获得信息来确保其能够及时行动和完成职权等。存款保险机构的职权设置同时要考虑其与金融安全网其他部分的划分，避免重复，否则只会增加存款机构的负担成本。

### 3. 我国学者的建议

国内学者在设计我国存款保险制度时，对于职能和权限的观点不太一致，有的认为职责简单可行，有的认为存款保险机构的职能和权限不能过窄，否则无法发挥效率。刘士余、李培育（1999）提出我国存款保险机构的基本职能是"负责归集、管理、营运存款保险基金；履行对投保机构退出市场的清算职能并及时向存款人人进行赔付；在银行业面临严重的系统问题时，依法向财政部和中央银行进行特别融资"[①]。苏宁（2005）认为存款保险机构应"负责存款保险基金的征收、赔付和运用，对投保金融机构缴纳保费和损失情况进行检查，并参加问题金融机构的撤销、破产清算工作"。刘士余、李培育（1999）和苏宁（2005）的观点都较为接近"Pay-box型"，主要围绕保险基金的筹集和赔付，以及清算破产机构。欧阳仁根（2003）认为我国存款保险机构的职能应当定位为四个方面："破产处理、金融监督、金融援助、对其自身资产的营运。"欧阳仁根（2003）所定位的职能较宽，包括了金融监督和援助，比较接近"风险最小化型"。

### 4.《存款保险条例》的规定

"《存款保险条例》第七条　存款保险基金管理机构履行下列职责：

（一）制定并发布与其履行职责有关的规则；

（二）制定和调整存款保险费率标准，报国务院批准；

（三）确定各投保机构的适用费率；

（四）归集保费；

（五）管理和运用存款保险基金；

（六）依照本条例的规定采取早期纠正措施和风险处置措施；

（七）在本条例规定的限额内及时偿付存款人的被保险存款；

（八）国务院批准的其他职责。"

从《存款保险条例》第七条的内容来看，第二点的"制定存款保险费率标准"和第三点的确定"机构适用费率"赋予了存款保险基金管理机构厘订保费的权利；第四点"归集保费"和第五点"管理和运用存款保险基金"赋予了存款保险基金管理机构征收保费管理保费的权利；第七点"在本条例规定的限额内及时偿付存款人的被保险存款"赋予了存款保险基金管理机构赔付的职能。这几点都是"付款箱"型制度的职权。

第六点"依照本条例的规定采取早期纠正措施和风险处置措施"是"风险最小化"型制度的职权。那么，存款保险基金管理机构能够采取的措施有哪些呢？

---

[①] 刘士余、李培育：《关于建立中国存款保险制度若干问题的研究》，《金融研究》，1999年。

"《存款保险条例》第十三条 存款保险基金管理机构履行职责，发现有下列情形之一的，可以进行核查：

（一）投保机构风险状况发生变化，可能需要调整适用费率的，对涉及费率计算的相关情况进行核查；

（二）投保机构保费交纳基数可能存在问题的，对其存款的规模、结构以及真实性进行核查；

（三）对投保机构报送的信息、资料的真实性进行核查。

对核查中发现的重大问题，应当告知银行业监督管理机构。

《存款保险条例》第十五条 存款保险基金管理机构发现投保机构存在资本不足等影响存款安全以及存款保险基金安全的情形的，可以对其提出风险警示。

《存款保险条例》第十六条 投保机构因重大资产损失等原因导致资本充足率大幅度下降，严重危及存款安全以及存款保险基金安全的，投保机构应当按照存款保险基金管理机构、中国人民银行、银行业监督管理机构的要求及时采取补充资本、控制资产增长、控制重大交易授信、降低杠杆率等措施。

投保机构有前款规定情形，且在存款保险基金管理机构规定的期限内未改进的，存款保险基金管理机构可以提高其适用费率。"

从《条例》第十三条、十五条、十六条的规定来看，存款保险基金管理机构所能采取的早期纠正措施和风险处置措施主要是"核查"、"风险警示"和"提高适用费率"。在"投保机构风险状况发生变化"时、"保费交纳基数可能存在问题"时以及对"信息、资料的真实性"抱有怀疑时，可以履行"核查"的职能。如果核查发现"投保机构存在资本不足等影响存款安全以及存款保险基金安全的情形的"，可以提出"风险警示"或者"提高其适用费率"。可见存款保险基金管理机构虽然拥有一定的风险处置权利，但是这些权利非常有限，仅能通过"风险警示"和"提高费率"来进行早期干预，而真正地对问题银行的处置权还是在银行业监督管理机构，如第十三条规定"对核查中发现的重大问题，应当告知银行业监督管理机构"，和第十七条规定"建议银行业监督管理机构依法采取相应措施"。

"《存款保险条例》第十七条 存款保险基金管理机构发现投保机构有《中华人民共和国银行业监督管理法》第三十八条、第三十九条规定情形的，可以建议银行业监督管理机构依法采取相应措施。

《存款保险条例》第十八条 存款保险基金管理机构可以选择下列方式使用存款保险基金，保护存款人利益：

（一）在本条例规定的限额内直接偿付被保险存款；

（二）委托其他合格投保机构在本条例规定的限额内代为偿付被保险存款；

（三）为其他合格投保机构提供担保、损失分摊或者资金支持，以促成其收购或者承担被接管、被撤销或者申请破产的投保机构的全部或者部分业务、资产、负债。

存款保险基金管理机构在拟订存款保险基金使用方案选择前款规定方式时，应当遵循基金使用成本最小的原则。"

最后，《条例》第十八条阐述了存款保险基金的使用方式："限额内直接偿付被保险存款"或"委托其他合格投保机构"代为偿付以及"促成其收购或者承担"破产投保机构的资产和负债,并且点明"应当遵循基金使用成本最小的原则"。

综合来看,《条例》所赋予的存款保险基金管理机构的职权介于"付款箱"型和"风险最小化"型之间,主要是费率的厘定、征收、管理和赔付,在早期风险干预上侧重"核查",处置措施是"风险警示"和"提高费率"。但是《条例》明确点明了"成本最小化的原则",可见"风险最小化"是未来的最终选择。

5. 笔者的分析与建议

在我国存款保险制度建立的初期,存款保险机构的职能应当简单、可行。现阶段我国金融系统还算稳定,机构应以筹集基金,运营资金为主要职能。但是随着我国利率市场化改革的推进,未来金融机构的风险加大,竞争激烈,势必会出现银行倒闭问题。那时,存款保险机构就要参与或承担问题机构的破产处理和退出职责。前文已经提到我国还没建立金融机构的退出机制,存款保险的建立要弥补现有金融监管体系的空白。并且既然存款保险制度要为那些问题金融机构的失败而买单,那么它就有直接的动力去处置这些问题金融机构,包括提早干预问题机构的运营、提供资金援助以及倒闭后的清算工作,建立合适的金融机构退出机制。所以笔者认为确定存款保险机构的职责应该考虑到以后金融情况的发展,和完善金融监管体系的需要,职责不应过窄。综上所述,笔者认为我国存款保险制度的职能应该定位在三个方面:①厘订保费,征收保费,管理基金,及时理赔;②监测银行状况,评估银行风险;③和央行以及其他金融监管机构一起合作进行问题银行的早期干预和破产银行的倒闭清算。在市场状况良好时,存款保险机构负责营运资金,并且监测银行风险状况;当发现个别银行风险较高,有干预的必要时,和其他金融监管机构合作,制定早期干预策略,尽量避免银行风险状况恶化,减小损失;当有银行无法挽救时,承担破产银行的清算、赔付和接管职能。

### 2.3.3 组织形式

存款保险机构的组织形式,是指存款保险机构设置的方式和结构。存款保险机构的性质有些特殊,它不同于纯粹的行政机关,它负责向参保银行收取保险费,并运作这些基金使其保值增值,因此它需要遵循市场规律;同时,它又担负着重要的公共职责,对维护金融稳定,防范和化解金融风险意义重大。因此有关存款保险机构的组织形式争论很多,这方面有三个问题值得思考:

第一,存款保险机构是由政府设立,还是由银行同业联合设立,抑或由政府和银行业联合设立?

第二,存款保险机构是单独成立还是依附于央行或者其他管理机构?

第三,存款保险机构与其他金融监管机构应该如何划分职责和展开合作?

这三个问题是我们组建存款保险机构时所不得不面临的选择,我们先看看世界各国的实践经验。

1. 世界各国的选择

(1)问题一:公营还是私营。各国由于政治、经济体制的不同,存款保险机构的组织形式选择不同。从目前已经实行存款保险制度的国家来看,主要有三种组织形式:公营、私营和合营,具体见表2-6。

从收集到的明确说明了具体组织形式的82个国家中,由银行同业联合建立的只有11个国家,这些国家大部分是欧洲的老牌发达国家,他们的民间行业协会较为发达,商业银行所联合组成的银行协会根据会员的需求,自发组建存款保险机构。如瑞士的存款保险机构由瑞士银行家协会建立和管理,银行家协会独立于中央银行。虽然这些国家的存款保险制度是私营的,但是由于存款保险制度的特殊性,注定它的运作无法完全脱离政府,大部分的私营存款保险制度或者受政府部门(如财政部)的监督,或者受中央银行的监管,抑或由其他金融管理当局监管。如芬兰的存款保险机构由财政部和银行监管机构负责监管,中央银行没有作用;而意大利的私营存款保险机构与中央银行密切结合,由中央银行负责审核存款保险机构的实施细则;法国存款保险机构的董事会虽然都是银行会员但是存款保险费率由银行监管机构来制定[①]。可见,由于存款保险机构担负着维护金融稳定,防范银行风险的重任,具有公共属性,即使是私营性质的存款保险机构也不可能完全脱离政府和金融监管当局。

表2-4 存款保险机构的组织形式

| 类型 | 定义 | 国家数量 | 代表国家 |
| --- | --- | --- | --- |
| 公营 | 由政府出面建立 | 49 | 美国、英国、加拿大、智利、韩国等 |
| 私营 | 由银行同业联合建立 | 11 | 法国、意大利、挪威、瑞士、阿根廷、巴西、芬兰、澳大利亚、坦桑尼亚、马其顿、卢森堡 |
| 合营 | 由政府与银行界共同建立 | 22 | 德国、丹麦、波兰、西班牙等 |

资料来源:根据国际存款保险协会网站及各国家存款保险机构网站整理而得。

有些国家早期是私营存款保险机构后来随着政府的介入,变成合营或者完全由政府收回。如德国,在1974年赫斯塔特银行事件后,德国在自愿存款保险的基础上分别构建了三大民间私营存款保障体系,但在1998年8月,根据存款保险机构发展趋势和欧盟的要求,又由政府建立了包含商业银行和公共银行在内的强制存款保险制度,由德国银行协会进行管理,但须接受联邦银行监管局的监管,至此形成了德国私营自愿存款保险体系与政府强制性存款保险体系共存的特殊组织形式[②]。包括德国在内,在我们能够确认的82个存款保险制度中,一共有22个合营存款保险机构,他们大多由政府和银行会员共同出资建立,政府提供援助,包括必要时提供贷款担保和承担额外损失,管理人员也由政府或监管当局人员和银行会员组成,并且受到政府部门或者金融监管当局的监督。如西班牙存款保险机构是西班牙中央银行下的公共法人,8个董事会成员中,中央银行任命4人,银行会员任命4人;波兰的存款保险机构是财政部之下的法人实体,9人董事会成员中,3人由财政部任命,3人来自中央银行,3人来自银行家协会;丹麦的存款保险机构甚至就设置于中央银行内,由中央银行提供工作人员,由银行监管机构负责监管[③]。合营形式的存款

---

[①] 吉莉安·加西亚著、陆符玲译:《存款保险制度的现状与良好做法》,中国金融出版社、国际货币基金组织。
[②] 黎四奇:《论我国存款保险制度的构建——以德国自愿式模式为视角的研究》,《财经理论与实践》,2006年9月。
[③] 吉莉安·加西亚著、陆符玲译:《存款保险制度的现状与良好做法》,中国金融出版社、国际货币基金组织。

保险机构的优势在于他们既是独立的法人，在收取保费、基金增值、清算赔付过程中实行市场化运作追求效率，又接受政府和金融管理当局的监管，担负公共责任。

对于那些存款保险制度建立较晚或者经过改革的国家，大部分选择了公营形式，82个国家中有49个，占比超过了一半。公营形式的存款保险机构由政府部门（财政部）或金融管理当局建立和组织运营，董事会成员一般包含政府官员、金融监管当局负责人以及一些商业银行高级管理人员。如韩国存款保险公司直接向韩国财政部报告，独立于中央银行和银行监管机构，7个董事会成员中，2个由政府任命，4个是金融机构代表，1个是银行家；英国存款保险机构由银行监管机构（金融监管局FSA）提供工作人员，董事会包括金融监管局主席、监管机构负责人、中央银行行长和3位银行家；印度存款保险机构则是印度中央银行的一个全资附属机构。公营存款保险机构的优势在于他们更能以大局出发，着眼于银行风险地监督、检查，侧重于防范银行危机，维护金融系统稳定。但是公营存款保险机构最大的问题在于它的独立性如何界定？它与其他金融管理机构如何定位，它是从属于政府部门、金融管理机构还是单独设立、独立运作？他与其他金融监管机构应该如何划分职责和展开合作？这就是前面提到需要思考的第二个和第三个问题。事实上不只是公营存款保险机构面临这样的问题，合营形式的机构也同样需要思考这两个问题，给予存款保险机构准确定位。

（2）问题二和三：附属还是独立，金融安全网职责分工：

表2-5 存款保险机构的独立性

| 类型 | 国家数量 | 代表国家 |
| --- | --- | --- |
| 单独设立 | 29 | 美国、英国、菲律宾 |
| 属于央行 | 22 | 荷兰、爱尔兰、印度 |
| 属于财政部 | 11 | 波兰、中国台湾 |
| 属于银行监管机构 | 10 | 德国 |

资料来源：吉莉安·加西亚著、陆符玲译：《存款保险制度的现状与良好做法》，中国金融出版社。

据国际货币基金组织早年的统计[①]，在数据可得的72个国家中，有29个国家的存款保险机构是单独设立的法人，22个隶属于该国的中央银行，11个属于政府财政部，10个属于银行监管机构（见表2-5）。大多数存款保险机构隶属于政府部门或者金融管理机构，那么他们必然要接受政府部门或者金融管理机构的监督甚至管理，即使是那些单独设立的法人实体也或多或少地受到政府部门或者央行等金融管理部门的影响。从上文我们列举的那些国家的存款保险机构董事会成员构成中就可见一斑。那么如何界定存款保险机构和这些部门的关系呢？这是在存款保险制度研究中非常有名的金融安全网关系界定问题。

金融安全网最早提出是在1933年危机以后，人们认识到，银行体系容易发生挤兑产生流动性危机。而银行的挤兑具有"多米诺骨牌"效应，容易引起社会公众对整个银行系统产生信心危机。于是世界各国吸取教训，加大了对银行风险的监管，相继探索建立了存

---

① 吉莉安·加西亚著、陆符玲译：《存款保险制度的现状与良好做法》，中国金融出版社、国际货币基金组织。

款准备金制度、央行最后贷款人制度、存款保险制度来防范银行风险，防范金融危机，这三种制度被称为金融安全网。

存款准备金是指"金融机构为保证客户提取存款和资金清算需要而准备的在中央银行的存款，中央银行要求的存款准备金占其存款总额的比例就是存款准备金率"[①]。实行存款准备金的目的是为了确保商业银行在遇到大量提取时，能有相当充足的清偿能力。

最后贷款人制度是"指在商业银行发生资金困难而无法从其他银行或金融市场筹措时，中央银行对其提供资金支持，承担最后贷款人的角色。中央银行一般可以通过贴现窗口或公开市场购买两种方式向那些有清偿能力但暂时流动性不足的银行发放紧急贷款，以防止由恐慌引起的货币存量收缩"[②]。

存款保险制度是指"由符合条件的各类存款性金融机构集中起来建立一个保险机构，各存款机构作为投保人按一定存款比例向其缴纳保险费，建立存款保险准备金，当成员机构发生经营危机或面临破产倒闭时，存款保险机构向其提供财务救助或直接向存款人支付部分或全部存款，从而保护存款人利益，维护银行信用，稳定金融秩序的一种制度"[③]。

从三大金融安全网建立的初衷我们可以总结出，存款准备金制度是为了保证商业银行日常面临客户提款时的清偿能力，最后贷款人制度是为了在特殊情况下，提供商业银行的流动性支持，而存款保险制度是在商业银行出现问题面临破产时保护存款人的利益。所以从三大金融安全网的理论定位来看，三者有着各自的明确分工和用途。但是，在实际的操作过程中，有时很难区分现实的情况属于哪一个安全网出手的范畴。比如，有的商业银行面临客户的大量提款，流动性不足，他可能先动用存款准备金，当存款准备金不足时，就需要寻求外来资金，包括同业间拆借，如果问题还不能解决，那么，应该让它破产由存款保险机构接管？还是由央行提供最后贷款？对于银行的监管机构来说，他们更希望通过贷款及其他手段来挽救这家银行，因为银行的破产意味着监管的失责，这被称为"监管宽容"现象。但是，如果这家银行已经到了无可救药的程度，最后贷款只会是无谓的投入，增加最后破产时存款保险机构的支付成本。在该商业银行出现问题时，谁负责鉴定它是否无可救药呢？央行、监管机构、存款保险机构可能的观点和看法都不同。所以，虽然三大金融安全网的职能可以在理论上清晰的表述出来，但是在实际操作过程中，要想三大金融安全网各司其职，发挥作用，关键是各相关金融部门能够明确分工，划分权责，并且能够有一套合理的机制来决定在什么样的情况下，谁来介入，承担相应的角色。

在这方面，加拿大的实践经验值得学习。前文已经提到过加拿大的存款保险机构在1987年经过改革，由"付款箱"型改为"损失最小化"型，原因是加拿大很多研究者认为加拿大监管机构失灵，所以扩大存款保险机构的职责来弥补金融管理机构的不足。金融监管机构总是倾向于救助问题银行，希望它能够渡过难关，恢复正常运营，但是有时过度的"监管宽容"，反而使最后的损失成本更大，而最后承担银行破产损失的却是存款保险机构。而存款保险机构在面对问题银行时，处于成本收益的考虑，往往希望通过早期干

---

① EMBA 百科全书。
② 《新帕尔格雷夫货币金融大辞典》。
③ EMBA 百科全书。

预、接管等手段,来避免将来损失的扩大。所以两者在面对问题银行时,有时做出的决定是有冲突的。为了平衡可能出现的冲突,加拿大监管机构和存款保险机构各自确定了分工和合作的方法,那就是加拿大监管机构(金融机构监管局OSFI)负责监督银行使其保持健康状态,一旦认为银行出了问题,加拿大存款保险公司(CDIC)将会同OSFI一起行动,他们联合签订了"干预指南"来决定在倒闭事件发生时各自的分工和介入的时间,如果双方在联合干预时,出现判断不一致,那么交由财政部来做最终决策。另外,还有一个关于各方如何互动和协调行动以及诸多方面如何紧密合作的战略性联盟约定,如定期参加最高首长咨询委员会SAC和金融机构监理文员会FISC,来商讨有关金融问题(加拿大各部门分工合作流程,笔者整理成图2-3)。

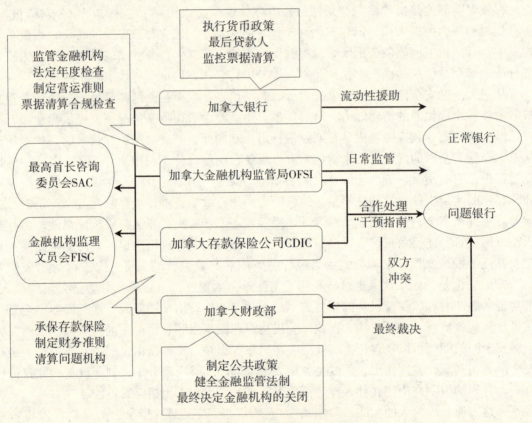

图2-3 加拿大各金融管理部门分工合作

我国香港特区虽然存款保险制度建立得较晚(2004年),但是,他们在建立时就细致考虑到了金融安全网各部门的分工和职责划分问题,具体工作流程可以如图2-4所示。在正常时期,银行监管机构即香港金融管理局负责监管银行日常运作,确保银行合规经营,防范风险。如果银行出现问题,首先判断这种问题是流动性问题还是偿付能力问题,如果是流动性问题,采取最后贷款人的方式来救助问题银行,由香港金融管理局提供资金,帮助银行尽快恢复有序运营。如果是偿付能力问题,还要判断银行倒闭是否会对整个金融市场带来系统性的后果,一般由金融管理局来做出判断,如果判断银行的倒闭不会导

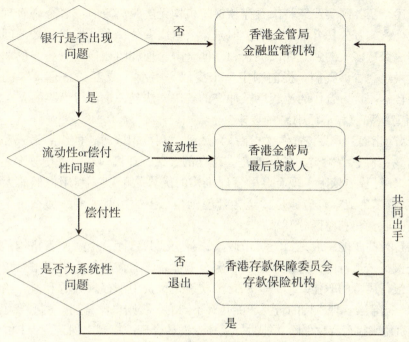

图2-4 香港金融安全网工作流程

致系统性危机，那么允许它退出市场，由香港存款保障委员会负责关闭和清算银行，并对小额存款人进行赔付。如果金融管理局判断银行破产是系统性的，会对整个金融体系带来严重后果，这超过存款保险机构的能力范畴了，香港存款保障体制的既定目标是能够同时处置两家中型规模银行的倒闭事件，如果银行破产是系统性的，那么将由香港金融管理局来负责协调各方，共同做好稳定金融体系的作用，这是金融管理局的法定职责之一。在20世纪80年代，香港同时遭受政治和经济的双重危机，有7家银行倒闭，香港金融管理局经过审查认为这种倒闭将会是系统性的，于是动用外汇基金救助那些银行，最终，3家银行被国有化，剩余几家被其他机构接管[①]。当然，正如上述所说，实际处理问题时，香港金融管理局与香港存款保障委员会之间并非独立运作，各司其职，他们之间有着千丝万缕的联系。比如香港存款保障委员会首席执行官同时也是香港金融管理局成员，那么就存在冲突：香港的商业银行是按照其"骆驼"评级标准缴纳保费，但这个评级标准是由金融管理局评定，也就是说存款保障委员首席执行官可以因其在金融管理局的地位而影响银行的保费，这存在很大的道德风险。再者香港存款保障委员会在计算保费、计算基金规模、计算可能的赔付额时，必须从香港金融管理局获得数据，并且这些计算都是在假定香港金融管理局能够履行其谨慎监管职能的基础上做出的，金融管理局的工作越有效，银行被监管的越好，存款保险的成本越低。所以他们二者之间必须保持良好的合作关系，为此，香港存款保障委员会与香港金融管理局签订了谅解备忘录，来约定何时以何种方式双方共享银行信息，展开合作。这是值得推荐的做法。

---

① 李令翔：《香港存款保险机构和金融安全网其他成员之间的关系》，2005年存款保险国际论坛论文集。

综上所述，从各国实践经验来看存款保险机构无法脱离政府或者金融管理机构，所以更适合采取公营或者公私合办的形式。但是，公营或者公私合办形式最大的问题在于存款保险机构应该保持多大的独立性以及它和其他金融管理部门如何划分各自的职责，加拿大和香港的宝贵经验告诉我们，提前制定一个类似"指南"或者"备忘录"的约定，事先明确双方各自的职责、合作的流程以及冲突的解决办法是一个值得借鉴的方法。

### 2.《指南》和《核心原则》的要求

《存款保险指南》（以下简称《指南》）谈到"存款保险机构的组织形式和治理结构必须事先明确"。"存款保险公司的职能是在现存的金融管理机构之间进行分配还是另外单设独立的机构来承担"。依附于现有金融管理机构的优势是可以"利用他们的人力资源和技术优势"，从而节省成本；劣势是"金融管理机构承担的功能太多，那么将很难把存款保险功能与其他职责和利益区分开来"。

中央银行行的职能一般是执行货币政策，维护公共目标；金融监管机构的职能一般是监督和检查银行日常行为，防范风险，稳定金融体系；而存款保险机构虽然也有稳定金融体系，监察银行风险的职能，但是它的首要功能是保护中小存款者的利益，给中小存款者提供保险。不同金融管理机构的首要职能是有不同的，否则也没有建立的必要了。依附于其他金融管理机构来执行存款保险功能时，要注意设计合理的机制来保证它保护中小存款者利益这一基本职能的实施。如果是单设存款保险机构，优势是独立性好，避免受其他机构的其他职责过分干预，劣势也显而易见。如何设计合理的合作机制来和其他金融管理机构分配权限和责任就至关重要，如何从其他金融管理机构获得信息，共享信息也是需要事先确定的。

《指南》还对存款保险机构提出了具体管理要求："存款保险公司的管理人员应具备专业知识与技能，应经得起正当与适宜的检验审查，不能卷入利益冲突；存款保险机构的具体管理制度应根据可行的战略计划、风险管理程序、内部控制与审计体系进行制定并相应调整。"①

《核心原则》对存款保险制度的组织和治理提出了四个关键词：独立（independent）、透明（transparent）、负责任（accountable）和免受政界和业界的不当干预（insulated from undue political and industry influence）。《核心原则》提倡存款保险机构应当独立、透明，具有相应的权力来履行它的责任，避免受到其他部门或机构的不适当干预，在面对各部门目标冲突时，应以首要保护中小存款者利益。

《核心原则》第6条认为"存款保险机构应与其他金融安全网之间持续或针对特定金融问题建立紧密的协调合作及信息交流机制，并对该信息保密"。国际存款保险协会明确指出"应通过立法、谅解备忘录、法律协议或综合运用这些手段对金融安全网络个机构的权力进行明确规定"②。

综上所述，《指南》与《核心原则》认为，无论存款保险机构的组织和治理结构如何，核心的内容是应该有一个明确的机制和规定来分配金融安全网各机构的责任，协调他

---

① 李仁真、刘建新：《存款保险指南》及其评析，《法学论坛》，2002年5月。
② See IADI. General Guidance to Promote Effective Interrelationship among Safety-Net Participants, 12 January, 2006, available at Http://www.iadi.org/docs/Guidance_ Interrelationship.pdf.

们的合作及信息共享。

### 3. 我国学者的建议

在存款保险机构的组织形式和治理结构方面，我国学者给出了很多建议。刘士余、李培育（1999）认为我国建立的存款保险机构应是一个"相对独立于财政部和人民银行，但又接受财政部和人民银行监督的职能明确的实体，可从人民银行规定金融机构填报的非现场监管报表中获取信息，人民银行、财政部、审计署对投保机构的现场检查报告应同时抄送存款保险机构，存款保险机构的监管和处置等方面的信息，也应及时报送人民银行和财政部"[①]。欧阳仁根（2003）建议我国采取单独设立存款保险机构的模式，他认为"中国人民银行担负着制定和实施货币政策，保持货币稳定，对金融机构实行监管等重要职能，因此不适宜再承担存款保险业务"。他还建议"我国存款保险机构采用官民合办（公私合营）模式，由中央财政和商业性金融机构出资组建中国存款保险公司，中央财政的出资应占该公司出资额的50%"。他把存款保险机构定位在特殊企业法人，"特殊"是指"存款保险公司不以营利为目标，要实现一定社会公益目标，但是必须按企业的组织机构设立并按企业的性质经营，而不是按政府机构法人的要求运营，同时存款保险企业管理受政府实质控制，并具有参与对投保金融机构监管的权利"。苏宁（2005）建议"存款保险机构可设计成存款保险管理委员会，是具有一定行政管理职能的事业单位，以增强存款保险机构的权威性，提高运作效率"。陈向聪（2006）认为"我国目前的银行体制是四大国有银行占有垄断地位，在国家信用隐性担保的情况下，他们没有动机和激励去设立存款保险，所以我国存款保险制度不宜实行存款保险完全的私有化，而应由政府和银行界共同建立存款保险机构，这更符合国内的银行格局与体制"。

为此，我国学者的建议虽然不全相同，但是比较一致的观点是在我国目前的银行体制下，不适合建立私营存款保险机构，应考虑公营或者公私合营。无论公营或公私合营，存款保险机构最好单独设立，商业化运营，但是政府或者央行都应该占有绝对的控制权力，以达成存款保险机构的公共目标。并且存款保险机构应与央行、银监会保持合作、共享信息，共同处理问题银行，维持金融体系的稳定。

### 4.《存款保险条例》的规定

对于存款保险机构的组织形式，《存款保险条例》中没有明确的说明，但第七条最后有一句话"存款保险基金管理机构由国务院决定"。这句话说明了中国的存款保险管理机构是公营的。事实上，私营形式的存款保险机构明显不适合我国的国情，我国没有像德国那样很有公信力的银行业自律组织；以国有银行为首的银行体系也没有自发组建存款保险机构的需求；并且在建立存款保险制度的初期，费率的厘订，初始保障基金的积累等艰巨问题都不是民间机构能够完成的。

公私合营形式虽然有一些学者支持，但是不符合我国当前国情。我国的银行结构比较特殊，可以分为三类：国有银行为主的大型银行类、全国性的商业股份制中型银行类、从合作社改制而形成的地方性城市和农村小型商业银行类。这四类银行规模、盈利能力、定位差异很大，如果组建公私合营形式的存款保险公司，大中型银行与小型银行在出资和管

---

① 刘士余、李培育：《关于建立中国存款保险制度若干问题的研究》，《金融研究》，1999年第11期。

理方面所占的比重会有明显的差异，小型银行改制不久，正在摸索过程中，规模小、资金有限，参与出资既会占用他们的资金成本，又很难获得一定话语权和决定权。大型银行本身就具有垄断地位，他们的资金优势，决定了他们能够获得较大权利，这种"既当裁判员又当运动员"的模式一定会造成相应的不公平，并且大型银行由于规模大，风险分散，有国有背景，本身又没有动力来组建和运营好存款保险制度。所以综合我国的这些国情，我国还是适合由政府牵头来组建存款保险机构，由政府来平衡三类银行的差异，针对每类银行的特点，制定相应的条件、费率等；存款保险机构还要履行监测存款机构日常风险，对问题银行进行处置等职能，这些问题的解决都需要依靠政府的权威和资源来实现。

设立公营性质的管理机构是没有争议的，从各国的经验和《核心原则》的资料来看，关键问题是存款保险基金管理机构如何与其他金融监管机构协调。

《存款保险条例》第十四条 "存款保险基金管理机构参加金融监督管理协调机制，并与中国人民银行、银行业监督管理机构等金融管理部门、机构建立信息共享机制。

存款保险基金管理机构应当通过信息共享机制获取有关投保机构的风险状况、检查报告和评级情况等监督管理信息。

前款规定的信息不能满足控制存款保险基金风险、保证及时偿付、确定差别费率等需要的，存款保险基金管理机构可以要求投保机构及时报送其他相关信息。"

《存款保险条例》第十四条简单说明了存款保险基金管理机构要与中国人民银行、银行业监督管理机构建立"金融监督管理协调机制"和"信息共享机制"。通过"信息共享机制"存款保险基金管理机构可以获取"有关投保机构的风险状况、检查报告和评级情况等监督管理信息"。对于"金融监督管理协调机制"，《存款保险条例》没有更进一步的说明，需要未来通过其他方式来约定和建立。但是这个协调机制至关重要，无论是从世界各国的经验，还是从《指南》和《核心原则》的建议来看，只有充分明确各类金融监管机构的权责，建立有效的协调方式才能使得它们各司其职，有序监管。

笔者接下来将针对这个问题做细致分析。

### 5. 笔者的分析与建议

我国目前金融监管体系是由中国人民银行领导下的分业监管模式，中国人民银行立足于制定金融领域的法律和行政法规、执行公共货币政策、调节利率和汇率等基本指标，维持整个金融体系的稳定；银监会、保监会、证监会分别负责监管三大行业的日常行为，制定管理规章和细则、检查金融机构的业务活动，确保金融机构审慎经营。这种监管模式使得中国人民银行专心于宏观管理和货币政策操作；而银监会负责日常审慎监管，防止银行业出现问题，它管理的是处于正常状态的银行，而存款保险机构正好是银监会的补充，它负责在银行出现问题时，进行救助和处置，可以说存款保险机构的行为对银监会起到了市场监督的作用。三者的定位在理论上是明确的，但冲突往往出现在金融机构出现问题后。央行作为最后贷款人，提供流动性支持；银监会作为监管人，对业务活动进行调整或者撤销；存款保险管理基金作为承保人，对问题机构进行救助或者接管，三者都各有不同责任、不同的方法来救助和惩治问题金融机构，当三者的决策和观点不一致时，冲突就出现了。银监会作为监管人，它更希望通过业务调整、更换管理人员、优惠贷款等手段来救助银行，帮助他们渡过难关；存款保险基金管理机构希望以最小的成本来应对，他们会采用接管、破产、清算等手段。

所以建立存款保险机构时必须设计一套机制来约定冲突时各部门的分工和决策方法。这方面，可以学习加拿大等国家，通过签订备忘录等形式来约定。笔者的观点是成立一个不定期的问题机构处置讨论会，由中国人民银行、银监会、审计局、存款保险基金管理机构、最高人民法院[①]、商业银行等机构的代表参加，每当有金融机构出现问题时，启动这个问题机构处置讨论会，由此会议决定问题机构的处理方法，由存款保险基金管理机构负责具体的救助处置实施。这在存款保险机构建立的初期尤为重要，虽然赋予了它处置金融机构的权责，但是因为存款保险机构缺乏金融监管和破产处理等方面经验，通过讨论会可以采各家所长，慢慢摸索出一套适合中国国情的问题机构处置方法，等到存款保险机构有了足够的经验和能力后，可以相应赋予它更大的权利，甚至全权授予它对问题机构的决策权。

另外，金融管理机构各部门还应保持密切的合作，特别是在信息共享方面。中国人民银行、银监会、存款保险基金管理机构为了执行各自的职能都需要了解金融机构运行中的各指标。中国人民银行往往关注利率、存贷规模、准备金、票据贴现、同业拆借、银行间债券、外汇等基本宏观指标的数据信息；银监会主要关注不良贷款率、拨备覆盖率、流动性比率、资本充足率、外汇敞口等[②]各银行微观指标数据信息，存款保险基金管理机构关注的信息类似于银监会，关注各银行微观指标，但是它更偏向于各风险相关的指标，如流动性缺口率（流动性风险指标）、不良贷款率（信用风险指标）、全部关联度（信用风险指标）、利率风险敏感度（市场风险指标）、外汇敞口（市场风险指标）、操作风险损失率（操作风险指标）、资本充足率（风险抵补指标）[③] 等。三者关注的指标虽然不全相同，但有很多重复的，比如流动性、资本充足率等指标，所以三者可以建立信息共享机制，来避免重复收集指标所要花费的成本。实际上我国的信息建设一直比较混乱，以金融行业为例，统计局、中国人民银行、银监会等都需要大量金融信息，他们根据自己的需要分别统计，有时不同的统计口径下，相同的指标数据却不同，还有各银行的客户信息情况等数据，各银行处于竞争需要，也是独立的，这给我国的业界和学界都造成了不便。当然，这几年我国一直致力于各类信息系统建设，已经取得了不俗的成就，比如银行业的客户违约记录，某客户如在一家银行出现过不良记录，各银行都能获悉，影响客户在其日后的贷款等行为。我国金融行业的信息系统建设已经在进行中，这为存款保险制度的实施也提供了便利，因为存款保险机构需要更为详细的资料来了解银行的风险状况，评估银行的存款保险费率，还需要客户的存贷款情况，来为日后的赔付做准备，所以加快建设金融信息系统，让各部门能够共享信息，节省成本是成功实施存款保险制度的前提。

综上所述，对于我国存款保险机构的组织形式中的三个问题，笔者的核心观点如下：

(1) 提倡由政府出资建立公营性质的存款保险制度，来承担更多的公共目标。

(2) 成立一个单独设立的特殊企业法人，赋予它更多的权力来履行它的目标，同时受

---

① 目前在我国，最高人民法院是处理企业破产的机构，有着多年经验，银行的破产虽然有着特殊性，但是也适用很多的企业破产方法，所以最高人民法院应参与问题机构的决策讨论。

② 见《商业银行主要监管指标情况表》，中国银行业监督管理委员会官方网站 http://www.cbrc.gov.cn/chinese/home/docView/7E1679F277BC4161982E2BCF068E5DDA.html。

③ 见银监会 2005 年公布的《商业银行风险监管核心指标》，2006 年 1 月 1 日开始执行。

央行监督和检查。

（3）成立一个不定期的问题机构处置讨论会，由中国人民银行、银监会、审计局、存保会、最高人民法院①、商业银行等机构的代表参加，当有金融机构出现问题时，决定问题机构的处理方法，由存保会负责具体的救助处置实施。

（4）加快建设金融信息系统，让各部门能够共享信息，节省成本，也为存款保险机构评估风险、厘定保费、理赔客户所需的更复杂的信息做好准备。

### 2.3.4 会员资格

存款保险制度的会员资格是指加入存款保险体系的金融机构范围和资格条件。存款保险制度的基本目标是保障中小存款者的利益，所以一般存款保险制度的会员都是那些经营存款的金融机构，诸如商业银行、储蓄所、信用社等。但是，在考虑存款保险制度会员资格时有几个问题需要注意：

第一，存款保险制度是采用自愿加入模式还是强制加入模式。

第二，是否保障除商业银行之外的其他类型金融机构。

第三，是否保障外国银行或本国银行在外国的分支机构。

这三个问题是决定存款保险制度会员资格的重要问题。首先看看世界各国的选择和经验。

**1. 世界各国的选择**

（1）自愿模式还是强制模式。采用自愿加入模式的好处是双方都具有选择权，对于经营存款的金融机构，他们可以根据自身风险来决定是否加入存款保险制度，而存款保险管理机构也可以根据金融机构的风险状况来选择是否接受该机构加入。但是在自愿模式下，容易出现这样一种现象，低风险的存款机构不愿购买存款保险，而高风险的金融机构则愿意购买，这是保险行业非常有名的逆选择问题。这种逆选择使得存款保险机构最终承保的都是高风险标的，经营风险较大，所以如何避免逆选择风险是自愿模式的重要问题。大部分选择自愿模式的存款保险制度都是私营的，这些存款保险管理机构通过设立严格的承保标准来控制风险，只有达到这个标准的金融机构才能申请加入存款保险，这种承保标准，有的是由存款保险机构来制定，有的由金融监管机构制定。承保标准的制定意义重大，不但帮助存款保险机构把一些高风险经营的金融机构挡在门外，同时还起到督促金融机构合规经营的作用，如果存款机构达不到承保标准就不能投保存款保险，那么他的信用就会遭到公众质疑，影响他的存款规模。所以在自愿模式下，只有信用良好风险较低的大银行会选择不加入存款保险体系，其他存款机构加入存款保险一种信誉的保证。

从可得资料的82个国家中，只有8个国家和地区是自愿加入模式，分别是：多米尼加共和国（1962年）、密克罗尼西亚（1963年）、马绍尔群岛（1975年）、瑞士（1984年）、中国台湾（1985年）、斯里兰卡（1987年）、马其顿（1996年）、哈萨克斯坦（1999年）。我们考察这8个国家和地区的存款保险制度，可以总结如下特点，首先他们

---

① 目前在我国，最高人民法院是处理企业破产的机构，有着多年经验，银行的破产虽然有着特殊性，但是也适用很多的企业破产方法，所以最高人民法院应参与问题机构的决策讨论。

都建立相对较早,其次都是非公营性质的,其中4个是私营性质的存款保险制度,另外4个是合营性质的存款保险制度。而由政府主办的公营性质的存款保险制度无一例外都选择了强制加入模式,来避免逆选择。

强制加入模式是指所有经营存款的金融机构都应该加入存款保险体系,这种模式有效避免了逆选择现象,所以大部分国家都是采用的这种方式。但是,这种模式也有着他的问题,就是道德风险。由于所有的存款机构都加入了存款保险体系,那么对于存款客户而言,就缺少了考察银行信誉和经营状况的动力,而存款机构会更倾向于风险较大盈利较高的业务。所以无论是何种模式的存款保险制度,都需要设计一套合理的标准,来规范投保的金融机构,惩罚那些不守规矩的经营者。

(2)会员范围。在金融行业中,经营存款的金融机构包括商业银行、财务公司、储蓄所、租赁公司、投资信托公司、信用社等。随着金融创新的不断发展,越来越多的新型金融机构不断涌出,那么存款保险制度的会员到底包含哪些类型的金融机构呢?

毋庸置疑的是各种类型的商业银行必然是存款保险体系的成员,也是主要的参与者。非银行金融机构是否需要加入存款保险制度呢?信托公司、租赁公司、财务公司等非银行金融机构,他们的资金持有者也需要保护,但是他们的风险和经营方式与银行不同,监管上对他们的要求也与银行不同,他们在一国的金融市场上所占的分量也没有银行那么重要,所以世界各国对是否把非银行金融机构纳入存款保险体系的选择有很大的不同,总结出来,主要有三种:有些国家出于维护金融稳定的目标,只保护那些对于金融系统稳定性具有举足轻重的银行会员;而有些国家为保障金融市场的公平竞争和谨慎监管的要求,存款保险制度的会员包括所有的存款类金融机构;也有些国家对于银行和其他类型的存款机构分别设立不同的存款保险基金。

表2-6 存款保险制度会员范围

| 类 型 | 代 表 国 家 | 主要分布区域 |
| --- | --- | --- |
| 只包含银行机构 | 希腊、菲律宾、尼日利亚等 | 非洲、亚洲的许多国家 |
| 包含所有存款类机构 | 奥地利、比利时、爱尔兰、荷兰、葡萄牙、瑞典、法国等 | 大部分欧洲国家 |
| 分别设立存款保险 | 美国、日本、意大利、挪威、波兰、西班牙、英国等 | 部分欧洲国家 |

资料来源:《存款保险制度的现状与良好做法》①。

从世界各国实践来看,非洲和亚洲的许多小国,国内的金融机构类型没有那么复杂,银行体系占据了金融体系主要的成分,他们的存款保险制度只包含了本国的银行机构,例如希腊、菲律宾、尼日利亚等。而大部分的欧洲国家,金融市场较为发达,机构类型较为全面,他们采取的是第二种,保障所有存款类金融机构,如爱尔兰、荷兰、瑞典等。还有一些欧洲国家,把银行和其他类型的存款机构(如储蓄银行、互助银行、信托等)分开保护,分别设立不同的存款保险制度,如意大利、挪威、波兰等。当然,会员资格的范围并

---

① 吉莉安·加西亚著、陆符玲译:《存款保险制度的现状与良好做法》,中国金融出版社、国际货币基金组织。

不是一层不变的，法国以前对于互助银行、储蓄银行和合作银行有专门的独立于商业银行存款保险制度之外的制度，但在1999年7月以后，对所有的存款类机构纳入统一框架下来保护；冰岛以前也是针对商业银行和储蓄银行分别有两个存款保险制度，2000年1月后，两者合并。除此之外，美国的商业银行和储蓄银行由银行保险基金承保，而储蓄协会和信用社另有基金承保；日本也有两个存款保险制度，一个承保商业银行、信托、长期信贷和小银行、信用社、劳工和贷款协会，另一个承保农业合作社和信用社。

(3) 是否保障外国银行的分支机构和本国银行在国外的分支机构。由于全球化的深入，各国金融领域的对外开放水平越来越高，那么，外国银行在本国的分支机构以及本国银行在国外的分支机构是否应该纳入本国的保障范围呢？存款保险制度建立的目标是保证本国存款者的利益，维护本国金融市场的稳定，从这个目标出发，外国银行在本国的分支机构也应该纳入会员范围，因为这些分支机构吸收是本国存款者的资金，他们对本国金融系统的稳定性有影响。再者，外国银行在本国的分支机构是在本国经营，他们理应和本国银行享受相同的权利和义务，否则很难保证竞争的公平性。最后，外国银行的加入增加了存款保险制度的会员，更进一步地分散了存款保险的风险。所以纵观世界各国，大部分的国家都把外国银行在本国的分支机构纳为存款保险制度的会员，区别仅在于是强制参加还是自愿参加，许多欧洲国家诸如：德国、芬兰、意大利、西班牙、马其顿、瑞典等国的存款保险对于外国银行的分支机构实行自愿加入，其他大部分国家都实行强制加入。比较特殊的是美国、日本、摩洛哥这三个国家，他们既不承保外国银行在本国的分支机构，也不承保本国银行在国外的分支机构。当然，对于本国银行的海外分支机构，大部分国家的存款保险制度都不保障，即因为这些分支机构的资金不是来源于本国的存款者，对本国金融体系影响不大，也因为这些分支机构可以加入其所在地区的存款保险制度。只有欧盟一些国家较为特殊，他们允许本国银行的国外分支机构投保，但仅限于在欧盟地区经营的分支，例如德国、法国、爱尔兰、意大利、英国、瑞典、西班牙等，也就是说这些国家的银行的分支机构即可以参加其所在地的存款保险制度，也可以参加其总行所在地的存款保险制度。

表2-7 外资银行和海外分支的会员资格

| | 主要国家和地区 | |
|---|---|---|
| | 是 | 否 |
| 是否保障外国银行在本国的分支机构 | 绝大多数国家 | 美国、日本、摩洛哥 |
| 是否保障本国银行在国外的分支机构 | 欧盟某些国家，如德国、法国、爱尔兰、意大利、英国、瑞典、西班牙等 | 绝大多数国家 |

资料来源：《存款保险制度的现状与良好做法》[①]。

综上所述，从世界各国的实践经验上看，我们对存款保险的会员资格问题，可以总结如下经验：

---

① 吉莉安·加西亚著、陆符玲译：《存款保险制度的现状与良好做法》，中国金融出版社、国际货币基金组织。

（1）存款保险制度采用自愿加入模式的好处是双方都具有选择权，但是易产生逆选择，加大了存款保险的风险；而采用强制加入模式有效避免了逆选择，所以绝大多数国家都采用这种模式，但是这种模式使得存款类机构倾向于高风险经营，所以需要设计合理的标准，来规范投保的金融机构，惩罚那些不守规矩的经营者。

（2）确定存款保险制度的会员范围主要考虑本国金融市场中各类型金融机构的类型分布，对金融系统的影响程度、公平竞争的需要、谨慎监管的要求。对于不太发达的，以银行为主体的金融市场来说，保护好银行体系就保证了金融体系的稳定性，也保障了绝大多数的存款者；而对于较为发达的金融市场，金融机构类型繁多，它们对金融系统的影响不可小觑，或者单独承保，或者与银行一起承保。

（3）从保证本国存款者利益，维护本国金融市场稳定的目标、维护竞争的公平性、分散风险的角度出发，存款保险制度应该把外国银行在本国的分支机构纳入会员资格而把本国银行在国外的分支机构拒之于门外。

### 2.《指南》和《核心原则》的要求

《指南》和《核心原则》中有关会员资格，针对五个方面给出了分析和建议：强制还是自愿问题、会员资格授予途径问题、非银行金融机构的资格问题、外国银行的资格问题和国有银行是否需要加入存款保险体系的问题。

首先，《指南》和《核心原则》都肯定了强制性的加入模式能够有效避免逆选择。《指南》中分析，一般情况下，如果存款者对存款保险敏感的话，他们会主动了解哪些金融机构加入了存款保险，进而选择那些有保障的机构，他们的这种行为本身会促使经营存款的机构积极加入存款保险制度。所以即使在自愿加入模式的存款保险制度，金融机构的参与积极性也是比较高的。而存款保险机构的会员越多，存款保险的风险越分散，稳定性越好。所以基于以上的考虑，《指南》和《核心原则》推荐各国选择强制加入模式。

其次，《指南》和《核心原则》分析了会员资格的获取途径问题。有两种情况下，需要存保机构来授予存款保险会员资格：一是制度初建时，一是新成员加入时。当存款保险制度刚刚建立时，现存的银行等机构如何获取会员资格，是全部自动获得，还是需要申请加入。全部自动获得会员资格，在短期内是最简单省事的方法，但是存保机构可能马上要面临处理某些银行的不利情况或者风险，反而更复杂。申请加入来获得会员资格的方法赋予存保机构通过准入机制的设置来控制风险的灵活性，同时促进了审慎监管要求和标准的实施。当然，建立初期需要一个合适的透明的过渡计划，来明确加入的标准、程序、进程等。存款保险制度建立以后新成员的加入方式也有不同，有些国家银行执照和存款保险会员资格是有不同金融安全网成员分别决定的；有些国家是由金融安全网成员一起决定新成员的会员资格；还有一些国家，具备了银行执照就自动具备会员资格；无论选择哪种方式，都需要有一套适当的机制来确保银行必须满足的最低审慎标准和准入要求，确保成员的各种要求得到快速有效的处理。

再次，《指南》对于非银行金融机构是否加入存款保险制度，提出了三点赞成的原因和两点不赞成的原因。三点赞成的原因是："有助于促进不同类型金融机构之间的竞争，有助于促进金融系统的稳定性，有助于促进谨慎监管规则的实施。"两点不赞成的原因是："非银行金融机构对于金融稳定性没有银行机构那么重要，非银行金融机构与银行机构接受不同官方机构的管理适用于不同的监管标准。"

然后,《指南》分析了有关外国银行是否加入存款保险制度的问题。《指南》认为主要考虑以下因素:"本国金融体系的稳定性、存款保障的最小水平目标、外国银行从本国稳定金融体系获利和参与的程度和意识、促进外国银行和本国银行同等地位公平竞争的欲望、对成员广度和资金宽度的多样化要求。"一般,对于开放程度比较高的国家,外国银行的规模如果所占比例较高,那么外国银行破产对本国金融体系的破坏性和对存款者的影响较大,就需要考虑外国银行的存款保障问题。有些外国银行已经参加了其母国的存款保险制度,就不需要参保本国存款保险,若有些外国银行母国没有或者不承保这些银行在外国的存款,那么最好加入本国的存款保险制度,否则这些银行如果出问题,由于其所占比例较大,仍会对本国的金融体系造成影响,会使在这些银行存款的本国存款者遭受损失。所以是否承保外资银行主要看这些国家的对外开放程度以及外国银行的规模比重,看他们的问题对本国金融体系和存款者的影响程度。

最后,《指南》针对国有银行是否加入存款保险制度问题,分析了四点应该加入的原因:有助于促进私有化,有助于加强国有和私有银行之间的公平竞争,有助于把国有和私有银行纳入同一审慎监管框架,有助于分散存款保险机构的风险和增加存款保险基金的规模。

**3. 我国学者的建议**

学者们在研究存款保险制度时,对于会员资格问题,除了黎四奇(2006),他提出以良性的市场约束为基础,采取德国式的自愿模式,其他学者几乎都赞成实施强制加入模式,"采取强制性准入办法,有助于形成一致性动机,防止发生逆向选择问题"(钱小安,2004)。

但是有关具体会员范围时,研究者有一些不同的建议。刘士余、李培育(1999)、钱小安(2004)和苏宁(2005)等都提出"所有存款类金融机构都必须参加存款保险计划,包括境内国有商业银行、股份制商业银行、城市商业银行、合作银行、城市信用社、农村信用社和邮政储蓄银行等",以便"在尽可能广的范围内保护存款人、特别是小额储户的利益,并对银行风险行为实施有效监管"。欧阳仁根(2003)提出"建立一般商业性金融机构和合作金融机构两类独立的存款保险",他认为合作金融机构在"组织性质、财产关系、内部管理形式、经营宗旨、市场环境、风险特征"等方面都大不相同,需要对他们建立单独的存款保险制度,政策上给予扶持,以提高农村合作金融机构的自信,增强竞争力,促进农村经济发展,保障农民存款者利益。而黎四奇(2006)根据中国金融体系的结构,学习德国的经验,甚至提出分别建立国有银行、非国有股份制银行和信用合作机构三个存款保险基金。可见,我国金融体系鲜明的结构特征,使得学者们认为不能把国有银行、股份制银行和其他类型机构一概而论,即使是赞成都纳入存款保险体系框架,也应该针对不同类型,有所考量。刘士余、李培育(1999)提出"确定会员范围时关键问题是考虑是否需要把已处于高风险状态的中小金融机构纳入进来"。如果将高风险机构都纳入国家的存款保险体系,"有可能将这类机构中业已存在的金融风险转嫁到存款保险这一新生但尚且脆弱的体系内,使其不堪重负"。如果"采取自愿申请、严格审查的办法"逐步吸收这些机构,将更为合理,但是操作不易,"要么会使这些机构产生'搭便车'的行为,要么加速这些机构的倒闭"。他们建议将这些中小机构分为两类,"一类是可救助的,通过严格整顿、落实资本注入措施、债转股和努力清收不良资产后,将其纳入存款保险体系;另一类是严重资不抵债,有支付危机或者将引发支付危机的,则应坚决采取措施,实行市场退出"。

针对第三个问题,是否需要把外国银行的分支机构和本国银行的国外分支机构纳入保障,苏宁(2005)认为,"因涉及母国与东道国制度安排协调,暂不包括上述机构在境外设立的分支机构以及"。更多的学者认为,应该遵从大多数国家的办法,接受外国银行在境内的分支机构,而拒绝本国银行在境外设立的分支机构。

而对国有商业银行是否应当加入存款保险制度,我国学者的讨论很激烈,因为我国的国有商业银行在金融市场上占有着举足轻重的地位,没有他们的存款保险制度是不完整的,但是国有银行又存在着隐性保险,缺乏加入的积极性。李华民(2004)认为政府对四大银行负有"最终"责任,必定会出手救援,四大银行因此不具备破产可能性(朱怀庆,2009)。支持的学者有刘士余、李培育(1999)、谢平等(2004),如果四大银行不加入存款保险制度,则其功效将非常有限。虽然有争议,但是我国金融市场化的发展,越来越多的学者达成共识,认为存款保险制度应该包含所有存款类机构,这样才能扩大风险分散面,公平竞争,统一监管。

综上所述,从我国学者多年的研究中,针对存款保险制度的会员资格问题,占多数的观点认为:

(1)应该实施强制加入的模式。

(2)会员范围应该包含境内所有存款机构。

(3)中小金融机构也应该加入,但应给予特殊考量,在费率或者其他方面给与特殊要求和支持。

(4)外国银行的境内分支机构应该纳入保障范围,本国银行的境外分支机构应该拒绝。

(5)国有银行必须加入存款保险制度。

4.《存款保险条例》的规定

有关会员资格,《存款保险条例》有两条相关的规定:

《存款保险条例》第二条　在中华人民共和国境内设立的商业银行、农村合作银行、农村信用合作社等吸收存款的银行业金融机构(以下统称投保机构),应当依照本条例的规定投保存款保险。

投保机构在中华人民共和国境外设立的分支机构,以及外国银行在中华人民共和国境内设立的分支机构不适用前款规定。但是,中华人民共和国与其他国家或者地区之间对存款保险制度另有安排的除外。

《存款保险条例》第八条　本条例施行前已开业的吸收存款的银行业金融机构,应当在存款保险基金管理机构规定的期限内办理投保手续。

本条例施行后开业的吸收存款的银行业金融机构,应当自工商行政管理部门颁发营业执照之日起6个月内,按照存款保险基金管理机构的规定办理投保手续。

从这两条的规定来看,我国实施的是强制型的存款保险,符合规定的投保机构都要在规定的期限内办理投保手续。我国存款保险的会员资格包括了中国境内设立的所有存款类银行业金融机构，包括中小型农村合作银行、农村信用合作社；而把中资银行境外分支机构和外国银行境内分支机构排除在外。对比《存款保险条例》的规定和我国学者的建议，除了外国银行境内分支机构的意见不同之外，其他几乎是大家一致的共识。

对于外国银行境内分支机构，不能加入我国的存款保险，意味着居民在外国银行的存款不能保障，会对外国银行的境内存款产生一定的影响。就中国目前外国银行在中国境内的运行情况来看，大部分外国银行还是以服务外国企业为主，他们吸收的存款也是自己本国企业在中国分支机构的存款。在居民存款上，外资银行的存款规模不能跟中国的银行相比，但是有些服务水平较高的外资银行，他们的个人银行业务比较出色，也吸引了不少中国优质高端客户。无论是外国企业的存款还是高端客户的存款，都不是存款保险制度的主要保护对象。存款保险制度一般是以保护中小投资者的存款为目标。所以把外资银行的境内分支机构排除在外，目前对中小投资者来说没有影响。但是，随着中国金融行业走向国际化，我们走出去的同时，也会有更多外国银行进入中国，公平公正的竞争环境是一个开放的大国所应具备的。随着存款保险的成熟，笔者建议未来将外资银行的境内分支机构纳入投保范围。

### 5. 笔者的分析与建议

综合世界各国的经验与《指南》和《核心原则》的要求，以及我国学者的研究，有关存款保险制度的会员资格问题，笔者认为我国实施强制性的包含所有境内存款类金融机构的存款保险制度，是会员资格中比较容易达成共识的建议。但是针对我国国情，在我国建立存款保险制度时，还有两个问题需要马上讨论和着重考虑：

（1）制度新建时，现有的存款类机构是否不论经营状况如何，都全盘接受呢？

（2）是否需要针对不同类型的银行建立相互独立的存款保险基金呢？

建立初期的资格确认问题，《指南》中曾提到，当存款保险制度刚刚建立时，现存的金融机构获取会员资格，有两种方式：全部自动获得和申请加入方式。全部自动获得会员资格，在短期内是最简单省事的方法，省去了申请、审查、筛选的复杂过程。但是，我国的金融市场上必然有一些目前经营状态不理想，风险较高，存在潜在支付危机的金融机构。如果不加选择，把这些机构直接纳入保障，势必造成低风险金融机构补贴高风险金融机构的不公平现象，也会出现存款保险基金还没有形成有效积累就要开始赔付的不利局面，而存保机构刚刚成立也缺乏马上处理问题机构的经验。有些学者也提出，不同的金融机构不应该一概而论，为了避免不公平，可以从费率的高低上来惩罚那些高风险经营金融机构。笔者认为，公平的保险费率确实是防止道德风险，约束金融机构合规经营的良好办法，但是这种方法不适合存款保险制度建立的初期。对于那些已经处于高风险状态的金融机构，原来监管层面没有多做要求，如果猛然根据风险状况征收高费率，无疑更是雪上加霜，他们负担成本加重，加剧他们的支付危机。所以笔者认为在我国存款保险制度建立时，设计一个过渡期，在过渡期，通过申请加入来获得会员资格的方法较为适合；过了过渡期以后，新会员的加入可以采用直接自动获得方式。在过渡期内，存款保险机构要制定明确的加入标准、程序、进程，对现存的金融机构进行风险审查，符合标准的机构才能加入存款保险，而不符合标准的金融机构可已经交由中国人民银行和银监会处理，可以采用刘士余、李培育（1999）的建议，"严格整顿、落实资本注入措施、债转股、清收不良资产"，整顿后如果符合标准，则可申请加入，否则继续整顿甚至是执行市场退出。总之，在存款保险制度建立时，我们要给它提供一个良好开始，确保所有的金融机构都处于正常的风险状态下，给它足够的时间来积累充实的保险基金，增加监控风险的经验，只有这样，存款保险制度才能顺利运行，并走得更远。当然，由于我国一直执行的是比较严格的审慎监管，所以大部分现存的金融机构，风险状态都是比较理想的，需要处理的只是极个别的中小金融机构。过渡期以后，新加入的存款机构笔者认为不需要再申请加入了，获得了监管机构的准入资格就自动获得存款保险会员资格，因为我国监管机构对金融机构的准入资格要求是比较严格的，没有必要再重复申请和审查，节省社会资源。

是否需要针对不同类型的银行建立相互独立的存款保险基金呢？前文曾经谈到过，我国从20世纪90年代开始金融体制改革，经过国有银行股份制改革，城市信用社改组城市商业银行，以及农村金融机构改革等一系列措施后，现在我国的银行业金融机构主体趋于多元化。如果我们要对他们分类的话，第一类应该是5家大型商业银行（中国工商银行、中国建设银行、中国银行、中国农业银行、交通银行），他们是我国银行业的主体，资产规模占整个银行业金融机构的45.8%；第二类是12家股份制商业银行的规模占整个银行业金融机构的17.1%；第三类是城市商业银行，"截至2011年底，我国共有城市商业银行144家，总资产9.98万亿元，在银行业金融机构中占比9.2%；第四类是各类农村金融机构，截至2011年底，全国共有各类农村金融机构3358家，其中212家农村商业银行，190家农村合作银行，2265家农村信用社，635家村镇银行，10家贷款公司以及46家农村资金互助社；第五类是外资银行，截至2011年底，共有387家"。[①]（见表2-8）

表2-8 中国银行业金融机构类型分布（2011年）

| 银行类型 | 数量 | 银行类型 | 数量 |
| --- | --- | --- | --- |
| 政策性银行 | 3 | 农村合作银行 | 190 |
| 大型商业银行 | 5 | 农村信用社 | 2265 |
| 股份制商业银行 | 12 | 村镇银行 | 635 |
| 邮政储蓄银行 | 1 | 农村贷款公司 | 10 |
| 城市商业银行 | 144 | 农村资金互助社 | 46 |
| 农村商业银行 | 212 | 外资银行 | 387 |

数据来源：根据中国银行业监督管理委员网站整理所得。

这五类银行业金融机构不论从规模、地位还是经营方式、风险特征上都有明显的不同。可以明确的是，他们正是我国存款保险制度所要保障的对象，问题在于是否需要针对不同的类型来用不同的标准分别建立独立的存款保险基金呢？前文已经谈到过，我国的学者针对这个问题有三种观点：一是建议采用统一的保险基金，二是建议把农村金融机构单

---

① 数据来源见中国银行业监督管理委员会2011年报，http://www.cbrc.gov.cn/chinese/home/docView/4DE6AD136C6E4F99B9883B7672674FC3.html.

列，三是建议成立大型银行、股份制和城市商业银行、农村金融机构三种独立存款保险基金。笔者支持第一种观点，不赞成建立多种存款保险基金。

首先，所有银行类金融机构都加入统一的存款保险，有助于扩大风险分散面，充实存款保险基金；如果要单独分列的话，农村金融机构虽然机构数量众多，但是规模小，短期内很难积累足够的基金，并且农村金融机构主营农村业务，风险易集聚，损失分布不平衡。其次，统一的存款保险制度有统一的标准，有助于维护公平竞争，如果针对某类金融机构单独建立存款保险，等于是告诉存款者这些机构较为特殊，风险较大，反而使他们面临不利的局面。最后，统一的存款保险制度有利于实施统一的审慎监管标准。我国的金融市场化进程正在不断推进，将来这些不同种类的金融机构之间的界限会原来越模糊，从前瞻性的角度来看，我们应该为这些机构构造一个统一的公平的竞争平台，所以笔者支持把所有银行业金融机构都纳入统一的存款保险制度。当然，目前这五类金融机构确实相差很大，所以存款保险机构，需要在兼顾公平竞争的前提下，针对各类的风险状况和经营特点，在费率、标准、审查等方面，有所区别。

综上所述，针对会员资格问题，笔者的核心观点可以总结如下：

（1）现存的金融机构通过申请获得会员资格；新成立金融机构获得了监管机构的准入资格就自动获得存款保险会员资格。

（2）所有类型金融机构实行统一的存款保险制度。

### 2.3.5 保障存款范围

存款保险的目的是保护中小存款者的利益，考虑哪些存款影响我们的目标，哪些存款应该排除在外。外币存款和某些特殊存款是否保障是其中的关键问题。

是否把外币存款纳入存款保险保障范围主要取决于一国使用外币的程度。如果一国使用外币非常频繁，外币存款占居民存款有一定的比重，那么就需要保障外币存款，否则存款保险对居民存款保护的作用就有限。相反，如果一国的外币使用较少，那么影响的只是少部分人，就没有必要把外币存款纳入保障范围，增加存款保险制度的工作难度。

有一些存款，他们的存款人或者有能力保护自己，或者有能力影响银行的财务状况和金融市场的运行，不保护他们，反而有利于他们慎重选择，提升金融市场效率。具体说来，这些存款包括银行间存款、政府存款、内部存款、高利率存款等。

**1. 世界各国的选择**

从世界范围来看，各个国家都把本国居民和企业的存款作为首要保障的对象，但是具体的承保存款范围确有很大的不同，有的国家保护本国所有类型的存款，如肯尼亚、韩国、马绍尔群岛、密克罗尼西亚、菲律宾、摩洛哥、巴哈马、墨西哥；有的国家只承保本国金融机构的各种存款，如美国承保其本国特许的所有银行和储蓄机构的存款，但不承保离岸存款；有的国家只承保所有活期存款，如秘鲁；有的国家只承保储蓄存款，如瑞士、克罗地亚、危地马拉、多米尼亚共和国；有的国家规定得更明确，详细列举了不承保的特殊存款，如欧盟存款保险制度管理条例[①]规定的不承保项目有：

---

① 国际货币基金组织不定期刊物第197号。

（1）金融机构存款。
（2）经营保险业务机构的存款。
（3）政府及中央行政管理部门的存款。
（4）省级、地区、地方和市级政府的存款。
（5）集体投资企业的存款。
（6）养老退休基金的存款。
（7）金融机构所有者、管理人员的存款，个人承担法律责任的成员的存款，持有该金融机构资本至少5%的人的存款，负责法定审计该金融机构财会文件的人的存款以及在同一集团中其他公司有相同地位职责存款人的存款。
（8）上项中的存款人的直系亲属和代表该存款的第三方的存款。
（9）统一集团其他公司的存款。
（10）不记名存款。
（11）以个人名义从同一贷款机构获得利息以及可能导致金融机构状况恶化的金融特许权的存款人的存款。
（12）同一机构发行的债务证券和由其自由承兑汇票和期票产生的负债。
（13）除了以下两种货币存款以外的其他货币存款：欧盟成员国货币的存款和欧洲货币联盟的货币存款。
（14）根据规定，不允许起草节略资产负债表的公司的存款。

欧盟存款保险条理的规定非常细致，很多国家效仿，不承保这些特殊存款，其中较为普遍的有外币存款、银行间存款、政府存款、内部存款及高利率存款，具体情况见表2-9。

表2-9 不同存款类型的承保情况

|  | 外币存款 | 银行间存款 | 政府存款 | 内部存款 | 高利率存款 |
| --- | --- | --- | --- | --- | --- |
| 保障此类存款的国家个数 | 62 | 14 | 34 | 33 | 58 |
| 不保障此存款的国家个数 | 19 | 67 | 33 | 34 | 9 |
| 合计 | 81 | 81 | 67 | 67 | 67 |

备注：外币和银行间存款数据来源于 Demirguc-Kunt Asli, Karacaovali Baybars, Leaven Luc. 2005. "Deposit Insurance around the World: A Comprehensive Database". World Bank Economic Review. 其他数据来源于：吉莉安·加西亚著、陆符玲译：《存款保险制度的现状与良好做法》，国际货币基金组织不定期刊物第197号，中国金融出版社2003年版。

在可得资料的81个国家中，62个国家保障外币存款，当然这些国家并不是保障该国的所有外币存款，只是保障那些规模较大的某些币种的存款，如欧盟最初只保障欧盟成员国使用的货币。不保障外币存款的国家一共有19个，主要集中在亚洲、非洲及一些南美小国，如日本、韩国、阿尔及利亚、孟加拉国、乌干达、哥伦比亚等。亚非很多国家，对外币使用的管制比较严格，该国国内的外币存款数量有限，所以不保障外币存款大大简化了工作难度并且符合该国外汇管制的政策。

针对政府存款和银行间存款，67个国家都不保障银行间存款，不承保政府存款的国家占一半。由于政府部门和金融机构往往能够了解银行财务状况，熟悉金融市场的运行规则，他们有能力保护自己，所以他们不是金融市场需要保护的"弱者"；相反，他们的行为能够影响银行及金融市场的运行，很多时候正是这些机构的冒险经营使得金融市场不稳定，所以如果保护这些机构的存款，无疑会使他们更加追求高风险业务，使金融市场风险更高；不保护他们，反而有利于他们慎重选择，提升金融市场效率。

大约一半的国家选择不承保内部存款。内部存款往往指那些银行内部人士的存款，包括银行高管及官员，他们是最了解银行具体财务状况的一批人，在风险来临时，他们能及早获悉，采取措施保护自己的存款，并且他们对银行的运营负有责任，不保护他们的存款，反而有利于督促他们谨慎经营。

高收益高风险是金融领域一条人尽皆知的准则。那些高额回报的存款势必也是高风险的，往往是金融机构为了竞争或者特殊需求而给予的，同时选择这些存款的存款人已经有了承担风险的准备。所以，不承保高利率风险抑制了金融机构的恶性竞争。但是，世界各国只有少数国家不承保高利率存款。

各个国家的存款保险制度的选择往往都要结合自己国家的市场环境，以及存款保险制度的目标。有些国家存款类型较为复杂，那些特殊的存款虽然与保障居民小额存款的目标没有关系，但是这些存款有可能影响整个金融系统的稳定性，进而间接影响居民存款，所以这样的国家就需要考虑对这些存款有条件的承保。

**2.《指南》和《核心原则》的要求**

对于承保存款的类型，《指南》和《核心原则》认为各国存款保险机构应该明确地以法律形式规定承保存款的类型，具体的存款范围却没有标准化的规定，但是要求各国存款保险机构要考虑不同存款种类的相对重要性以及对公共政策目标的影响程度来决定承保哪些存款。

《指南》中对外币存款进行了详细分析，认为一国存款保险制度是否承保外币存款取决于这个国家外币的使用程度。如果某种货币使用程度较高，那么，不承保这种外币存款就无法达成存款保险制度的目标。《指南》还详细分析了承保外币存款需要考虑的一个关键问题：当银行倒闭时，对于外币存款是使用本币赔偿还是使用外币赔偿呢？这个选择很重要，它决定了是谁承担外汇交易的风险，如果用外币赔偿，存款保险机构将承担外汇风险，如果用本币赔偿，存款人将承担外汇风险。选择用外币赔偿时，存款保险机构平时就必须持有一定的外币或者外币资产，否则临时筹借外币，可能会有困难，或者增加兑换成本，更甚者会影响外汇市场稳定性。选择用本币赔偿时，需要设计一套机制，来决定用何时的外汇汇率来计算外币兑换额，是用倒闭时的外汇汇率还是用赔偿时的外汇汇率，抑或是一段时间的平均值。不管具体怎么设计，只要保障外币存款，都需要存款保险机构制定稳健的政策和程序，来审慎管理其面临的外汇风险。《指南》认为商业银行在外汇风险的管理上具有很多的经验和技术，存款保险机构可以借鉴和参考，同时需要加强对商业银行日常外汇风险管理的监控，来降低外汇风险。

对于非居民存款，《指南》认为存款保险制度的基本目标是保障居民的基本存款，对于非居民存款，关键要考虑是否承保那些比较特殊存款，这些存款包括：

（1）银行、政府部门、共同基金等机构存款者持有的存款。

(2) 银行业高管及官员持有的存款。
(3) 对银行财务状况承担责任的相关人员的存款。
(4) 特殊的高额回报存款和适用低利率的资本存款。
(5) 难以界定所有权及利益归属的不记名持票人储蓄存款。

《指南》中规定的这5种类型存款，比欧盟规定得简单很多，也是很多国家选择排除在外较多的几种类型，值得各个国家在承保时慎重考虑。

### 3. 我国学者的建议

由于我国还未建立存款保险制度，所以我国学者研究和设计存款保险制度时，大多建议对于那些特殊的同业存款、大额存单、金融机构存款等一概不保障，但是对于是否保障外币存款，学者们的建议有所不同，冯肇伯、张桥云（1998）建议不承保外币存款，而欧阳仁根（2003）认为我国存款保险制度建立的目的应为保障"城乡个人和企业的存款"，所以保障范围应该包括"城乡个人和企业的本币和外币所有存款"，并且建议把"外币折算成人民币投保"。也有的学者建议我国学习外国经验，详细说明那些较为特殊的不予承保的存款，黎四奇（2006）提出"对于下列情形不受保障：以银行记名可转让证券方式所标明的债权与债务、其他金融机构对该银行的债权、该银行所发行的债券。另外，出现风险的银行的业务主管、合伙人、理事会与监事会及他们配偶与未成年孩子所拥有的对该银行的债权也不再保险范围之内"。他认为这样可以将"银行高层人士经营失败的责任与银行运作失败的后果捆绑在一起，这无疑能激发起尽到诚实信用的义务"。

### 4. 《存款保险条例》的规定

《存款保险条例》第四条 "被保险存款包括投保机构吸收的人民币存款和外币存款。但是，金融机构同业存款、投保机构的高级管理人员在本投保机构的存款以及存款保险基金管理机构规定不予保险的其他存款除外。"

《条例》对于存款范围的规定比较明确，承保投保机构的人民币存款和外币存款，不保金融同业存款和高管人员的存款。对于金融机构同业存款，国际惯例是不予承保，因为金融机构本身就应该为自己的行为负责。对于金融机构高管人员的存款，《指南》中的第二项银行业高管及官员持有的存款和第三项对银行财务状况承担责任的相关人员的存款，有些国家称之为内部存款，有些国家称之为关联存款。这些关联存款涉及道德风险问题，为此《条例》规定不予承保。

对于其他形式的国际上不予承保的存款，我们暂不考虑。事实上，我国银行业的存款形式较之西方国家较为简单，主要是活期存款、整存整取、零存整取、整存零取、存本取息、定活两便和通知存款，这些都是企业和个人常用的存款，应该纳入保障范围。其他特殊利率的存款受众群体较小，而且都是有一定风险承受能力的存款者，所以基于我国的目前情况，我们不用考虑高利率存款问题。

其实在选择存款范围时，主要考虑外币存款是否适合承保就可以了。为此，笔者针对中国现实相框做出详细分析。

### 5. 笔者的分析与建议

早期一些学者认为我国存款保险制度可以不承保外币存款，主要原因是我国外汇管制较严，国内的外汇存款占比不大。其实到今天为止，外汇存款在我国存款中的比重仍然不大,以2013年12月的统计数据来看,我国外汇存款总额4344.85亿美元,人民币存款总额1014623.66亿元,外汇存款占全部存款总额的2.57%(见表2-10)。

表2-10 中国近几年本外币各项存款额度情况

| 来源方项目 | 2011年12月 | 2012年12月 | 2013年12月 | 占比(%) |
| --- | --- | --- | --- | --- |
| 本外币存款总额 | 826701.35 | 943102.27 | 1041435.30 | 100 |
| 人民币各项存款总额 | 809368.33 | 917554.77 | 1014623.66 | 97.43 |
| 1. 住户存款 | 348045.61 | 406191.59 | 444716.53 | 42.70 |
| 2. 非金融企业存款 | 303504.31 | 327393.67 | 347263.15 | 33.34 |
| 3. 机关团体存款 | 109127.62 | 132362.86 | 151100.82 | 14.51 |
| 4. 财政性存款 | 26223.07 | 24426.41 | 41897.24 | 4.02 |
| 5. 其他存款 | 16818.18 | 21445.16 | 23508.52 | 2.26 |
| 6. 非居民存款 | 5649.55 | 5735.08 | 6137.40 | 0.59 |
| 外币各项存款总额 | 17333.02 | 25547.50 | 26811.64 | 2.57 |
|  | (2750.88亿美元) | (4064.51亿美元) | (4344.85亿美元) |  |

数据来源:中国人民银行网站资料整理而得。

我国外汇存款总额不多,很大一部分原因是我国监管层面对外汇的管制过严,但是随着我国近几年经济的高速发展,我国的对外贸易往来及居民对外往来越来越繁荣,未来几年,正是我国人民币国际化的快速发展阶段,我国对外汇的管制将逐渐放宽,全民投资意识的增强,也会激发企业和个人对外汇投资需求增加,所以处于前瞻性的考虑,笔者建议我国承保外汇存款,省得建立不久以后再来变动,更加费时费力。那么,对于外汇存款使用本币赔偿还是外币赔偿呢?笔者认为两者选择都不成问题。如果选用外币赔偿,因为我国有大量的外汇储备,而我外币存款的数额又不高,所以采用外汇赔偿,不会有太大的压力,对汇率的影响较小。但是笔者还是较为赞同以本币赔付,这样可以把存款者的本币存款和外币存款合并起来一起赔付,省时省力。用本币赔偿时,用何时的汇率来核算呢?是银行倒闭时的汇率还是赔付时的汇率抑或是这段时间的平均值呢?这都是可以接受的选择,笔者认为也可以做出有利于存款保险机构的选择,比如选择倒闭时和赔付时两者中的较低值。为什么这么考虑呢?因为外币存款本就不是存款保险制度保障的主要目的,并且储户在持有外币存款时就知道将要面临的外汇风险,有一定的风险承受能力,所以在赔偿时,我们倾向于让外币存款者承担外汇风险,使存款保险机构节省资金,支持人民币存款的赔偿。

### 2.3.6 限额承保和联合承保

存款保险制度根据对存款人的保护程度,可分为全额保险和限额保险两种。全额保险是指存款保险制度保护存款者的所有存款。全额保险会使大额存款人忽视对银行的监督,忽视对银行的谨慎选择,道德风险较高。限额保险是指存款保险制度设定一个最高承保存款额,只承保部分存款。在限额保险情况下,银行的破产会给大额存款者带来一定程度的损失，这就迫使大额存款者不会一味地追求高利息，而会谨慎地考察银行的信誉和经营状况。因此，限额保险会使存款者增加风险意识，强化了对银行的市场约束。所以，绝大多数国家的存款保险制度采取的都是限额保险。目前全世界仍然选择全额承保的国家有：土耳其、泰国、土库曼斯坦、多米尼亚共和国、智利（仅对活期存款）①。这些国家很多原来采用的是限额保险，但在某些特殊情况下，如金融危机时，往往处于权宜之计实行临时性的全额承保，而当危机过后，很多国家重新采用限额承保。例如日本、韩国，他们在1997年东南亚金融危机时为了稳定国内金融市场，临时采取全额承保，但是危机过后，韩国在2000年年底，日本在2002年4月分别取消全额承保。可见，限额承保是世界各国一致的选择。

但是，采用限额承保的方式还有许多问题需要解决，其中关键是三个问题：

（1）承保存款限额的标准是基于每个银行账户还是每个存款人？

（2）承保限额应该定为多少合适？

（3）是否采用联合承保（co-insurance）？

接下来从世界各国存款保险制度的选择中来分析这三个问题。

### 1. 世界各国的选择

采用限额保险需要考虑的第一个问题：承保的存款限额是基于什么标准来规定，是基于每个银行账户还是基于每个存款人。前者是指针对每个银行账户规定一个最高的承保额，超过部分不承保或者部分承保；后者是指针对每个存款人在同一银行的所有账户规定一个承保限额，超过部分不承保或者部分承保。基于每个银行账户的好处在于数据易得，但是会使限额承保失去意义，因为存款者可以采用开设多个账户的形式变相得把大额存款分散成小额存款而获得全额保险。从全世界范围来看，大部分国家都选择了基于每个存款人的标准来设定承保限额。

采用限额保险需要考虑的第二个问题是：承保限额应该定为多少合适。较高的限额，会增加对存款者的保护程度，维护银行体系的稳定，但也会使存款者忽视风险意识；较低的限额减少了保险基金的负担，提高了存款者的风险意识，有助于加强市场约束力，但是过低的限额会使存款者的存款得不到有效保护，从而无法避免存款者在风险来临时挤兑现象的发生，不利于金融市场的稳定。所以，制定合适的限额就是在防止小额存款人的挤兑行为和保持大额存款人的市场监督之间寻找平衡。各国存款保险制度设定的限额差别很大，最高的如墨西哥设定限额为32262340比索，换算成美元超过250万；挪威设定限额200万克朗，相当于33万多美元；美国的限额标准为10万美元；较少的国家只有几百美元，如乌克兰（UAH1500）、尼日利亚（NGN5000）等；欧洲较为一致，欧盟规定其成员国的限额最低2万欧元。具体各国限额分布情况见表2-11：

---

① 吉莉安·加西亚著、陆符玲译：《存款保险制度的现状与良好做法》，国际货币基金组织不定期刊物第197号、中国金融出版社2003年版。

表 2-11 世界各国限额范围分布

| 限额范围（美元表示①） | 国家和地区个数 | 代表国家及分布区域 |
| --- | --- | --- |
| 限额 ≤ $1000 | 7 | 乌克兰、斯里兰卡、塞尔维亚和黑山、尼日利亚、白俄罗斯、孟加拉国、坦桑尼亚 |
| $1000 < 限额 ≤ $10000 | 26 | 主要集中在南美、非洲、中东 |
| $10000 < 限额 ≤ $50000 | 37 | 主要集中在欧洲，欧盟国家都是 $20000 |
| $50000 < 限额 ≤ $100000 | 5 | 美国、密克罗尼亚、马绍尔群岛、法国、阿曼 |
| 限额 ≥ $100000 | 4 | 墨西哥、挪威、意大利、日本 |
| 无限制（全额保障） | 4 | 土耳其、泰国、土库曼斯坦、多米尼亚共和国 |
| 合计 | 83 | |

数据来源：Demirguc-Kunt Asli, Karacaovali Baybars, Leaven Luc. "Deposit Insurance around the World: A Comprehensive Database". World Bank Economic Review, 2005.

由于欧盟国家普遍设置为 2 万欧元，所以限额在 1 万～5 万美元的国家最多。当然，每个国家实际经济发展程度不同，居民存款额也有很大的差别，所以不能要求完全统一。实际上，国际货币基金组织建议其成员国的存款保险制度设计的限额标准是本国人均 GDP 的 1 到 2 倍。但实际上各国这个比率差别也很大，较高的如墨西哥、马其顿、阿曼等国的限额标准超过人均 GDP 的 10 倍，而欧洲普遍较低，瑞士、爱尔兰、德国等国不到人均 GDP 的 1 倍，（具体见附表 2 和图 2-5）。

---

① 以 2013 年 12 月 31 日的汇率换算成美元。

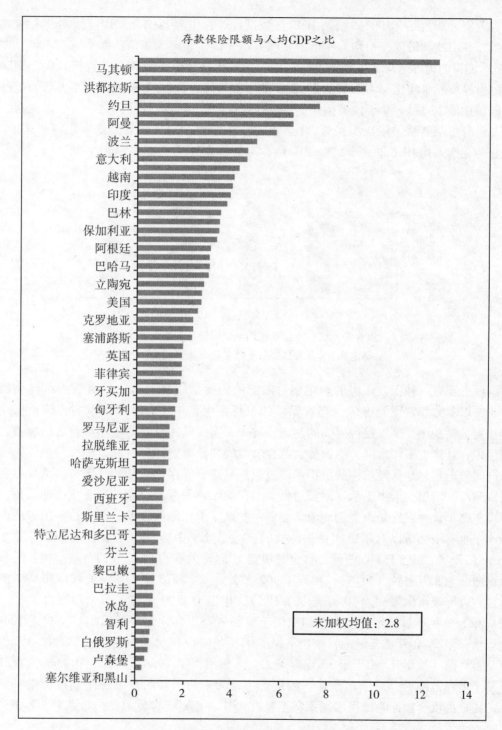

图2-5 世界70个国家存款保险限额与人均GDP之比（2003年）

数据来源：具体数据见附表2，资料来源于Demirguc-Kunt Asli, Karacaovali Baybars, Leaven Luc. "Deposit Insurance around the World：A Comprehensive Database". World Bank Economic Review, 2005.

吉莉安·加西亚（2003）根据1999年数据计算的世界各国存款保险限额与人均GDP的倍数，其中欧洲最低，平均1.4倍，亚洲平均3倍，非洲3.2倍，西半球3.4倍，中东3.5倍；加权的世界平均比率为2.1倍；美国为3.2倍；由于美国存款规模较大，剔除美国后的世界加权平均比率为1.8倍[①]。美国的限额较高，为10万美元，很多人认为过高的赔付限额正是20世纪80年代美国储贷协会存款保险公司破产的原因之一。所以此后，美国一直没有再调整赔付限额。经过20多年的经济增长和通货膨胀，这一限额仍未改变，但是它与美国人均GDP的比率已经下降到1/3左右了。

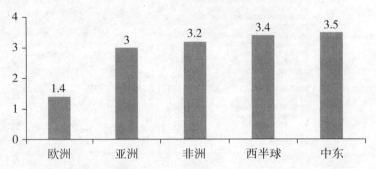

图2-6 世界各地区存款保险机构承保限额与人均GDP倍数分布
数据来源：《存款保险制度的现状与良好做法》[②]。

国际上还有一种比较认可的确定赔付限额的依据是使90%以上的存款者得到全额赔付，40%以上的存款得到保障。存款保险的目标是保护中小存款者的利益，防止挤兑风险，稳定金融秩序。所以赔付限额的制定，首先不能太低，应该使中小存款者的利益得到全额保障，其次也不能太高，应该使大额存款者的利益得到部分保障，提高他们的风险意识，同时考虑到存款保险机构的负担不能过重，只能承保存款总额的一部分。从世界各国的实践来看，斯里兰卡由于承保限额过低，对存款账户和存款总额的覆盖比率非常低，低到可以忽略不计，但这是极个别现象。非洲一些国家承保限额较低，但是这些国家的经济发展水平也有限，所以对账户和存款总额的覆盖率处于中等，如坦桑尼亚承保限额为25万先令（TZS），相当于150美元，仅全额覆盖了54%的账户和12%的存款总额；尼日利亚承保限额为5万奈拉（NGN），相当于300多美元，全额覆盖了78%的账户和19%的存款总额；肯尼亚承保限额为10万先令（TES），相当于1100多美元，全额覆盖了83.3%的账户和16%的存款总额。但有些国家由于保额较高，存款账户覆盖率甚至接近100%，如美国承保限额10万美元限额，全额承保了99%的账户和65%的存款总额；挪威承保限额200万克朗（NOK），相当于33.6万美元，全额承保了99.8%的账户和76%的存款总额。从全世界范围看，对于存款账户的覆盖率，90%的国家的存款保险制度都做到了对90%的账户提供全额保险，很多国家甚至超过95%；而对于存款总额的覆盖率，各国的差

---

[①] 吉莉安·加西亚著、陆符玲译：《存款保险制度的现状与良好做法》，国际货币基金组织不定期刊物第197号、中国金融出版社2003年版。

[②] 吉莉安·加西亚著、陆符玲译：《存款保险制度的现状与良好做法》，国际货币基金组织不定期刊物第197号、中国金融出版社2003年版。

异较大，从能收集到资料的国家的数据来看（见附表2及图2-4），平均水平在52%，除去全额承保的国家以后的平均水平为48%。所以基于各国经验和国际货币基金组织的建议，业内认为合适的赔付限额应使90%以上的存款者得到全额赔付，40%以上的存款总额得到保障。

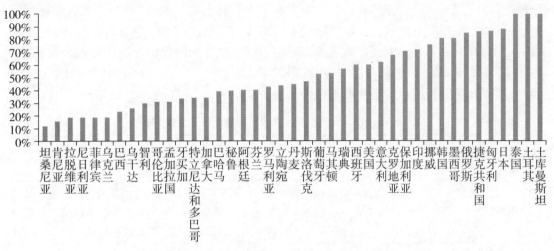

图2-7 世界各国存款保险机构承保存款价值覆盖率分布

*数据来源*：Demirguc-Kunt Asli, Karacaovali Baybars, Leaven Luc. "Deposit Insurance around the World: A Comprehensive Database". World Bank Economic Review, 2005.

设定存款保险的承保限额时，还需要考虑几个因素的影响：

（1）通货膨胀与经济增长。很多人建议一国的存款保险限额应与该国的通货膨胀和经济增长率挂钩，实现指数化调整。因为当一国经济高速发展或者出现较高通货膨胀时，往往货币过剩，居民存款增加很快，那么存款保险限额如果不增加，就会达不到要求的保障目标。但是，很多存款保险制度较为成功的国家反对指数化，他们认为经常变动的承保限额不符合"简单化、透明化"的原则，存款者很难掌握具体的限额，也给存保机构核算造成一定难度。理想的环境当然是较低的通胀和较稳定的限额，当一国经济情况变化较快时，还是需要调整承保限额，但是需要根据具体情况，缓慢调整，集中调整。

（2）基金规模。当一个国家刚刚建立存款保险制度时，由于缺乏基金积累，所以往往设置较低的承保限额，如果金融系统运行良好，没有出现大的赔付，那么基金规模会与日俱增，此时可以考虑调高承保限额来扩大保险覆盖面，给予存款者更好的保护。

（3）本国银行的国际竞争力。设置存款保险制度的承保限额，除了考虑本国的情况外，还要考虑邻国或者资金往来较为频繁的国家的限额水平。如果本国的限额与其他国家相比较低，会使大量资金流入较高限额的国家，影响本国银行的国际竞争力。欧盟地区统一规定存款限额为2万欧元，有限地避免了这种情况的发生。

所以存款保险的承保限额要综合考虑本国人均GDP水平、存款账户额的分布情况、通货膨胀增长率、基金规模、本国银行的国际竞争力等各因素，才能做出科学、合理的设置。

采用限额保险需要考虑的第三个问题是：是否采用联合承保（co-insurance）。联合承保是指存款者与存款保险机构一起承担风险，表现为存保机构只承保存款的一定比例，比如90%，而剩余的10%由存款者自己承担，这样做的目的仍然是为了降低道德风险。由于存款者要承担一定的风险，可以促使他们谨慎选择，关注银行信誉和经营状况。但是在联合承保的情况下，小额存款者仍有可能在风险来临时出现挤兑的现象，所以有的国家在一定的限额之下采取全额赔付，而限额之上采取比例赔付的联合保险方式，这相当于对小额存款者施行全额承保，大额存款者施行联合承保。也有的国家采用比例赔付分段递减的方式，在一定的限额之内承保比例较高，限额之上承保比例降低。综上所述，我们把目前世界各国存款保险制度承保限额的类型分为四种。

表2-12 世界各国存款保险制度承保限额类型

| 类　型 | 代　表　国　家 |
| --- | --- |
| 限额下的全额赔付 | 美国等绝大多数国家 |
| 限额下的比例赔付 | 德国、奥地利、爱沙尼亚、直布罗陀、爱尔兰、比利时、卢森堡、马其顿、阿曼、智利、哥伦比亚、捷克共和国、斯洛伐克共和国、塞浦路斯、阿尔巴尼亚、白俄罗斯、马恩岛、俄罗斯、玻利维亚 |
| 限额下全额限额上比例赔付 | 英国、哈萨克斯坦、立陶宛、波兰、葡萄牙 |
| 分段比例递减赔付 | 保加利亚（＄1070以下95%，＄1070至＄2670承保80%） |

数据来源：根据资料 Demirguc-Kunt Asli, Karacaovali Baybars, Leaven Luc. Deposit Insurance around the World: A Comprehensive Database. World Bank Economic Review, 2005. 整理而得。

（1）限额下的全额赔付方式。这种方式下小额存款者的存款得到了全面的保护，避免挤兑的发生，部分保护了大额存款者，促使他们增强风险意识，加强对银行经营的监督；这种方式简单、透明，世界上绝大多数的国家，如美国等都是采用这种赔付方式。

（2）限额下的比例赔付方式。在限额下设计了联合保险，使存款者承担一部分风险；德国、奥地利、爱尔兰等国家选择了这种赔付方式（见表2-12）。但是这些国家的联合保险比例却有所差别，欧盟地区部分国家的存款保险制度，在2万欧元的限额下，承保比例都为90%，存款者仅承担10%的损失，风险较小；也有的国家承保比例较低，哥伦比亚承保75%，俄罗斯承保50%（见表2-13），较低的比例无疑会加重存款者的风险，仍有可能发生挤兑现象；所以有的国家对居民的储蓄存款采用限额下的全额赔付，仅对企业存款或者大额存款采用联合保险方式，如奥地利仅对企业存款采用联合保险，承保比例为90%，阿曼仅对大额存款采用联合保险，承保比例为75%，智利仅对定期存款采用联合承保方式，承保比例为90%。

表2-13 采用联合保险的国家的承保限额和承保比例

| 国家 | 限额 | 承保比例（%） | 国家 | 限额 | 承保比例（%） |
|---|---|---|---|---|---|
| 德国 | €20000 | 90 | 捷克共和国 | €25000 | 90 |
| 奥地利 | €20000 | 90 | 智利 | UF120① | 90 |
|  |  | 仅对企业存款 |  |  | 仅对定期存款 |
| 爱尔兰 | €20000 | 90 | 阿尔巴尼亚 | ALL700000 | 85 |
| 爱沙尼亚 | €20000 | 90 | 白俄罗斯 | SUR141000 | 80 |
| 比利时 | €20000 | 90 | 马恩岛 | £15000 | 75 |
| 卢森堡 | €20000 | 90 | 哥伦比亚 | COP1000万 | 75 |
| 马其顿 | €20000 | 90 | 俄罗斯 | 100000Rbs | 50 |
| 直布罗陀 | €20000 | 90 | 玻利维亚 | 无限额 | 50 |
| 塞浦路斯 | €20000 | 90 | 阿曼 | OMR20000 | 净额的75 |
| 斯洛伐克共和国 | €20000 | 90 |  |  | 仅对大额保险 |

数据来源：根据资料 Demirguc-Kunt Asli, Karacaovali Baybars, Leaven Luc. Deposit Insurance around the World: A Comprehensive Database. World Bank Economic Review, 2005. 整理而得。

（3）限额之下全额赔付，限额之上比例赔偿方式。这种方式是为了防止小额存款者的挤兑风险，所以在规定的限额之下采取全额赔付，而限额之上采取比例赔付，这相当于对小额存款者施行全额承保，大额存款者施行联合承保。采用这种方式的国家仅有几个国家，包括英国、哈萨克斯坦、立陶宛、葡萄牙、波兰。其中英国在2000英镑的限额下，采取全额承保，在2000英镑以上33000英镑以下采取联合承保，承保比例为90%；葡萄牙在2万欧元以下采取全额承保，在2万欧元以上4.5万欧元以下采取联合承保，承保比例为90%（详见表2-14）。

表2-14 限额之下全额限额之上联合保险的国家

| 国家 | 全保限额 | 联保限额 | 承保比例（%） |
|---|---|---|---|
| 英国 | £2000 | £33000 | 90 |
| 哈萨克斯坦 | $1420 | $7110 | 90 |
| 立陶宛 | LTL10000 | LTL45000 | 90 |
| 葡萄牙 | €20000 | €45000 | 90 |
| 波兰 | €1000 | €22500 | 90 |

数据来源：根据资料 Demirguc-Kunt Asli, Karacaovali Baybars, Leaven Luc. Deposit Insurance around the World: A Comprehensive Database. World Bank Economic Review, 2005. 整理而得。

---

① 智利发展单位（Unidad de Fomento，简称UF）于1967年1月20日创立，由央行根据消费者价格指数变化情况定期对UF进行调整，旨在调整因通货膨胀而造成的货币价值变动。1967年最初确定的1UF相当于100盾（当时智利的货币单位），每季度进行调整。1975年10月后智利货币改为比索，UF单位也改为比索，每月进行调整，自1977年8月开始UF价格每天进行调整。当前（2012年11月10日）1UF相当于22789.98比索。

（4）分段比例递减赔付。这种方式在规定限额内采用较高的承保比例，在限额之上采用较低的承保比例，相当于对小额存款者承保比例较高，而对大额存款者承保比例较低，目的仍是为了降低小额存款者的挤兑风险，同时提高大额存款者的风险意识。保加利亚采用了这种方式，在限额1070美元以下承保比例为95%，在1070美元以上至2670美元以下承保比例为80%。

其实联合承保的设计不管是哪种形式，目的都是在降低小额存款者的挤兑风险和提高大额存款者的风险意识之间找寻平衡，保障太高会减弱风险意识，保障太低会增加挤兑风险。但是一国在设计存款保险制度时要遵循"简单、透明"的原则，过于复杂的设计往往使一般存款者无法准确掌握存款的保障程度，也给存款保险机构带来了核算的难度。这也是为什么大多数国家都采用第一种方式的主要原因。

### 2.《指南》和《核心原则》的要求

《指南》提出各国"应根据自己的国情和统计数据来制定承保限额，如银行存款分布数据等，这些统计数据也帮助政策制定者来衡量存款保险对存款者和存款额度的覆盖率，以确保充足的存款保险"，并且"承保限额要与存款保险制度的公共政策目标和其他特征相一致"。《指南》还详细分析了制定限额的标准是基于存款账户还是基于存款人，是基于单个银行还是基于所有会员银行的问题。《指南》提出，如果承保限额基于存款账户，那么存款者可以通过开设多个账户来使每一账户的额度低于限额，从而享受全额承保，失去了限额承保的意义，所以《指南》建议承保限额应该基于每个存款人。那么针对每个存款人，是基于他的单个银行账户还是所有会员银行的账户总额呢？

《核心原则》要求"最高保额应采用限额且易于确认，并应能充分保障大多数存款者，符合存款保险制度的政策目标及与存款保险制度"，并提出存款保险机构"应随时根据相关因素，如通货膨胀程度、实际收入水平的增长、新型金融工具发展状况等，进行检查，了解这些要素对存款规模的影响，在必要时调整最高保额"。

### 3. 我国学者的建议

限额承保和联合承保是存款保险制度设计中的重要问题，所以很多学者在研究过程中都对这一方面提出了自己的建议。

首先，学者们都认为我国应该实行限额承保制度，以此来防范道德风险并控制存款保险机构的负担。

其次，学者们也都建议限额赔付标准应该基于每一存款人而不是存款账户。陈向聪（2006）认为"存款保险公司赔付基础应为每一存款人而不是每个户头，这样可避免通过开立多个存款账户来变相地把大额存款置于保护之中的行为"。

再次，对限额标准方面，学者们建议我国遵循国际经验及货币基金组织的建议，综合考虑人均GDP的倍数，90%的存款账户覆盖，40%的存款总额覆盖等因素，置于具体的数额由于研究的时间不同，经济数据不同，建议略有差别。刘士余、李培育（1999）认为我国不能盲目遵循这些倍数和比例关系，他们认为"我国居民的高储蓄率以及居民金融资产以银行存款为主的现状，与其他国家不同"，如果按照国际经验采用人均GDP的2倍作为限额，会使"保险面不足"；并且"我国中小金融机构和少数城乡金融机构存在不少问题，自身抵御风险的能力较低，如果存款保护面不足，容易引起挤兑并形成连锁反应，危机银行体系安全"。他们建议保险赔付限额不宜过低，可以采用90%的存款账户覆盖面这个标准来测算限额。中国人民银行存款保险课题组（2003）认为"在建立中国存款保险制度的初期"，应当"把提高银行体统的公信力、维护银行体统的稳定作为首要目标"，所以应"尽可能地扩大存款保险的覆盖面"。颜海波（2004）建议"中国将赔付金额确定在10万元是较为合理和可行的"，他的这一建议是根据2002年末的数据分析得出的。2002年末，中国"5万元以下的居民存款账户占98.07%，但其金额只占27.84%"，是当年"人均GDP的6倍"。"10万元以下的居民存款账户数占99.38%，其金额占73.73%"，10万元是"当年城镇人均储蓄的7倍，城乡人均储蓄的15倍，人均GDP的12倍"。如果将限额定为5万元，虽然"大部分小额存款者得到了保障"，但是存款金额覆盖面过低，会使"大额存款人因赔付金额太低，存款风险太大，而出现将存款转移到国外或实力雄厚的大银行的情况，从而导致中小银行的存款危机"。并且"大额存款人一般有较高的社会地位和社会影响力，如果对他们的存款保护范围过小，将不利于危机的处理"。而10万元的限额将使大额存款人的存款得到更多保障，"建立大额存款人对存款保险制度的信心"。苏宁（2005）提供了具体数据分析，"以人民银行2005年的调查数据，存款在10万元以下的账户户数占全部存款账户的98.3%，存款金额占全部调查存款账户额的29.4%，10万是中国2004年人均GDP的9.5倍。如果把限额定位20万元，对存款账户和存款金额的覆盖率分别提高1个和8个百分点"。也就是说以10万元作为限额，存款账户覆盖率和人均GDP倍数都比较高，但是存款总额覆盖率较低，没有达到40%以上。而以20万作为限额，存款总额覆盖率就接近40%了，但是另外两个标准过高，特别是人均GDP倍数达到19倍，这在全世界都算较高的。当然经过这么多年，这些数据都有很大的变化。

最后，是否采用联合保险方面，有的学者认为太过复杂建议采用限额下的全额承保，也有的学者基于道德风险的防范角度建议采用不同形式的联合承保。冯肇伯、张桥云（1998）提出"我国应该采取与众不同的新模式，即每个账户规定一个最高赔偿限额，如8万元，对超过8万元的部分分段按递减比例赔付，如第二个8万按90%赔付，第三个8万按70%赔付等等，以此来协调保护存款人利益与加强市场纪律两者之间的矛盾"。黎四奇（2006）在对德国模式进行研究的基础上，建议我国"对限额内给予全额赔偿，超过限额的部分按递减比例赔付，如此"便能促使存款人通过市场行为加强对银行经营的间接监督作用"。陈向聪（2006）从道德风险控制的角度进行研究，认为"存款保险公司应该设定承保上限"，"在上限之上再规定几个渐降的赔付比率，激励大额存款人发挥市场选择的作用"，并且"赔款下限和上限可以是浮动的和有差异的"。

### 4.《存款保险条例》的规定

《存款保险条例》第五条　存款保险实行限额偿付，最高偿付限额为人民币50万元。中国人民银行会同国务院有关部门可以根据经济发展、存款结构变化、金融风险状况等因素调整最高偿付限额，报国务院批准后公布执行。

同一存款人在同一家投保机构所有被保险存款账户的存款本金和利息合并计算的资金数额在最高偿付限额以内的，实行全额偿付；超出最高偿付限额的部分，依法从投保机构清算财产中受偿。

存款保险基金管理机构偿付存款人的被保险存款后，即在偿付金额范围内取得该存款人对投保机构相同清偿顺序的债权。

社会保险基金、住房公积金存款的偿付办法由中国人民银行会同国务院有关部门另行制定，报国务院批准。

从《条例》的规定可以总结我国采用了限额承保模式。限额是基于每个存款人而非每个存款账户。并且采用了限额之下的全额承保。值得我们详细研究的是50万限额的规定。存款保险制度的限额没有固定标准，根据上文对世界各国经验的分析，要综合考虑人均GDP、存款额度分布的要求以及其他因素来看我国的具体的情况。

5．笔者的分析与建议

接下来分别按照人均GDP、存款额度分布的要求以及其他因素来看我国的具体的情况。

（1）人均GDP的倍数要求。世界货币基金组织建议存款保险限额设计为人均GDP的1到2倍，但是从前文的研究来看，除了欧洲较低外，其他地区承保限额与人均GDP的倍数都超过了3倍。2014年，中国国内生产总值GDP达到636463亿元人民币，人均GDP达到人民币4.6531万元（约合7485美元）。如果按照货币基金组织的建议，人均GDP的2倍为人民币9.3062万元，按照亚洲的平均水平3倍为人民币13.9593万元。如果要求再高些，4倍为人民币18.6124万元，5倍为人民币23.2655万元。所以只考虑人均GDP倍数要求的话，我国要达到亚洲的平均水平，存款保险制度的限额最低不能少于14万元。但是考虑到我国人口基数大，人均GDP水平较低，仅以这个要求来制定存款保险制度的承保限额可能会使保障程度偏低。

（2）存款额度分布的要求。国际上比较认可的赔付限额是使90%以上的存款者得到全额赔付，40%以上的存款得到保障。从全世界范围看，对于存款账户的覆盖率，90%的国家的存款保险制度都做到了对90%的账户提供全额保险，很多国家甚至超过95%；而对于存款总额的覆盖率，各国的差异较大，平均水平在52%。

近几十年来，随着经济的快速发展，中国存款规模增长速度较快，2000年至今中国各项存款总额以平均17.26%速度增长，其中储蓄存款总额以平均15.62%的速度增长，截至2014年末，我国各项存款余额约113.86万亿元，储蓄存款48.53万亿元，占比42.62%，人均储蓄存款35476.99元[①]。我国存款增长速度很快，但是人均存款额度不高，这与我国的国情有关，所以人均储蓄存款额度这个数据对设定存款保险制度的保险限额没有参考价值，我们更关心的是存款额度的分布，但是这个数据很难得到。

我国存款账户较多且较为复杂。截至2014年年底，我国共有银行结算账户数65.1亿，其中单位结算账户0.3976亿户，个人结算账户64.73亿，占全部账户数的99%还多，银行结算账户数以每年超过20%的速度增长[②]。以个人账户为例，我国人口约为13.5亿，相当于每人3.6个账户，考虑到还有很多未成年人没有开设账户，那么实际上在银行开设存款账户的真正的存款者平均每人4个账户以上。这4个账户即涉及跨行账户问题，也涉及"睡眠账户"问题。"睡眠账户"是指那些存款者很少使用，但是也没有销户的账户，一般主要指10元以下的账户。这些账户绝大多数都是一些代发社保账户、信用卡还款账

---

① 数据来源于Wind资讯，具体见附表4。
② 数据来源于Wind资讯，具体见附表5。

户以及保险缴费账户，还有一些由于种种原因被客户遗忘、废弃的账户。存款账户的众多性和复杂性以及考虑到金融机构竞争和保密的需要，使得调查和统计存款账户的额度分布比较困难。

比较庆幸的是中国人民银行营业管理部课题组在2007年调查了北京地区的银行账户情况[①]，可以作为我们的数据支撑。这次调查对于确定存款保险制度的限额比较有用的数据和结论可以总结如下：

第一，企事业单位存款账户数集中于低端客户，存款余额集中于高端客户。70%的单位账户额度小于10万元，其存款仅占全部单位存款总额的0.4%；超过100万的账户虽然只占全部账户数的9%，但是却占全部单位存款总额的97%。

第二，居民储蓄存款集中于低端客户，余额在各区间呈现均匀分布。在全部居民储蓄账户中，有94.98%的账户密集于10万元以下。10万元以下账户存款余额占全部储蓄存款的33.7%；20万至50万元的账户存款余额占22.6%；100万元以上账户存款余额占比为14%。这种阶梯型的均匀分布于经济学的"二八法则"不符，中国人民银行营业管理部课题组认为，原因在于跨行客户信息没有合并以及普遍存在的不愿露富的传统观念。

从北京地区的银行账户分布情况我们可以看出，对于居民储蓄存款，如果把保险限额定为10万元，账户覆盖率接近95%，符合要求，但是存款额度覆盖率只有33.7%，保障程度不足。如果把保险限额定为15万元，存款额度覆盖率达到43.9%，符合货币基金组织建议的水平，但是没有达到世界平均水平52%。如果把保险限额定为20万元，股款额度覆盖率达到51.15%，接近世界平均水平。如果我们把保险限额定为50万元，则存款额度覆盖率为73.75%。

这是北京地区的存款分布数据，那么北京地区是否能代表整个中国的情况呢？北京作为我国的首都，经济发展水平相对较高，人均储蓄存款水平也位于全国先列。以中国人民银行营业部课题组所调查的2007年为例，北京人均储蓄存款额为56064.30元，而同期全国人均储蓄存款额为13058.01元，北京人均水平高出全国甚多，是全国人均的4.29倍，2007年至今，这个倍数虽然明显在下降，但是2012年仍然有3.54倍，6年平均3.99倍（见表2-20）。

北京地区的居民存款情况明显好于全国平均水平。但是在我国，那些经济较为发达的大型城市如上海、广州、深圳、杭州、苏州、天津、成都等，他们的情况与北京情况基本相符，中国人民银行营业部课题组对比了北京与上海的数据，相差不大。而这些地区集中了我国很多的资金及中产阶级，这些城市的存款者也恰恰是学历水平较高，风险意识较强，对金融机构较为了解和关注的群体，充分考虑这些大城市的存款保险水平有利于维持金融行业的稳定，避免挤兑的发生。当然，其他地区的情况远远不足北京地区，按照北京地区的存款分布所确定的限额会使其他地区的存款者享受更高的保障。笔者建议我国建立存款保险制度的初期，保险限额应该定的略高些。首先，没有建立存款保险制度时，我国相当于是隐性的全额承保，建立存款保险制度转换为限额承保，如果此限额制定得过低，那么势必会使存款者没有安全感，会增加挤兑风险，不利于金融市场的稳定，所以建立的

---

[①] 中国人民银行营业部课题组：《北京地区银行存款账户现状调查》，《调查研究》，2007年第23期。

初期不应过低要求,应该参照世界各国的经验,向较高的标准靠拢。其次,随着我国经济的增长,居民存款增加很快,存款保险制度的设计要素不能太过频繁改变,考虑到未来的趋势,限额应该提高些。

表2-15 北京地区与全国居民人民币储蓄存款对比数据

| 地区 | 北京 | | | 全国 | | | 北京与全国人均储蓄存款之比(%) |
|---|---|---|---|---|---|---|---|
| 指标 | 储蓄存款年底余额 | 总人口 | 人均储蓄存款 | 储蓄存款年底余额 | 总人口 | 人均储蓄存款 | |
| 单位 | 亿元 | 万人 | 元 | 亿元 | 万人 | 元 | — |
| 2007年 | 9155.30 | 1633 | 56064.30 | 172534.20 | 132129 | 13058.01 | 4.29 |
| 2008年 | 11952.80 | 1695 | 70517.99 | 217885.40 | 132802 | 16406.79 | 4.30 |
| 2009年 | 14672.10 | 1755 | 83601.71 | 260771.70 | 133450 | 19540.78 | 4.28 |
| 2010年 | 17003.10 | 1962 | 86662.08 | 303302.50 | 134091 | 22619.15 | 3.83 |
| 2011年 | 19126.10 | 2019 | 94749.33 | 343635.90 | 134735 | 25504.58 | 3.71 |
| 2012年 | 21644.90 | 2069 | 104600.11 | 399551.04 | 135404 | 29508.07 | 3.54 |

数据来源:笔者根据Wind资讯经济数据库EDB中的数据整理、计算而得。

(3)贵宾客户存款起点。近几年我国商业银行都在积极开拓贵宾客户服务,这不到5%的贵宾客户掌握着70%以上的资金份额,他们成为个商业银行争相拉拢的人群。各商业银行的贵宾客户的存款起点从30万至50万不等,我们可以参考这个贵宾客户起点来设置存款保险的保障限额。因为商业银行的贵宾客户往往能够享受商业银行客户经理的一对一服务,帮助他们投资、理财、规避风险。而其他客户往往由于资金投资的限制、自身对投资风险知识的匮乏以及没有专业人士的帮助而较为被动,他们需要我们存款保险制度的保护。当然以这个标准来设置存款保险的保障限额会高于按照GDP、存款分布所确定的,能使更多的存款者和更多的存款处于保障之中。

综上所述,根据我国GDP和存款分布特征等因素,考虑到从隐性全额承保过度的初期为了避免恐慌稳定金融市场秩序,以及兼顾未来发展的趋势,《存款保险条例》把限额定为50万元较为合理。

### 2.3.7 筹资机制

良好的筹资机制对于确保存款保险制度的效率和维持公众的信心至关重要。当问题银行破产时,存款保险机构只有资金充足才能良好得履行其赔付职能,否则会"推迟问题银行的解决,增加处置成本,甚至危害金融系统的稳定"[1],所以,存款保险机构要建立合适的筹资机制调动所有可用的融资方式。

对于存款保险机构的筹资机制,有几个关键的问题要解决:资金来源、筹集方式、费率方式、费率基础以及维持方式,这些方面的选择不同,存款保险制度的管理也会有很大

---

[1] Guidance for developing effective deposit insurance systems, Financial Stability Forum, September 2001.

的不同，下面我们通过世界各国的实践分别来看看这几个关键问题应该如何抉择。

**1. 世界各国的实践**

（1）资金来源。存款保险的资金来源也就是谁出资的问题，是由政府出资还是有银行出资抑或是存款者出资。一般说来，经济学里都遵循谁获益谁付费的原则，存款保险的存在保护了储蓄者的存款，避免了银行出现挤兑，可以说银行及其客户是存款保险主要的受益者，而致使风险存在的主要是银行的经营行为，所以一般来说，存款保险的成本应该由要保银行来负责。当然，存款保险的存在也促进了金融系统的稳定，避免了金融危机可能带来的政府救济成本，所以政府也是间接受益者，从世界各国实践来看，很多国家的存款保险制度都离不开政府的资金支持。在可获得数据的 82 个国家中，其中 29 个国家的存款保险成本由银行承担；仅有智利一个国家的存款保险由政府全额出资；而 52 个国家的存款保险成本由政府和银行共同承担，这成为三种选择中的大多数[①]。可见，存款保险的日常成本还是主要由会员银行承担，而政府给予一定的支持。政府对存款保险的资金支持有几种方式：一是在存款保险制度建立之初，提供初始资金；二是在存款保险遇到大额保险赔付时由央行提供援助贷款；三是在存款保险机构资金不足时，由政府担保发行债券；四是与存保机构共同承担损失。由于存款保险制度在成立之初，资金有限，所以政府都有第一种形式初始资金的支持；市场化程度比较高的国家，往往在制度运行中，由存款保险机构独立运作，仅在特殊情况下提供担保或者贷款援助，不承担损失；而市场化程度较弱的国家，存保机构与政府的独立性较差，政府承担的较多。

（2）筹集方式。存款保险的资金筹集有两种方式，一是事前积累方式，二是事后分摊方式。

事后分摊方式顾名思义，是指在事前不积累资金，当金融机构出现问题或倒闭时，由各会员缴费来分摊处置成本。这种方式的好处，一是事前不占用资金，节省了银行的费用，提高了运作效率；二是不用管理基金，节省了存保机构的管理成本。但是事后分摊方式的偿付能力可信度不高，特别在两种情况下，事后分摊方式面临很大的风险：一是经济衰退期的理赔，二是大银行倒闭时的理赔。一般来说，经济快速发展时期，金融机构运作良好，信用扩张很快，而经济衰退或危机时期，企业状况堪忧甚至倒闭多有发生，金融机构的信用风险很大，这个时期银行更容易出现问题甚至破产。如果发生多家银行相继出问题的状况，那么剩余会员银行分摊的成本会很大，而这个时候现存银行本身的压力就很大，如果再分摊庞大的存款保险成本，无疑是雪上加霜，有可能导致整个金融系统不稳定，最后的结果可能仍是依赖政府的援助，而危机期政府本身就面临经济衰退带来的税收减少和刺激经济增长需要的庞大资金之间的矛盾。所以，事后分摊方式在经济衰退和危机期会使存款保险机构丧失功能。再来如果一国的金融体系中有一定数量的大银行存在，那么一家大银行的破产会给剩余小银行带来庞大的甚至无以承担的支付压力，最后还是要依赖政府，存款保险失去效用。所以事后分摊机制存在很大的不稳定性，现在只有 15 个国家采用事后分摊机制，如：奥地利、巴林、直布罗陀、法国、荷兰、瑞士、英国、卢森

---

① Demirguc-Kunt Asli, Karacaovali Baybars, Leaven Luc. "Deposit Insurance around the World: A Comprehensive Database". World Bank Economic Review, 2005.

堡、泰国、曼岛、直布罗陀、智利、斯洛文尼亚、列支敦士登以及德国的私营存款保险制度（德国有官方和私营两套存款保险制度）。

事前积累方式是指通过过去的缴费来运作积累，提供风险发生时赔付存款者的资金以及金融机构倒闭前发生的费用。事前积累方式的资金主要来源于会员银行的缴费，及其投资收益。这种资金筹集方式有稳定的基金来源和长期的积累，偿付能力较强，可信度更高，并且尤为重要的是它提供了一种逆经济周期的平滑费率机制。在经济快速发展阶段，银行业务状况良好，破产风险较小，会员的缴费积累起来，用于在经济衰退时期更易出现的破产处理，这有效地避免了事后分摊方式中在经济衰退时期赔付压力过大的问题。基于事前积累方式的上述优点，现在绝大多数的国家都实行这种资金筹集方式。但是事前积累方式也有麻烦之处，首先，基金的积累涉及基金的管理和投资，这增加了存保机构工作的难度；其次，事前积累涉及事前的保费缴纳，那么如何设计公平的费率，是采用同一费率制还是采用风险费率制就成为关键问题；最后，事前缴费所积累的资金跟实际赔付会有时间差以及额度差，那么会有两种情况，如果基金非常充足，已经积累了很大的规模，是否还需要会员继续缴费，如果基金不足以赔付，又该如何来筹措资金缺口呢。这些问题涉及存款保险的费率方式、维持方式和投融资渠道问题。

（3）费率方式。存款保险的费率机制一般有两种，统一费率制和风险差别费率制。统一费率制是所有银行按照同一费率征收存款保险费。这种方式最大的优点在于操作简单易行。所以绝大多数国家，特别是刚刚建立存款保险制度或者金融市场不成熟的国家往往实行这种费率机制。在我们可收集资料的83个国家中，有60个国家采用这种方式，如英国、法国、德国、瑞士等。这些国家中存款保险费率水平最低的挪威仅为0.01%，而最高的危地马拉为1.00%，相差巨大。其中所有这些国家存款保险费率的算术平均水平为0.26%。施行统一费率国家的费率分布见图2-8。

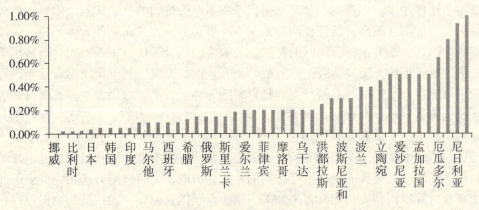

图2-8 60个国家的统一费率水平分布

数据来源：根据资料Demirguc-Kunt Asli, Karacaovali Baybars, Leaven Luc. Deposit Insurance around the World: A Comprehensive Database. World Bank Economic Review, 2005. 整理而得。

统一费率制的缺点也很明显，那就是不公平。所有银行采用一样的费率，实际上相当于风险较低的银行为风险较高的银行支付了一部分保费，这反而鼓励了银行的高风险经营，因为高风险可能会获得高收益，却不用承担高风险带来的保费成本的增加。所以，这种方式在一定程度上反而增加了金融市场的不稳定性。

很多国家开始探索反映风险的差别费率机制。所谓风险差别费率制是针对每个银行的风险状况，采用反应风险大小的费率计算方法。第一个有记录的差别费率体系是1993年美国存款保险制度改革后开始实行的，FDIC根据各银行的资本充足率和骆驼评级来征收保费，适用的存款保险费从0到0.27%不等。

表2-16 美国存款保险费率标准

| 资本充足水平 | | 监管评级（CAMEL评级） | | |
| --- | --- | --- | --- | --- |
| 分级 | 指标 | 1级或2级 | 3级 | 4级或5级 |
| 相当充足 | CAR≥10%<br>CCAR≥6%<br>LR≥5% | 0% | 0.03% | 0.17% |
| 充足 | CAR≥8%<br>CCAR≥4%<br>LR≥4% | 0.03% | 0.10% | 0.24% |
| 不充足 | CAR<8%<br>CCAR<4%<br>LR<4% | 0.10% | 0.24% | 0.27% |

注：CAR代表资本充足率，CCAR代表核心资本充足率，LR代表资本杠杆比率。
资料来源：www.fdic.gov。

显然，银行的监管评级越高、资本充足率越高，银行的风险就越小，那么所需缴纳的存款保险费就越低。这种方式使得银行的费率水平跟自身的风险相对应，能够鼓励银行进行风险管理，安全经营；同时这种保费本身也是银行风险状况的反映，能够帮助存款保险管理机构了解各银行的风险状况，及时采取合适的措施应对。20世纪90年代之后，很多国家效仿美国开始思考差别费率。加拿大于1996年进行了存款保险制度改革，1999年开始使用差别费率体系，加拿大存款保险公司CDIC的差别费率采用打分法，每家银行的分值基于14个指标，既有基于财务信息的定量指标，又有基于监管评级的定性指标，银行得分在0~100分之间，根据分值分为四个费率等级，不同等级之间费率差异较大，成倍递增（具体见表2-17）。

表2-17 加拿大存款保险差别费率体系打分标准和分值

| Quantitative 定量要素 | 分值 |
|---|---|
| Capital Adequacy 资本充足率<br>◇Tier 1 Risk-Based Capital Ratio 资产资本乘数<br>◇Tier 1 Risk-Based Capital Ratio 一级风险资本比率<br>◇Total Risk-Based Capital Ratio 资本比率 | 20 |
| Return on Risk-Weighted Assets 风险加权资产回报率 | 5 |
| Mean Adjusted Net Income Volatility 调整净收益波动 | 5 |
| Stress-Tested Net Income 压力测试的净利润 | 5 |
| Efficiency Ratio 效益比例 | 5 |
| Net Impaired Assets (Including Net Unrealized Losses on Securities) to Total Capital 净不良资产（包括净未实现损失的证券）资本总额 | 5 |
| Three-Year Moving Average Asset Growth Ratio 三年移动平均资产增长比率 | 5 |
| Real Estate Asset Concentration 资产集中率 | 5 |
| Aggregate Commercial Loan Concentration Ratio 总体商业贷款集中度 | 5 |
| 定量要素分值合计 | 60 |
| Qualitative 定性要素 | |
| Examiner's Rating 监管评级 | 35 |
| Other Information 其他信息 | 5 |
| 定性要素分值合计 | 40 |
| 合计 | 100 |

资料来源：2013 Deferential Premiums By-Law Manual, www.cdic.ca.

表2-18 2005-2013年加拿大存款保险制度差别费率体系

| 存款保险费率等级和费率 | | | | | |
|---|---|---|---|---|---|
| 得分 | 费率等级 | 保险费率（单位：万分之一） | | | |
| | | 2005—2008 | 2009 | 2010 | 2011—2013 |
| Score≥80 | 1 | 1.389 | 1.852 | 2.315 | 2.778 |
| 65≤Score<80 | 2 | 2.778 | 3.704 | 4.630 | 5.556 |
| 50≤Score<65 | 3 | 5.556 | 7.408 | 9.259 | 11.111 |
| Score<50 | 4 | 11.111 | 14.815 | 18.519 | 22.222 |

资料来源：2013 Deferential Premiums By-Law Manual, www.cdic.ca.

从表2-17、表2-18中可以看出，加拿大存款保险机构衡量银行风险的指标仍是以资本充足率和监管评级为主，两者合计占一半以上的分值，但是相比美国最初的风险指标，加拿大的指标共有14个。加拿大的存款保险费率分为四个等级，极差较大，之所以这样，CDIC主要是基于两个理由，一是他们认为"保费等级过多，会导致成员之间的区别较小，进而导致在不同类别之间变动的激励减小"；二是"选择偶数数量类型的目的是没有一个机构可以处于中间,即任何成员不是在平均之上就是在平均之下[①]"。可见 CDIC 设计差别费率的主要目标就是"激励",四个级别之间成倍的费率差也是基于"激励"的目的,使得银行更有动力改善自己的风险指标,来降低保费。

20 世纪以来,越来越多的国家开始尝试采用差别费率制或者叫风险调整型费率,以此来体现公平,并且形成激励机制。笔者能够收集到的有明确数据的采用差别费率制的国家共有 20 个(表 2 – 19)。

从美国 1993 年开始尝试差别费率至今已经超过 20 年,差别费率制度的优势也尤为明显,但是为什么全球实行存款保险制度的 100 多个国家只有 20 个采用差别费率制呢。关键原因是差别费率在操作上难度太大。

首先,差别费率的风险指标难于确定。从上表中的 20 个国家来看,他们的风险指标大多包含资本充足率、偿债比率、骆驼评级、流动性指标、不良资产指标、监管评级等指标。虽然在指标上存在一定的相似性,但是具体指标的权重却差异很大。每个国家金融行业的发展状况不一样,银行的经营状况也不一样,不可能采用同样的风险指标和权重。那么,一个国家的存款保险究竟应该选取哪些指标以及这些指标的权重该如何确定呢?这是一个至关重要的问题。一般来讲,风险指标和权重的设计要能够保证对银行进行风险衡量的准确性和公平性。这些指标既要反映各家银行经营的风险状况,进而使他们采用不同的费率,来形成激励和惩罚;又要保证指标设计的公平性,有些银行某些指标占优势,而有些银行另外一些指标占优势,很难有一套大家公认的风险衡量方法。以加拿大存款保险为例,时而发生有些银行对打分提出复议申请,由此可见一斑。再者,风险指标的选取和权重的设计也要考虑这些指标的可获取性,要确保这些指标数据具有高质量、连续、可靠、及时。这需要比较成熟的金融市场才能够做到。

表 2 – 19  采用风险调整型费率国家的费率分布

| 国家 | 保费比率(%) | 风险调整基础 |
| --- | --- | --- |
| 瑞 典 | 0.06~0.14 | 保费基数 0.1%,根据银行的资本充足率乘 60%~140% |
| 美 国 | 0、0.03、0.10、0.17、0.24、0.27 | 根据资本充足率和 CAMEL 评级分为五个档次 |
| 马绍尔群岛 | 0~0.27 | |
| 密克罗尼西亚 | 0~0.27 | |
| 中国台湾 | 0.05、0.055、0.06 | 基于 9 种反映资本充足率和早期预警系统的评级 |
| 加拿大 | 0.0278、0.0556、0.1112、0.2224 | 基于 14 个定性和定量指标 |
| 葡萄牙 | 0.1~0.2 | 基于偿债能力等 |
| 芬 兰 | 0.05~0.3 | 基于偿债比率 |

---

① 见 2013 Deferential Premiums By-Law Manual,www.cdic.ca.

续上表

| 国家 | 保费比率（%） | 风险调整基础 |
|---|---|---|
| 白俄罗斯 | 0.1～0.3 | 2家国有银行费率0，其他银行依据储蓄存款占资本的比率从0.1%～0.3% |
| 萨尔瓦多 | 0.1～0.3 | 基于偿债比率、备用证券等 |
| 匈牙利 | 0.16～0.3 | 基于资本充足率 |
| 哈萨克斯坦 | 0.125～0.375 | 基于财务状况 |
| 罗马尼亚 | 0.3～0.6 | 基于资本金、不良资产、利润、流动性、风险资产 |
| 阿根廷 | 0.36～0.72 | 基于准备金、CAR资本充足率、骆驼评级和风险资产 |
| 意大利 | 0.4～0.8 | 基于风险、偿债能力、期限及业绩编制的28级指数 |
| 土耳其 | 1.0～1.2 | 基于资本充足率 |
| 秘鲁 | 0.45～1.45 | 基于监管机构制定的风险分类 |
| 马其顿 | 1～5 | 基于基本充足率和财务状况 |
| 保加利亚 | 0.5000 | 根据风险，最高0.5% |
| 德国（私营） | 0.004～0.1 | 基于风险分类和成员资格时间长短 |

资料来源：各国存款保险机构网站。

其次，差别费率计算复杂，增加存保机构工作难度。差别费率的计算需要定期、及时地收集众多风险衡量指标的信息，运用复杂的计算公式才能得出每家银行的差别费率，这无疑会增加存款保机构的工作量。例如，意大利的存款机构是基于风险、偿债能力、期限及业绩等指标编制28级指数，以此来制定银行的存保费率。此外，每家银行的费率有可能会改变，进入新的等级，也使每家银行不能提前预估保费成本。这些都会增加人工成本。

再次，差别费率容易引起不平等竞争。一般说来，资信较好的大银行，他们的骆驼评级、监管评级之类的指标较好，资本比较充足，那么往往能够获得比较低的费率。一些中小银行由于规模限制，各种指标评级未必有那么好，但他们的发展潜力很大。如果按照差别费率的风险衡量方法，中小银行往往要缴纳更高的费率，这无疑会增加他们的负担，使得他们很难跟那些较大较著名的银行进行公平竞争。特别是在那些经济中有国有成分参与的发展中国家，比如在中国，四大国有银行由于有政府背景，经营较早，所以集中了中国80%的存款，资金雄厚，但是他们未必是中国发展速度较快，效率较高的银行。而我国数量众多的中小银行以及信用社，他们各有特色，发展速度惊人，但是限于资金规模和名气，他们评级指标未必好。所以差别费率制度像一把双刃剑，带来激励机制的同时也带来了不公平的竞争。

最后，费率信息的保密性问题至关重要。差别费率制下的存款保险费率是基于风险衡量指标，银行费率的高低本身就是对他们风险状况的一种评估。存款保险费率是否要对公众公开呢？差别费率设计的主要目的是"激励机制"，如果公开每家银行的费率，有助于公众了解每家银行的风险水平，进行相机抉择，形成对银行的一种监督。但是，有时候公众会对这一信息过度反应,引发金融体系的不稳定。事实上,计算差别费率的那些指标,不论是定性的还是定量的,都有一定的局限性。定性的指标往往带有一定的主观性,如监管机构的评级;而定量的指标往往具有一定的滞后性,如财务指标都是过去状况的统计,而无法反映未来的变化。所有现时较低费率的银行不代表他们未来经营不会存在风险,而现时较高费率的银行也不代表他将来一定会出现问题。比如有些银行贷款业务开展较为顺利,所以留存资本较少,资本充足率不高,但是如果贷款顺利回收,会带来更高的利润。所以差别费率本身是为了提供一个反映风险的费率,但不能作为银行健康的证明,更不能作为对银行未来进行预测的指标。所以,加拿大的存款保险机构只向银行披露费率信息,而不向公众披露,并且禁止会员银行向公众披露这些信息。但是,这些信息很难做到完全的保密,所以仍会出现公众在得知某家银行费率水平较高时会出现转移存款,引发挤兑危机的现象。

这些都是差别费率制的问题,所以差别费率制仍需各国根据自己的实践不断修正,不断改进。但无论如何,差别费率制所带来的公平性和激励性得到了广泛认可,是未来存款保险制度改革的主流。

(4) 费率基础。费率基础是指存款保险费率的基数,从世界各国的实践来看,以存款总额和投保存款作为费率基础的国家最多,占了实行存款保险制度国家的90%。美国、希腊、印度、俄罗斯、韩国等,是以存款总额作为保费基数,这种方法简单,容易计算。英国、日本、加拿大、葡萄牙等,是以投保存款作为费率计算基础,这种方法相对公平。有些国家,如意大利、挪威、德国(私营存保制度)、波兰等,是以风险资产作为保费基数。还有些国家比较特殊,如墨西哥是以总负债作为保费基数,白俄罗斯是以居民存款作为基数,比利时是以投保负债做基数。存款保险费率以什么做基数主要取决于这个国家要保的存款总类和数据获取的难易程度。

(5) 维持方式。存款保险基金的维持方式是指,基金是按照确定的费率长期收取,还是确定一个目标的基金规模或基金比率。从存款保险费的收取到赔付,会有一个时间差和数额差。如果金融市场不稳定,问题银行较多,会出现存款保险基金不足以赔付的局面,那么这时就要考虑设计临时资金筹集机制;相反,如果金融市场发展良好,银行运行稳定,那么存款保险基金会累积起来,如果基金规模足够大,还需要会员银行继续缴费吗?存款保险基金是否需要有一个确定的积累目标?

从世界各国的时间来看,很多国家没有确定的基金积累目标,往往依赖政府的相机抉择。但仍然有一小半国家在法律上明确了存款保险基金积累的目标,在我们能够明确收集到数据的国家中,有20个国家将目标表示为投保存款的一定百分比,如美国、意大利等。这20个国家的目标百分比差异非常大,总体来说,大部分都在5%以内,只有危地马拉(10%)、肯尼亚(20%)、厄瓜多尔(50%)这三个国家较高(详见表2-20)。将基金累计目标设定为投保存款的一定百分比比较易于接受,因为基金相当于是投保存款的坏账准备金。当然,百分比定位多少合适,这个没有客观标准,取决于该国金融风险的稳定程度和存款规模大小。有些国家将基金积累目标设定为全部存款的一定比率,如波兰、瑞典、阿根廷等6个国家,比率在0.4%~5%之间。全部存款这个指标相对更易得到,所以这样的设定简单省事。还有些国家将基金累计目标设定为确定的金额,如英国(500万至

600万英镑）、丹麦（30亿丹麦克朗）、哈萨克斯坦（5亿坚戈）。确定的金额比较好操作，但是存款保险基金的充足程度不是取决于它绝对数额的多少，而是整体存款的风险的大小，所以绝对额式的目标无法适应存款规模的变化。还有一些国家认为银行的风险和存款保险将来可能的赔付不是取决于存款总额或者投保存款总额，而是取决于有风险的资产规模，所以德国将基金累计目标规定为贷款的3%，因为贷款是银行主要的资金运动渠道，也是主要的风险资产，挪威更进一步细化，加入风险调整资产来衡量，将基金累积目标定为存款总额的1.5%加上风险调整资产的0.5%。

表2-20 世界各国基金积累目标

| 国家 | 目标基数 | 目标数值 | 国家 | 目标基数 | 目标数值 |
| --- | --- | --- | --- | --- | --- |
| 意大利 | 投保存款的比率 | 0.4%~0.8% | 波兰 | 全部存款的比率 | 0.40% |
| 比利时 | 投保存款的比率 | 0.50% | 瑞典 | 全部存款的比率 | 2.50% |
| 西班牙 | 投保存款的比率 | 1.00% | 坦桑尼亚 | 全部存款的比率 | 3.00% |
| 牙买加 | 投保存款的比率 | 1.00% | 阿根廷 | 全部存款的比率 | 5.00% |
| 马绍尔群岛 | 投保存款的比率 | 1.25% | 洪都拉斯 | 全部存款的比率 | 5.00% |
| 密克罗尼西亚 | 投保存款的比率 | 1.25% | 保加利亚 | 全部存款的比率 | 5.00% |
| 美国 | 投保存款的比率 | 1.25% | 哈萨克斯坦 | 基金总额 | 5亿戈 |
| 匈牙利 | 投保存款的比率 | 1.50% | 英国 | 基金总额 | 500万~600万英镑 |
| 斯洛伐克 | 投保存款的比率 | 1.50% | 丹麦 | 基金总额 | 30亿丹麦克朗 |
| 印度 | 投保存款的比率 | 2.00% | 德国 | 贷款的比率 | 3.00% |
| 芬兰 | 投保存款的比率 | 2.00% | 罗马尼亚 | 个人存款的比率 | 10.00% |
| 爱萨尼亚 | 投保存款的比率 | 3.00% | 挪威 | 存款的1.5% + 风险调整资产的0.5% | |
| 中国台湾 | 投保存款的比率 | 5.00% | | | |
| 克罗地亚 | 投保存款的比率 | 5.00% | | | |
| 马其顿 | 投保存款的比率 | 5.00% | | | |
| 巴西 | 投保存款的比率 | 5.00% | | | |
| 危地马拉 | 投保存款的比率 | 10.00% | | | |
| 肯尼亚 | 投保存款的比率 | 20.00% | | | |
| 厄瓜多尔 | 投保存款的比率 | 50.00% | | | |

资料来源：吉莉安·加西亚著、陆符玲译：《存款保险制度的现状与良好做法》，国际货币基金组织不定期刊物第197号、中国金融出版社2003年版。

2.《指南》和《核心原则》的要求

《存款保险指南》中提出，"好的资金筹集方式对存款保险系统的效率和保持公众信心直观重要"。因为如果资金不充足，"会导致推迟问题银行的解决，增加成本，损害存保系统的可信度"。所以《指南》建议"存款保险管理机构应该充分调动所有合适的融资手段来保证及时和充足的理赔"，除了常规的"政府拨款以及会员银行缴费或征税"以外，还可以考虑在必要时候采用"市场借贷"如发行债券、央行贷款等方式。

《指南》中详细给出了有关资金筹集机制中几个问题的建议。首先,《指南》提出,"银行应该承担存款保险的成本,因为银行以及他的客户是存款保险体系的受益者"。其次,《指南》详细分析了事前融资和事后融资的优势,事后融资有助于央行监管,但在经济危机中,负担会很大,从而加剧金融系统的不稳定;而事前融资"提供了一个逆经济周期的平滑费率机制",但事前融资涉及基金的积累、投资和管理,并且事前融资在基金不足使也需要"事后征税和征费来补充",还需要政府担保和政府信用的支持。再次,对于基金维持方式,《指南》认为确定的"基金目标比率有助于减少存款保险机构的损失暴露",但目标比率必须考虑基金的偿付能力和可能损失的概率,这会增加政策制定者的工作难度,同时《指南》认为确定的基金目标比率的方法,在基金达到一定水平后,有可能会使存款保险基金变成一种"事实上的事后融资机制",因为经济好时,基金已经达到目标,银行缴费较少或者不缴费,而经济危机出现赔付时,基金低于规定的目标,反而需要各会员银行缴费,所以《指南》建议各国慎重考虑基金积累的目标。最后,《指南》认为统一费率制下,"低风险银行相当于为高风险银行转移支付保费",所以统一费率制鼓励了银行的高风险行为;而风险调整费率有利于鼓励银行进行风险管理,但"合适的、可接受的银行风险衡量方法比较难于获得"。

《核心原则》也同意存款保险的成本应有要保机构支付。《核心原则》认为实行风险差别费率的关键,存保机构要有足够的资源来管理风险费费率机制,并且其计算标准应对所有要保机构公开。

### 3. 学者的建议

筹资机制是存款保险制度中比较重要的问题,所以国内学者有关的讨论和建议比较多。

(1) 资金来源。在资金来源上,国内学者一致地认为金融机构缴纳的保费是存款保险基金的主要资金来源,这符合经济学谁受益谁付费的经济学规律。但在存款保险制度建立初期,很多学者建议政府或者央行给予一定的支持,中国人民银行存款保险课题组(2003)建议初期财政应当投入一定的资金,然后逐步建立存款保险的保费征收机制。苏宁(2005)提出"人民银行在过渡期可投入一定数量的初始资金"。

(2) 筹资方式。国内学者一致地认为存款保险基金应该采用事前征收的方式,避免事后征收的不确定性。中国人民银行存款保险课题组(2003)建议我国存款保险制度"实行事前征收的保费收取制度",赋予存款保险机构"特别融资功能",在银行体系面临严重系统风险或处于系统危机状态时,可"向社会公众发行财政担保的金融债券或基金,以及直接向央行申请贷款"来拯救银行体系,弥补存款保险基金的不足。苏宁(2005)也提出,"应建立一个特殊的资金通道"在必要时筹措资金。

(3) 费率方式。刘士余、李培育(1999)最早地对中国建立存款保险制度后的费率体制进行了详细建议。首先,他们肯定了差别费率已经成为世界共识,肯定了差别费率的优势,但他们认为"在当时中国的市场环境下,银行体制不够健全,建议先采用单一费率,条件成熟时再考虑差别费率"。其次,考虑到"我国不同类别银行的风险等级存在着系统性的差别",国有商业银行、区域性商业银行、城市商业银行和城乡信用社之间的风险等级表现出层次性的差别，他们建议"对不同类别的金融机构实行不同等级的存款保险费率"，而对"同一类别的金融机构之间，实行单一费率"，他们称之为"机构类别费率"。刘士余、李培育（1999）最终根据世界各国的经验，建议我国建立存款保险制度初期将基础费率水平定在 0.5‰左右，"国有银行按基础费率缴纳保费，区域性商业银行、城市商业银行和城乡信用社在基础费率水平上做适当调整"。同时，他们建议随着中国存款保险制度的逐步完善，应将"资本充足率和反映资产流动性、营利性和安全性方面的指标作为确定费率的综合指标，在不同银行之间实行差别费率，使保险费率与银行的风险行为挂钩"。

中国人民银行存款保险课题组（2003）肯定了差别费率制度，但他们认为"费率的确定和调整容易带有主观性和随意性，需以大量严格的监督和审查为基础，因此，全面引入基于风险等级的差别费率需要建立在较为成熟的存款保险体系和金融制度之上"。而针对中国当时的金融业现状，他们建议"先实行统一费率，条件成熟时再过渡到风险费率"。

北京大学中国经济研究中心宏观组（2003）根据中国当时的现状，进过细致研究提出中国可借鉴美国的做法，实行风险挂钩的费率，但是他们认为费率还应该能够反映保险限额的差异，限额越高，道德风险越大，相应的费率应该越高。他们给出了一种既考虑银行风险，又区分限额的费率估计标准。（表 2-21）

表 2-21　北京大学中国经济研究中心宏观组设计的存款保险费率分级

| 银行风险分级 | 保险限额 | | |
| --- | --- | --- | --- |
| | 5 万元 | 20 万元 | 50 万元 |
| 一级 | 1.00bp | 1.25bp | 1.50bp |
| 二级 | 1.50bp | 1.75bp | 2.00bp |
| 三级 | 2.25bp | 2.50bp | 2.75bp |
| 四级 | 2.50bp | 2.75bp | 3.00bp |

资料来源：北京大学中国经济研究中心宏观组. 设计有效的存款保险制度[J]. 金融研究，2003（11）。

苏宁（2005）也认为我国应该实行风险差别费率，"对高风险机构实行高费率，低风险机构实行低费率，以利于形成正向激励机制，起到辅助监管作用"。他还特别提出"为充分考虑大银行的利益，在实行差别费率的初期，除考虑被保险机构的各项风险指标外，还应适当考虑其资产规模差异确定不同费率"。

（4）维持方式。国内学者对于维持方式的建议较少，因为在我国建立存款保险制度的初期，考虑的主要是存款保险基金的征收和投资问题，短期内还很难达到一个特定的安全规模。

刘士余、李培育（1999）在早期研究时曾建议我国在存款保险基金累计达到投保存款余额一定比例时，"凡风险指标值低于存款保险机构设定标准的银行机构，可减少或象征性地缴纳存款保险金"，以鼓励银行积极规避风险。

综上所述，国内学者有关筹集机制的研究中，一致地赞成我国采取事前征收保费，保费由金融机构负担，政府或人民银行在初期给予一定的资金支持。在费率方面，学者们大都肯定了差别费率制的优势,承认差别费率制度是未来的趋势,学者们认为中国的金融市场目前条件还不成熟,不宜实行过于复杂的费率制度,可考虑实行"机构差别费率制"或简单分级费率制。但是,未来根据资本充足率、财务指标等来衡量风险的调整型费率机制是趋势,是必然。

### 4.《存款保险条例》的规定

《存款保险条例》第六条　存款保险基金的来源包括:

(一) 投保机构交纳的保费;

(二) 在投保机构清算中分配的财产;

(三) 存款保险基金管理机构运用存款保险基金获得的收益;

(四) 其他合法收入。

《存款保险条例》第九条　存款保险费率由基准费率和风险差别费率构成。费率标准由存款保险基金管理机构根据经济金融发展状况、存款结构情况以及存款保险基金的累积水平等因素制定和调整,报国务院批准后执行。

各投保机构的适用费率,由存款保险基金管理机构根据投保机构的经营管理状况和风险状况等因素确定。

《存款保险条例》第十条　投保机构应当交纳的保费,按照本投保机构的被保险存款和存款保险基金管理机构确定的适用费率计算,具体办法由存款保险基金管理机构规定。

投保机构应当按照存款保险基金管理机构的要求定期报送被保险存款余额、存款结构情况以及与确定适用费率、核算保费、偿付存款相关的其他必要资料。

投保机构应当按照存款保险基金管理机构的规定,每6个月交纳一次保费。

《存款保险条例》第十一条　存款保险基金的运用,应当遵循安全、流动、保值增值的原则,限于下列形式:

(一) 存放在中国人民银行;

(二) 投资政府债券、中央银行票据、信用等级较高的金融债券以及其他高等级债券;

(三) 国务院批准的其他资金运用形式。

从《存款保险条例》(以下简称《条例》)的规定来看,我国的存款保险明显是事前基金积累制,这是我国变隐形存款保险制度为显性存款保险制度的基本要求。事后分摊的资金筹集方式在经济衰退和危机期会使存款保险机构支付压力过大,丧失功能,达不到我国想要建立存款保险制度,应对金融危机的初衷。事前积累的资金筹集方式有稳定的基金来源和长期的积累,偿付能力较强,可信度更高,并且尤为重要的是它提供了一种逆经济周期的平滑费率机制。

《条例》规定存款保险基金的主要资金来源是投保机构缴纳的保险费及投资产生的收益。金融机构是存款保险费率的承担主体,这是我国学者一致的意见,笔者也赞同,这符合经济学谁受益谁付费的规律。

《条例》规定的费率计算基础是"被保险存款"。以存款作为费率基础是90%的建立存款保险制度国家的选择,以存款作为基数,简单,客观,并且现有的费率定价模型大多以存款为基数来研究。

《条例》对于维持方式没有特别规定。

《条例》对于费率方式规定有点出乎意料"存款保险费率由基准费率和风险差别费率构成"。《条例》出台前,很多学者预测在存款保险制度建立初期,可能会实行统一费率。这次明确提出了风险差别费率。只是具体的"基准费率和风险差别费率"还没有出台。只是规定了"费率标准由存款保险基金管理机构根据经济金融发展状况、存款结构情况以及存款保险基金的累积水平等因素制定和调整,报国务院批准后执行。各投保机构的适用费率,由存款保险基金管理机构根据投保机构的经营管理状况和风险状况等因素确定"。可见这次《条例》一开始就确定了风险差别费率的基调,也许最开始的费率差别不会很大,但是为以后费率的精细化奠定了基础。

《条例》规定存款保险基金的运用方式为"存放在中国人民银行;投资政府债券、中央银行票据、信用等级较高的金融债券以及其他高等级债券;国务院批准的其他资金运用形式"。

### 5. 笔者的思考与建议

《条例》对于资金来源,筹集方式,费率基础的规定都和学者建议基本一致,比较符合我国建立存款保险的目标和现实情况。但是,《条例》对于费率方式和投资渠道的规定略微简单,事实上,费率方式和投资渠道是存款保险得以有效运营的重要环节。笔者主要针对这两点给出分析和建议。

对于投资渠道,《条例》规定的方式为"存放中央银行"和"投资政府债券、中央银行票据、信用等级较高的金融债券"。《条例》所规定的方式都是相对比较安全的。从存款保险基金的目标和用途来看,安全性是基金运作首要考虑的目标。但是存款保险基金规模庞大,积累时间长,通胀风险是无法回避的问题。所以笔者建议可将部分基金交由市场主体来运作,提高基金积累效率,但是市场运作基金的投资渠道不能是中国投资市场,否则基金的风险与中国金融机构风险一致,起不到分散风险的作用。《条例》规定的高等级金融债券也存在这样的问题。金融债券在一般情况下是信用较高的,但是当金融机构出现问题,甚至有可能引发信心危机时,金融债券往往也会有所损失。鉴于金融债券的风险与金融机构的风险一致,笔者建议放眼国际投资市场,将部分基金交给那些信誉良好世界投资机构,投资其他国家的金融债券,在全世界范围内进行资产配置。

对于费率方式,《条例》仅提到了费率由基准费率和风险差别费率构成,并没有公布具体的费率体系。风险差别费率的设计需要具有合理评价金融机构风险水平的方法,有效地市场数据。本文接下来的第三部分研究存款保险费率定价模型,第四部分运用这些模型对中国上市银行存款保险费率进行实证测算,根据测算结果给出笔者对于存款保险费率体系设计的具体建议。

# 3 存款保险定价模型研究

建立存款保险制度的关键是费率体系的设计。公平的费率可以有效地降低存款保险制度所诱发的道德风险。存款保险费率定价的方法繁多，核心问题就是评估银行的风险。理论上存款保险定价主要有两类方法，一类是以 Merton（1977）的期权定价模型为基础的定量方法；一类是以银行评级和资本标准为基础的预期损失定价法。这两类方法各有优势。第一类方法把存款保险看作一个期权，进而运用期权定价方法来研究存款保险价格，这种方法运用复杂的数据和模型，使得定价更具客观性；但这种方法依赖于有效的市场数据，更适合证券市场比较发达的国家，或具有客观数据的上市银行。第二类方法是传统保险定价法，通过基本分析、市场分析以及评级分析来估计银行违约概率及违约损失，将预期损失率看作存款保险的费率；第二类方法相比第一类方法更具一般性，它是基于银行的财务信息、监管评价等指标，所以不局限于上市银行；但这种方法带有一定主观性，依赖于有效的监管和评级体系。

当前，中国存款类金融机构有五大类：5 家大型商业银行、12 家股份制商业银行、上百家城市商业银行、几千家各类农村金融机构以及 387 家外资银行。多层次多元化的存款类机构注定我国存款保险定价必定十分复杂。在这众多的存款类机构中，A 股上市的银行只有 16 家。所以，本文将对上市银行和非上市银行分别采用不同的方法来进行费率测算。

本书费率测算的写作思路是：首先，对 16 家 A 股上市银行采用第一类方法进行费率定价，然后运用估计出的费率进行因素分析，分析那些影响银行风险即保费的因素，建立回归模型，再用此模型来对其他金融机构进行定价。

为此，本章首先研究存款保险定价的经典模型，下一章进行存款保险费率的实证测算。

## 3.1 Merton 的 B-S 期权定价模型

Merton（1977）把存款保险看成银行资产价值的一项看跌期权，从而利用 Black-Scholes（B-S）期权定价模型对存款保险费率进行定价。

Merton 认为：存款保险机构提供的存款保险担保了银行的债务，实际上相当于存款保险机构对银行资产发行了一份看跌期权。期权的标的物是银行到期资产价值 $V$，执行价格是银行到期负债 $B$。在存款保险到期时，如果 $V$ 大于 $B$，则赔偿为零。反之，$V$ 和 $B$ 的差额部分（即储户的损失）将由存款保险机构进行赔付。存款保险机构担保的价值 $G$ 可以写作 $V$ 和 $B$ 的函数：

$$G = \begin{cases} B-V, & \text{当 } V<B \text{ 时} \\ 0, & \text{否则} \end{cases} = \text{Max}(0, B-V)$$

上式与标准的欧式看跌期权的到期支付函数相似，通过几个假设，即可运用期权定价公式给存款保险定价：

假设1：银行资产价值 $V$ 服从几何布朗运动：$d\ln V_t = \mu dt + \sigma dW_t$。

其中：$\mu$ 是银行资产的瞬时预期收益率，$\sigma$ 是资产收益的瞬时预期标准差，$W$ 服从标准维纳过程。

假设2：期权的期限可以看作存款保险机构每次审计的间隔期，设初始时刻 $t=0$，到期时刻为 $T$。

假设3：存款保险机构只保银行的存款债务，包括本金和利息。

存保机构只在银行资产价值 $V$ 小于存款及应付利息之时才需要赔付。由于全部存款都被担保了，所以存款可以看作无风险资产，那么它享有无风险收益率，设为 $r$，则有存款 $D = Be^{-rT}$。

套用 Black and Scholes（1973）的期权定价模型，期初存款保险费为：

$$G(T) = Be^{-rT} \cdot \Phi(x_2) - V \cdot \Phi(x_1)$$

其中 $x_1 = \dfrac{\ln(B/V) - (r + \sigma^2/2) \cdot T}{\sigma \cdot \sqrt{T}}$，$x_2 = x_1 + \sigma \cdot \sqrt{T}$，

$\Phi(\cdot)$ 代表标准正态分布的累积分布函数，$r$ 为无风险利率，$T$ 为存款保险合同期限，$\sigma$ 为银行资产收益率的标准差。

把 $D = Be^{-rT}$ 代入模型，得到：

$$G(T) = D \cdot \Phi(x_2) - V \cdot \Phi(x_1) \tag{3-1}$$

其中：

$$\begin{aligned}x_1 &= \frac{\ln(D \cdot e^{rT}/V) - (r + \sigma^2/2) \cdot T}{\sigma \cdot \sqrt{T}} \\ &= \frac{\ln(D/V) + rT - (r + \sigma^2/2) \cdot T}{\sigma \cdot \sqrt{T}} \\ &= \frac{\ln(D/V) - (\sigma^2/2) \cdot T}{\sigma \cdot \sqrt{T}}\end{aligned} \tag{3-2}$$

$$x_2 = x_1 + \sigma \cdot \sqrt{T} \tag{3-3}$$

那么，每单位存款的保险费即存款保险费率为：

$$g = \frac{G(T)}{D} = \Phi(x_2) - \frac{V}{D}\Phi(x_1) \tag{3-4}$$

（3-4）式为存款保险费率的标准模型。

如果假设存款保险机构审计周期为1年，即 $T=1$，得到存款保险费率的简化模型：

$$g = \Phi(h_2) - \frac{V}{D}\Phi(h_1) \tag{3-5}$$

其中 $h_1 = \dfrac{\ln(D/V) - \sigma^2/2}{\sigma}$，$h_2 = h_1 + \sigma$ \qquad(3-6)

该模型，只含有两个变量，$V/D$ 银行资产价值与存款的比率和 $\sigma$ 资产收益的瞬时预期标准差。设置 $V/D$ 和 $\sigma$ 的不同取值，作存款保险费率的演算，结果如表3-1所示。

表3-1 存款保险费率演算 [基于 Merton (1977) 简化模型式 (3-5)]

| V/D | σ | | | | |
|---|---|---|---|---|---|
| | 10% | 20% | 30% | 40% | 50% |
| 1.0 | 3.9878% | 7.9656% | 11.9235% | 15.8519% | 19.7413% |
| 1.1 | 0.9539% | 4.2920% | 8.1410% | 12.1081% | 16.0957% |
| 1.2 | 0.1473% | 2.1473% | 5.4406% | 9.1881% | 13.1090% |
| 1.3 | 0.0155% | 1.0089% | 3.5740% | 6.9396% | 10.6737% |
| 1.4 | 0.0012% | 0.4500% | 2.3164% | 5.2248% | 8.6943% |
| 1.5 | 0.0001% | 0.1925% | 1.4859% | 3.9262% | 7.0881% |
| 1.6 | 0.0000% | 0.0796% | 0.9458% | 2.9475% | 5.7860% |
| 1.7 | 0.0000% | 0.0321% | 0.5987% | 2.2124% | 4.7304% |
| 1.8 | 0.0000% | 0.0126% | 0.3775% | 1.6615% | 3.8741% |
| 1.9 | 0.0000% | 0.0049% | 0.2375% | 1.2490% | 3.1790% |
| 2.0 | 0.0000% | 0.0019% | 0.1493% | 0.9402% | 2.6139% |

观察表中数据可知，随着银行资产收益波动率的增加，存款保险费率显著增加，随着银行资产价值与存款比率的增加，存款保险费率显著减少。这个结果显而易见，因为银行资产收益波动率反映了银行经营风险，风险越大期望损失越大，存款保险费率理应越大；银行资产价值相对于存款越大，支付能力越强，破产可能性越小，存款保险费率理应越小。

表3-1给出的仅是试算费率，在实际中，银行资产价值$V$和资产收益波动率$\sigma$是一个不可直接观察的变量。因为银行资产价值不是银行的资产总额，它即取决于现时银行的资产状况，又包含未来可能的变化。基于此，Marcus and Shaked (1984) 对 Merton (1977) 的 B-S 模型做了修正。

## 3.2 Marcus & Shaked 修正模型

Marcus and Shaked (1984) 对 Merton (1977) B-S 模型的修正主要在三个方面：
（1）考虑股票红利对内部准备金的减少效果。
（2）考虑银行资产的价值在获得存款保险前后是不同的。
（3）修正 Merton 模型中两个不可直接观察变量 $V$ 和 $\sigma$，用可观察的银行股权价值 $E$ 和与之对应的股权价值波动率 $\sigma_E$ 来替代。

### 1. 加入分红指标的修正模型

假设银行年化瞬时现金分红率为 $\delta$，则存款保险到期时银行资产价值应为分红后价值 $V_T e^{-\delta T}$，其现值为 $\dfrac{V_T e^{-\delta T}}{e^{rT}}$。在 B-S 模型固有的风险中立假设下，所有资产获得无风险收益率，有 $V = V_T e^{-rT}$，则银行到期资产价值的现值为 $V e^{-\delta T}$，带入 Merton (1977) 的标准模

型 (3-4), 得到:

$$g = \Phi(x_2^*) - e^{-\delta T}\frac{V}{D}\Phi(x_1^*) \quad (3-7)① \qquad (3-7)$$

其中: $x_1^* = \dfrac{\ln(D/V) + (\delta - \sigma^2/2) \cdot T}{\sigma \cdot \sqrt{T}}$, $x_2^* = x_1^* + \sigma \cdot \sqrt{T}$

(3-7) 式即为考虑了分红后的修正模型,是存款保险期权定价模型的更广义化的形式。如果令存款保险的审计周期为1年,即 $T=1$,银行不分红,即 $\delta=0$,则得到跟 (3-5) 式相同的简化模型。

**2. 考虑获得存款保险后银行资产价值的变动**

银行在获得存款保险后,其资产价值 $V'$ 应该包含存款保险所提供的价值,即 $V' = V + G$。依据资产等于负债加所有者权益原理,可得: $V + G = D + E$,其中: $D$ 表示存款负债, $E$ 表示所有者权益, $G$ 表示存款保险价值。

**3. 考虑两个不可直接观察变量后的修正模型**

把 $G = g \times D$ 带入,可得:

$$V = D + E - G = D + E - D\Phi(x_2^*) + e^{-\delta T}V\Phi(x_1^*)$$
$$= E + D(1 - \Phi(x_2^*)) + e^{-\delta T}V\Phi(x_1^*) = E + D\Phi(-x_2^*) + e^{-\delta T}V\Phi(x_1^*)$$

整理可得: $V = \dfrac{E + D\Phi(-x_2^*)}{1 - e^{-\delta T}\Phi(x_1^*)} \qquad (3-8)$

根据 Merton (1974) 所证明的银行资产收益波动率与股权波动率的关系,可得:

$$\sigma = \sigma_E\left[1 - \frac{D\Phi(-x_2^*)}{Ve^{-\delta T}\Phi(-x_1^*)}\right] \qquad (3-9)$$

联立方程 (3-7)、(3-8) 和 (3-9),可以解出用 $E$ 和 $\sigma_E$ 表示的存款费率。

由于该方程是非线性联立方程,所以需用一定的数值方法来求解。如递归法、牛顿迭代法等。

重写 (3-8) 式为 $V/D = \dfrac{E/D + \Phi(-x_2^*)}{1 - e^{-\delta T}\Phi(x_1^*)} \qquad (3-10)$

(3-7)、(3-9) 和 (3-10) 组成的联立方程有三个内生变量 $g$、$V/D$、$\sigma$ 和三个外生变量 $E/D$、$\delta$、$\sigma_E$。

假设存款保险审计周期为1年,即 $T=1$。此时设置这三个外生变量的不同取值,演算存款保险费率如表3-2所示。

---

① Marcus and Shaked (1984) 中的变量符号与 Merton (1977) 不同,为了模型之间对比方便,本文用 Merton (1977) 中各变量的定义和符号来展示 Marcus and Shaked (1984) 模型。

表3-2 存款保险费率演算［基于 Marcus and Shaked（1984）修正模型］

| $\delta$ | $\sigma_E$ | E/D | | | | | | | |
|---|---|---|---|---|---|---|---|---|---|
| | | 5% | 10% | 15% | 20% | 25% | 30% | 40% | 50% |
| 0 | 10% | 0.0000% | 0.0000% | 0.0000% | 0.0000% | 0.0000% | 0.0000% | 0.0000% | 0.0000% |
| | 20% | 0.0000% | 0.0000% | 0.0000% | 0.0000% | 0.0000% | 0.0000% | 0.0000% | 0.0000% |
| | 30% | 0.0001% | 0.0002% | 0.0002% | 0.0002% | 0.0002% | 0.0001% | 0.0001% | 0.0001% |
| | 40% | 0.0034% | 0.0055% | 0.0066% | 0.0071% | 0.0072% | 0.0071% | 0.0064% | 0.0055% |
| | 50% | 0.0215% | 0.0362% | 0.0459% | 0.0520% | 0.0555% | 0.0571% | 0.0566% | 0.0533% |
| 5% | 10% | 0.0000% | 0.0000% | 0.0000% | 0.0000% | 0.0000% | 0.0000% | 0.0000% | 0.0000% |
| | 20% | 0.0000% | 0.0000% | 0.0000% | 0.0000% | 0.0000% | 0.0000% | 0.0000% | 0.0000% |
| | 30% | 0.0000% | 0.0001% | 0.0002% | 0.0002% | 0.0002% | 0.0002% | 0.0001% | 0.0001% |
| | 40% | 0.0001% | 0.0032% | 0.0053% | 0.0065% | 0.0071% | 0.0072% | 0.0069% | 0.0061% |
| | 50% | 0.0006% | 0.0202% | 0.0347% | 0.0445% | 0.0509% | 0.0547% | 0.0574% | 0.0559% |

注：$E/D$ 代表银行股权与存款之比；$\delta$ 表示股息率；$\sigma_E$ 是银行股权收益的波动率。

从表中可以看到，随着银行收益波动率的增加，存款保险费率显著增加；而随着银行股权价值与存款比率的增加，存款保险费率呈现出先增加再减小的规律，如在 $\delta=0$，$\sigma_E=40\%$ 时，随着 $E/D$ 的增大，费率不断增大，但当 $E/D$ 大于 25% 时，费率开始变小。在 $\delta=0$，$\sigma_E=50\%$ 时，费率在 $E/D$ 大于 30% 之后才开始由增加变为减小。为此，笔者演算了更高取值的 $E/D$ 和 $\sigma_E$ 的组合，都发现了此规律，但是存款保险费率由升变降的转折点随着 $\sigma_E$ 的改变而改变，越高的 $\sigma_E$，对应的 $E/D$ 转折点越高。

为什么会出现这样的情况呢？从（3-7）式存款费率的定价公式也可以看出，$g$ 显然是资产价值收益波动率 $\sigma$ 的增函数（$x_1^*$ 是 $\sigma$ 的减函数，$x_2^*$ 是 $\sigma$ 的增函数，$g$ 是 $x_1^*$ 的减函数，是 $x_2^*$ 的增函数，所以 $g$ 是 $\sigma$ 的增函数）。但是 $g$ 与 $V/D$ 的关系不明显，因为 $V/D$ 即在定价公式中直接影响 $g$，又影响 $x_1^*$ 和 $x_2^*$。同样，$g$ 是股权收益波动率 $\sigma_E$ 的增函数，但是 $E/D$ 的影响不直接。从经济学意义上来讲，$E/D$ 较大，意味着财务杠杆比率较低，安全边际较高，$g$ 理应减小，这在较大的 $E/D$ 时能够观察到，但是金融机构往往财务杠杆比率较高，一般 $E/D$ 都在 20% 以下，中国上市银行历年来的平均 $E/D$ 只有 8%，对于较小的 $E/D$，风险理应增大，但是由于存款保险费往往表示成存款规模的一定百分比，较小的 $E/D$ 意味着较大的存款规模，所以 $g$ 反而也小。这也更进一步说明较高的财务杠杆虽然意味着风险的加大，但是利用杠杆增加业务规模以后，风险也得到一定程度的分散。总之，$E/D$ 对 $g$ 的影响不直接。

对比 $\delta=0$ 和 $\delta=0.05$ 时的试算，可以看出，对于较小的 $E/D$，$\delta=0.05$ 时的存款保险费率低于 $\delta=0$ 时的费率，而对于较大的 $E/D$ 却相反，实际上是在 $\delta=0.05$ 时，存款费率随着 $E/D$ 增加，由升变降的转折点提高了。

Marcus Shaked（1984）模型的三个修正对存款保险定价的贡献巨大，特别是把两个不可观察变量转换为两个可观察变量，使得实证研究成为可能。但是，他们模型中定义的连续股息率显然不符合实际。并且后续研究在实证上发现，用模型定价出的费率往往过高。Ronn & Vermade（1986）在 Marcus and Shaked（1984）修正模型的基础上引入了监管宽容指标，合理得解释了这一现象。

## 3.3 Ronn & Vermade 引入监管宽容的修正模型

Ronn，Vermade（1986）主要在三个方面修正了模型：
（1）将银行负债分为承保负债和不承保负债。
（2）将连续股息率变成离散股息率。
（3）引入监管宽容指标。

**1. 将银行负债分为承保负债和不承保负债**

Merton（1977）和 Marcus，Shaked（1984）的模型都假设银行的全部负债是存款，实际上银行还有非存款负债，并且不是所有存款都在承保范围。Ronn，Vermade（1986）将银行负债分为承保负债（主要是居民和企业存款）和不承保的负债，分别用 $B_1$ 和 $B_2$ 表示。总负债 $B = B_1 + B_2$。假设所有这些负债持有者都拥有同样的优先级，也就是在银行资不抵债的时候拥有同等的清偿权。那么，在无存款保险制度时，储户要么获得自己存款的本利和（银行正常运营时），要么按比例获得银行价值的一部分（银行破产清算时）。在建立存款保险制度后，存款保险机构仅在银行运营失败时，就承保的存款不足部分进行赔付，其赔付的不是所有负债与资产的差额，而是承保负债与对应资产部分的差额，即：

$$G = \begin{cases} B_1(T) - V(T) * \dfrac{B_1}{B_1 + B_2}, & \text{当 } V(T) * \dfrac{B_1}{B_1 + B_2} < B_1(T) \text{ 时;} \\ 0, & \text{否则。} \end{cases}$$

$$= \text{Max}\left(0, B_1(T) - V(T) * \dfrac{B_1}{B_1 + B_2}\right)$$

其中 $B_1(T)$ 代表 $T$ 时刻的承保负债价值（存款的本利和），$V(T)$ 代表 $T$ 时刻银行资产价值，$V(T) * \dfrac{B_1}{B_1 + B_2}$ 代表与 $B_1$ 相对应银行资产的价值。

应用 B-S 期权定价公式，可得存款保险价值为：

$$G = B_1 \cdot \Phi(y_2) - V \cdot \dfrac{B_1}{B_1 + B_2} \cdot \Phi(y_1)$$

存款保险费率 $g = G/B_1$，即为：

$$g = \Phi(y_2) - \dfrac{V}{B} \cdot \Phi(y_1) \tag{3-11}$$

其中：$y_1 = \dfrac{\ln\left(\dfrac{B_1}{V \cdot B_1/(B_1 + B_2)}\right) - \sigma^2/2 \cdot T}{\sigma \cdot \sqrt{T}} = \dfrac{\ln\left(\dfrac{B}{V}\right) - \sigma^2/2 \cdot T}{\sigma \cdot \sqrt{T}}$，

$y_2 = y_1 + \sigma \cdot \sqrt{T}$。

最后的模型中不含反映承保存款与不承保存款比例的指标。与原始的用 $B$ 表示银行债务的模型相同。只是这里的 $B$ 的范畴比前面的 $D$ 大。

**2. 将连续股息率变成离散股息率**

Marcus, Shaked（1984）修正模型引入了连续股息率，但是实际上股息率是离散的。Ronn, Vermade（1986）假设在 T 时期内，银行一共进行了 $n$ 次分红，股息率都是 $\delta$，那么在 $T$ 时刻，银行资产价值的是 $(1-\delta)^n V_T$，$V_T$ 是不分红时 T 时刻的银行资产价值。由于 $V_T$ 在 0 时刻的现值为 $V$，那么在 0 时刻，银行资产价值 $(1-\delta)^n V_T$ 的现值为 $(1-\delta)^n V$。这里相当于用 $(1-\delta)^n$ 来取代 Marcus and Shaked（1984）模型中的 $e^{-\delta T}$，其他保持不变。修正后的模型为：

$$g = \Phi(x_2') - (1-\delta)^n \frac{V}{B} \times \Phi(x_1') \tag{3-12}$$

其中：$x_1' = \dfrac{\ln(B/V(1-\delta)^n) - \sigma^2/2 \cdot T}{\sigma \cdot \sqrt{T}}$，$x_2' = x_1' + \sigma \cdot \sqrt{T}$。①

**3. 引入监管宽容指标**

Ronn, Verma（1986）最大的贡献和修正在于提出了"监管宽容"（regulatory forbearance）指标，他们认为，在现实中，当一个银行的 $V$ 小于 $B$ 时，存保机构并不会马上清算和处理该银行，反而会通过注入资金或其它方式来挽救该银行。只有挽救该银行的代价过大超过某一个限度时，存款保险机构才会选择清算该银行的资产。

Ronn, Verma 设定了这个临界限度，表示为银行总债务规模的一定百分比 $\rho B$，$\rho \leq 1$。当银行资产价值小于 $B$，但大于或等于 $\rho B$ 时，存款保险机构会通过救助措施，挽救该银行；只有当银行资产价值小于 $\rho B$ 时，存款保险机构才会关闭该银行，进行清算赔付。这里的 $\rho$ 可以通过过去破产时的经验数据来获得，或者官方机构出手购买并承担股权时的经验数据。$\rho$ 是一个政策参数，把它视为度量监管宽容限度的指标。

考虑 $\rho$ 之后，只有当银行资产价值小于 $\rho B$ 时，存款保险机构才会关闭该银行，进行赔付，延用 Merton（1977）的模型，得到修正后的模型为：

$$g = \Phi(x_2'') - \frac{V}{B} * \Phi(x_1'') \tag{3-13}$$

其中：$x_1'' = \dfrac{\ln(\rho B/V) - \sigma^2/2 \cdot T}{\sigma \cdot \sqrt{T}}$，$x_2'' = x_1' + \sigma \cdot \sqrt{T}$。

然后沿用 MS 的思路，通过联立模型求解来进行实证分析。

综合 Ronn, Verma（1986）的三个修正，在考虑未承保负债、离散红利和监管宽容指标后，其模型可总结如下：

$$g = \Phi(y_2) - (1-\delta)^n \frac{V}{B} \cdot \Phi(y_1) \tag{3-14}$$

其中：$y_1 = \dfrac{\ln(\rho B/V(1-\delta)^n) - \sigma^2/2 \cdot T}{\sigma \cdot \sqrt{T}}$，$y_2 = y_1 + \sigma \cdot \sqrt{T}$，

$E = V \cdot (1-\delta)^n \cdot \Phi(-y_1) - \rho \cdot D \cdot \Phi(-y_2)$

---

① 为了保证模型的一致性，我们对 Ronn, Vermade（1986）模型中的变量符号做了修改。

$$\sigma = \sigma_E \cdot \frac{E}{V(1-\delta)^n \Phi(-y_1)} \tag{3-15}$$

接下来做 R&V 模型的数据试算，来演示承保负债比率、离散股息率和监管宽容指标对保费的影响。我们假设存款保险期限为 1 年，银行 1 年只分一次红，即 $T=1$，$n=1$；令监管机构的监管宽容指标 $\rho$ 分别为 1、0.95，承保负债比率 $m$ 分别为 1、0.8，股息率分别为 0、5%。试算结果见表 3-3。

通过试算，可以看出，R&V 修正以后的模型在 $\rho=1$，$m=1$ 时，即不考虑监管宽容以及银行负债全部是存款负债的情况下，在存款保险期限为 1 年，银行 1 年只分一次红，即 $T=1$，$n=1$ 的假设下，无论是 Panel A 的 $\delta=0$ 还是 Panel B 的 $\delta=0.05$，跟 M&S 模型的试算结果是一致的，R&V 把 M&S 模型的连续红利修正为离散红利。

从 Panel C 与 Panel A 对比的结果来看，$m$ 对存款保险费率的影响不大。$m$ 表示可承保存款占银行全部负债的比率，从中国上市银行的实际情况来看，基本在 80% 左右。银行负债中可承保存款比率的高低虽然对存款保险的理赔以及理赔的条件都有影响，但是，由于可承保存款所对应的银行资产价值也为相应的比率，所以 $m$ 对存款保险费率的影响微乎其微，所以很多的研究中都假设银行的负债全部为存款。这一假设对存款保险费率的实证影响不大。

从 Panel D 与 Panel A 对比的结果来看，在 $\rho=0.95$ 时的存款保险费率大于 $\rho=1$ 时的费率，即在有监管宽容的情况下，存款保险费率更高，这说明，监管部门宽容虽然可以挽救部分银行，但是也使这些银行面临更大的风险，一旦破产，产生的损失更大，理赔也更大，保费当然也更高。对监管宽容指标的引进是 R&V 修正模型的重要贡献，他能够解释为什么用 M&S 模型估计出的费率相对偏小，R&V 修正模型更复合现实情况。

表 3-3 存款保险费率演算 [基于 RV（1986）修正模型]

| | Panel A: $\rho=1$, $\delta=0$, $m=1$ | | | | | | | |
|---|---|---|---|---|---|---|---|---|
| $\sigma_E$ \ E/B | 5% | 10% | 15% | 20% | 25% | 30% | 40% | 50% |
| 10% | 0.0000% | 0.0000% | 0.0000% | 0.0000% | 0.0000% | 0.0000% | 0.0000% | 0.0000% |
| 20% | 0.0000% | 0.0000% | 0.0000% | 0.0000% | 0.0000% | 0.0000% | 0.0000% | 0.0000% |
| 30% | 0.0001% | 0.0002% | 0.0002% | 0.0002% | 0.0002% | 0.0001% | 0.0001% | 0.0001% |
| 40% | 0.0034% | 0.0055% | 0.0066% | 0.0071% | 0.0072% | 0.0071% | 0.0064% | 0.0055% |
| 50% | 0.0215% | 0.0362% | 0.0459% | 0.0520% | 0.0555% | 0.0571% | 0.0566% | 0.0533% |
| | Panel B: $\rho=1$, $\delta=0.05$, $m=1$ | | | | | | | |
| 10% | 0.0000% | 0.0000% | 0.0000% | 0.0000% | 0.0000% | 0.0000% | 0.0000% | 0.0000% |
| 20% | 0.0000% | 0.0000% | 0.0000% | 0.0000% | 0.0000% | 0.0000% | 0.0000% | 0.0000% |
| 30% | 0.0000% | 0.0001% | 0.0002% | 0.0002% | 0.0002% | 0.0002% | 0.0001% | 0.0001% |
| 40% | 0.0001% | 0.0032% | 0.0053% | 0.0065% | 0.0071% | 0.0072% | 0.0069% | 0.0061% |
| 50% | 0.0006% | 0.0202% | 0.0347% | 0.0445% | 0.0509% | 0.0547% | 0.0574% | 0.0559% |

续上表

Panel C: $\rho=1$, $\delta=0$, $m=0.8$

| $\sigma_E$ \ E/B | 5% | 10% | 15% | 20% | 25% | 30% | 40% | 50% |
|---|---|---|---|---|---|---|---|---|
| 10% | 0.0000% | 0.0000% | 0.0000% | 0.0000% | 0.0000% | 0.0000% | 0.0000% | 0.0000% |
| 20% | 0.0000% | 0.0000% | 0.0000% | 0.0000% | 0.0000% | 0.0000% | 0.0000% | 0.0000% |
| 30% | 0.0001% | 0.0002% | 0.0002% | 0.0002% | 0.0002% | 0.0001% | 0.0001% | 0.0001% |
| 40% | 0.0029% | 0.0050% | 0.0063% | 0.0069% | 0.0071% | 0.0070% | 0.0063% | 0.0054% |
| 50% | 0.0140% | 0.0285% | 0.0391% | 0.0462% | 0.0507% | 0.0531% | 0.0539% | 0.0515% |

Panel D: $\rho=0.95$, $\delta=0$, $m=1$

| $\sigma_E$ \ E/B | 5% | 10% | 15% | 20% | 25% | 30% | 40% | 50% |
|---|---|---|---|---|---|---|---|---|
| 10% | 0.0000% | 0.0000% | 0.0000% | 0.0000% | 0.0000% | 0.0000% | 0.0000% | 0.0000% |
| 20% | 0.0000% | 0.0000% | 0.0000% | 0.0000% | 0.0000% | 0.0000% | 0.0000% | 0.0000% |
| 30% | 0.0017% | 0.0014% | 0.0011% | 0.0009% | 0.0007% | 0.0005% | 0.0003% | 0.0002% |
| 40% | 0.0311% | 0.0290% | 0.0265% | 0.0240% | 0.0216% | 0.0193% | 0.0152% | 0.0118% |
| 50% | 0.1393% | 0.1413% | 0.1398% | 0.1359% | 0.1305% | 0.1242% | 0.1105% | 0.0967% |

Panel E: $\rho=0.95$, $\delta=0.05$, $m=0.8$

| $\sigma_E$ \ E/B | 5% | 10% | 15% | 20% | 25% | 30% | 40% | 50% |
|---|---|---|---|---|---|---|---|---|
| 10% | 0.0000% | 0.0000% | 0.0000% | 0.0000% | 0.0000% | 0.0000% | 0.0000% | 0.0000% |
| 20% | 0.0000% | 0.0000% | 0.0000% | 0.0000% | 0.0000% | 0.0000% | 0.0000% | 0.0000% |
| 30% | 0.0017% | 0.0014% | 0.0011% | 0.0009% | 0.0007% | 0.0005% | 0.0003% | 0.0002% |
| 40% | 0.0269% | 0.0270% | 0.0254% | 0.0233% | 0.0211% | 0.0189% | 0.0150% | 0.0118% |
| 50% | 0.0967% | 0.1153% | 0.1218% | 0.1228% | 0.1207% | 0.1167% | 0.1059% | 0.0938% |

## 3.4 Duan & Yu 的多期定价模型

Duan & Yu（1995）对 Merton（1977）的期权定价模型进行了进一步修正，他们的主要修正在于三点：

（1）将模型扩展为多期框架。
（2）加入资本标准指标。
（3）运用蒙特卡罗模拟法求值。

**1. 多期模型**

Merton（1977）的模型中，假设资产价值服从对数正态分布，Duan，Yu 认为这个假设只适合在两次官方审计之间的时期，因为每次审计完之后，存款保险机构银行的资产相当于重置了。首先，每次审计完之后，存款保险机构往往会通过购买并承担或者监管当局通过资金援助等手段对失败的银行进行处理；其次，银行往往会进行现金分红；这两个原因都使得银行资产价值在审计时点出现重置。

银行资产价值在审计时点的重置机制可以用以下模型表示：

$$A_{t_i} = \begin{cases} \dfrac{De^{rt_i}}{q}, & \text{当 } A_{t_i}^* \geq \dfrac{De^{rt_i}}{q} \\ A_{t_i}^*, & \text{当 } \dfrac{De^{rt_i}}{q} > A_{t_i}^* \geq \rho De^{rt_i} \\ De^{rt_i}, & \text{其他} \end{cases} \quad (3-16)$$

其中：$t_i$ 为审计时点序列，$i = 1, 2, \cdots, T$。在审计间隔 $t_{i-1}$ 至 $t_i$ 之间的年化连续资产收益率为 $R_{t_i}$，$R_{t_i}$ 服从对数正态分布：$R_{t_i} \sim N[\mu_{t_{i-1}}(t_i t_{i-1}), \sigma_{t_{i-1}}^2 (t_i - t_{i-1})]$，$\mu_{t_{i-1}}$ 和 $\sigma^{t_{i-1}}$ 是银行资产收益率在 $t_{i-1}$ 时的年化均值和标准差，$\mu_{t_{i-1}}$ 和 $\sigma^{t_{i-1}}$ 由 $t_{i-1}$ 时刻的信息获得，即是过去收益的随机函数。

$A_t$ 为 $t$ 时刻银行的资产价值，定义 $A_{t_i}^* = A_{t_{i-1}} e^{R_{t_i}(t_i - t_{i-1})}$。

银行存款的初始值为 $D$，获得的存款利息并入本金再投资，在有存款保险制度时，所有存款都被担保，相当于无风险资产，所以假设银行存款获得无风险利率 $r$，即银行存款随着时间按 $r$ 增长。

$\rho$ 为资本宽容指标，这里仍然沿用 Ronn，Verma (1986) 中资本宽容的指标，$\rho \leq 1$，当银行资产价值低于 $\rho De^{rt_i}$，存款保险机构履行赔付职能，补足银行资产至 $De^{rt_i}$，即银行资产重置。

$q$ 是银行股东可接受的最大资本时的负债与资产比率，资产超过这个水平，就会通过现金分红来赎回资本。$q$ 是 Duan，Yu (1995) 引入的资本标准的门槛水平，这是 Duan，Yu (1995) 修正模型的一大贡献。

根据 (3-18) 这一资产重置机制，存款保险机构的赔付现金流为：

对于任意时刻 $t_i < T$，$C_{t_i} = \begin{cases} 0, & \text{当 } A_{t_i}^* \geq \rho De^{rt_i}; \\ De^{rt_i} - A_{t_i}^*, & \text{其他} \end{cases}$

当 $\rho = 1$ 时，$C_{t_i} = \text{Max}(De^{rt_i} - A_{t_i}^*, 0)$，形似期权现金流。

在承保期末，$T = t_n$ 时，无论 $\rho$ 是否为 1，$C_T = \text{Max}(De^{rT} - A_T^*, 0)$。

利用 Merton (1977) 的思想，对于建立存款保险价值的模型如下：

对于任意时刻 $t_i < T$，

$$I_{t_{i-2}}(\rho) = N[\sigma_{t_{i-1}} \sqrt{t_i - t_{i-1}} - d_{t_{i-1}}(\rho)] - \dfrac{A_{t_{i-1}}}{De^{rt_{i-1}}} N[-d_{t_{i-1}}(\rho)] \quad (3-17)$$

其中：$d_{t_{i-1}}(\rho) = \dfrac{\ln \dfrac{A_{t_{i-1}}}{\rho De^{rt_{i-1}}} + \dfrac{\sigma_{t_{i-1}}^2}{2}(t_i - t_{i-1})}{\sigma_{t_{i-1}} \sqrt{t_i - t_{i-1}}}$ $\quad (3-18)$

在承保期末，$T = t_n$ 时，无论 $\rho$ 是否为 1，

$$I_{t_{n-1}} = N[\sigma_{t_{n-1}} \sqrt{t_n - t_{n-1}} - d_{t_{n-1}}(1)] - \dfrac{A_{t_{n-1}}}{De^{rt_{n-1}}} N[-d_{t_{n-1}}(1)] \quad (3-19)$$

任意 $t_i$ 时刻的期权价值在 $t_0$ 时刻的现值可由 $I_{t_i}$ 和 $De^{rt_i}$ 表示出来，根据 Cox，Ross (1976) 和 Harrison，Kreps (1979) 的研究，在风险中性假设下，银行资产的连续复合收

益的分布服从：

$$R_{t_i} \sim N\left[\left(r - \frac{\sigma^2_{t_{i-1}}}{2}\right)(t_i - t_{i-1}),\ \sigma^2_{t_{i-1}}(t_i - t_{i-1})\right] \tag{3-20}$$

那么在整个存款保险期限 T 内，存款保险的总价值 $F_T$ 可以表示为：

$$F_T = \Sigma_{i=0}^{n-1} e^{-rt_i} E^*_{t_0}[I_{t_i}] De^{rt_i} = D\Sigma_{i=0}^{n-1} E^*_{t_0}[I_{t_i}] \tag{3-21}$$

其中：$E^*_{t_0}[\cdot]$ 表示 $t_0$ 时刻在（3-20）所代表的分布下的期望值。

$F_T$ 可用蒙特卡洛模拟法来求解。求解的步骤如下：

(1) 从银行资产初始价值 $A_0$ 开始，由（3-20）的条件，随机产生一个收益率 $R_0$。

(2) 根据公式 $A^*_{t_i} = A_{t_{i-1}} e^{R_{t_i}(t_i - t_{i-1})}$，得到 $t_1$ 时的资产价值 $A^*_1$。

(3) 根据资产重置机制（3-16），得到审计后的资产价值 $A^*_1$。

(4) 将 $A_1$ 代入（3-17），得到 $t_1$ 时的存款保险价值 $A_1$。

(5) 重复以上四步，可以得到所有审计间隔期初 $t_i$（$i < n-1$）的存款保险价值 $I_i$。

(6) 最后一个审计间隔期初 $t_{i_{n-1}}$ 时的存款保险价值 $I_{n-1}$，由（3-19）得到。

(7) 由（3-21）式，得到整个存款保险承保期的保险价值 $F_T$。

$F_T$ 对应的是整个承保期 T 的保险价值，一般保险费往往表示为年化保费形式，假设在整个承保期内采用统一的平衡年化保费，那么在承保期 T（$T = n$ 年）的均衡年化保险费率可以表示为：

$$g_T = \frac{F_T}{nD} = \frac{1}{n}\Sigma_{i=0}^{n-1} E^*_{t_0}[I_{t_i}] \tag{3-22}$$

我们运用此模型作模型的测算：

表 3-4  多期存款保险均衡费率试算（不考虑监管宽容）

| $\sigma_E$  D/A | 3% | 5% | 8% | 10% | 20% |
|---|---|---|---|---|---|
| $g_M$（$n=1$） | | | | | |
| 0.85 | 0.0000% | 0.0008% | 0.0676% | 0.2373% | 2.5427% |
| 0.9 | 0.0002% | 0.0334% | 0.3701% | 0.7915% | 3.9879% |
| 0.95 | 0.0550% | 0.4067% | 1.2935% | 1.9874% | 5.8100% |
| 1 | 1.1968% | 1.9945% | 3.1907% | 3.9878% | 7.9656% |
| $g_S$（$n=5$） | | | | | |
| 0.85 | 0.5219% | 0.9493% | 1.8600% | 2.5006% | 6.5389% |
| 0.9 | 0.7259% | 1.2934% | 2.3628% | 2.9980% | 6.8197% |
| 0.95 | 0.9478% | 1.6084% | 2.6573% | 3.4544% | 7.0115% |
| 1 | 1.1183% | 1.8770% | 2.9325% | 3.6549% | 7.2124% |

续上表

| $\sigma_E$ \ D/A | 3% | 5% | 8% | 10% | 20% |
|---|---|---|---|---|---|
| $g_{10}$ ($n=10$) | | | | | |
| 0.85 | 0.8542% | 1.4789% | 2.5169% | 3.2813% | 7.0800% |
| 0.9 | 0.9791% | 1.6441% | 2.7522% | 3.5112% | 7.2807% |
| 0.95 | 1.0735% | 1.8004% | 2.9266% | 3.7162% | 7.4872% |
| 1 | 1.1587% | 1.9169% | 3.0563% | 3.8050% | 7.6027% |
| $g_{20}$ ($n=10$) | | | | | |
| 0.85 | 1.0244% | 1.7406% | 2.8759% | 3.6192% | 7.5434% |
| 0.9 | 1.0817% | 1.8227% | 2.9598% | 3.7553% | 7.6131% |
| 0.95 | 1.1380% | 1.9047% | 3.0671% | 3.8481% | 7.7089% |
| 1 | 1.1807% | 1.9630% | 3.1274% | 3.8919% | 7.7958% |

注：$g_M$ 表示用 Merton（1977）模型定价的费率，$g_S$、$g_{10}$、$g_{20}$ 分别表示承保期限为 5 年、10 年、20 年时的均衡年化存款保险费率。在费率测算时，假设无风险利率 $r=6\%$，资产负债比率的门槛水平 $q=0.92$，所有值均为蒙特卡洛 1000 次模拟结果。

表 3-5　多期存款保险均衡费率试算（考虑监管宽容 $\rho=0.95$）

| $\sigma_E$ \ D/A | 3% | 5% | 8% | 10% | 20% |
|---|---|---|---|---|---|
| $g_M$ ($n=1$) | | | | | |
| 0.85 | 0.0026% | 0.1278% | 0.7781% | 1.5587% | 5.6502% |
| 0.9 | 0.0096% | 0.2482% | 1.2998% | 1.8200% | 5.9461% |
| 0.95 | 0.1632% | 0.8138% | 2.0434% | 2.5746% | 6.4858% |
| 1 | 1.3668% | 1.8077% | 2.8429% | 3.2233% | 6.9052% |
| $g_S$ ($n=5$) | | | | | |
| 0.85 | 0.5695% | 0.9243% | 1.8834% | 2.4781% | 6.2984% |
| 0.9 | 0.5621% | 1.1804% | 2.1381% | 2.8994% | 6.7148% |
| 0.95 | 0.6765% | 1.3342% | 2.5703% | 3.2858% | 6.8551% |
| 1 | 0.5820% | 1.5441% | 2.7080% | 3.4390% | 7.1579% |
| $g_{10}$ ($n=10$) | | | | | |
| 0.85 | 0.3965% | 1.0291% | 2.1903% | 2.9866% | 6.9369% |
| 0.9 | 0.4255% | 1.1754% | 2.3895% | 3.1838% | 7.1756% |
| 0.95 | 0.4437% | 1.2783% | 2.5465% | 3.3607% | 7.3073% |
| 1 | 0.4709% | 1.3063% | 2.6576% | 3.4992% | 7.4098% |

续上表

| $\sigma_E$ \ D/A | 3% | 5% | 8% | 10% | 20% |
|---|---|---|---|---|---|
| | | | $g_{10}$ ($n=10$) | | |
| 0.85 | 0.3304% | 1.1096% | 2.3983% | 3.2703% | 7.3086% |
| 0.9 | 0.3513% | 1.1685% | 2.5086% | 3.3544% | 7.4334% |
| 0.95 | 0.3601% | 1.2216% | 2.5605% | 3.4240% | 7.5223% |
| 1 | 0.3766% | 1.2483% | 2.6102% | 3.4945% | 7.5768% |

注：$g_M$ 表示用 Merton（1977）模型定价的费率，$g_S$、$g_{10}$、$g_{20}$ 分别表示承保期限为 5 年、10 年、20 年时的均衡年化存款保险费率。在费率测算时，假设无风险费率 $r=6\%$，资产负债比率的门槛水平 $q=0.92$，监管宽容系数 $\rho=0.95$，所有值均为蒙特卡洛 1000 次模拟结果。

通过对上表试算结果的分析，可以得出以下结论：

（1）存款保险费率随着银行股权波动率 $\sigma_E$ 的增大而增大，$\sigma_E$ 代表着银行的风险，风险越大，存款保险费率理应越高。

（2）存款保险费率随着资产负债杠杆比率的增大而增大，如 $D/A=0.95$ 时的各费率值大于 $D/A=0.9$ 和 $D/A=0.85$ 时的值，$D/A$ 是银行重要的财务杠杆率，$D/A$ 太低反映银行效率低下，但是 $D/A$ 过高也使风险加大。

这两个结果在前文的模型中也得到一致的结论。

（3）从期限上看，在 $D/A=0.85$、0.9 和 0.95 时，随着承保期限的增加，费率也相应增加，如在 $D/A=0.9$，$\sigma_E=10\%$ 时，$g_S=2.5121\%$，$g_{10}=2.8809\%$，而 $g_{20}=3.0571\%$，随着承保期限越长，出问题的可能越大，费率自然也就越高，这个结果也是显而易见的；但是 $D/A=1$ 时，规律却相反，期限越长，费率反而有略微降低的趋势。为什么会出现这样的情况呢，要解释这个问题，要注意到另外一个规律。

（4）在 $D/A=0.85$、0.9 和 0.95 时，Merton（1977）模型的费率 $g_M$ 与其他期限的费率比，显著低估了费率，而在 $D/A=1$ 时却比其他期限费率高。同时注意到，$g_M$ 对银行资产风险 $\sigma_E$ 和财务杠杆率 $D/A$ 更加敏感，随着 $\sigma_E D/A$ 的增加，$g_M$ 变化更加剧烈，$g_M$ 在杠杆率 $D/A=1$ 时，显著增高。

从第四个现象的总结，就能够解释第三个现象了。根据多期存款保险的费率定价模型 $g_T=\dfrac{F_T}{nD}=\dfrac{1}{n}\sum_{i=0}^{n-1}E^*_{t_0}[I_{t_i}]$，多期存款费率实际上是每个单期存款费率的平均值，它一定比单期存款费率的最高值低，最低值高，所以它没有单期费率的波动剧烈。多期存款保险费率一定显著高于杠杆率较低时单期费率 $g_M$，同时显著低于最高杠杆率时的单期费率 $g_M$。由此不难解释，为什么在 $D/A=1$ 时，$g_M$ 最高，而随着承保期限的增加，不可能有更高的 $D/A$，单期费率逐步降低，平均费率也逐步降低，所以表现为 $g_S>g_{10}>g_{20}$。

（5）此多期存款费率的结果与世界各国实际情况相比，很明显世界各国的实际费率存在低估。美国 FDIC 最高档次的费率为 0.27%，加拿大的差别费率制中最高档次费率为 0.22%。这些实际费率显著低于模型试算出的费率，这个结果也与实业界所认为的费率低估，存款保险制度风险过大的观点相一致。

## 3.5 Duan 的 GARCH 期权定价模型

以上的模型，几乎都是在 Merton（1977）模型基础上进行了各种扩展和修正，他们的基本原理都是利用 B-S 期权定价模型，这类模型可以统称为存款保险的 B-S 期权定价模型。但是 B-S 期权定价模型存在很大的问题，首先，B-S 期权定价模型虽然理论上很完美，但是在实证上却往往难以验证；其次，B-S 期权定价模型只适用于那些上市银行，却无法定价非上市银行的存款保险费率；最后，实证研究发现金融资产收益率序列具有一些特点，如：回报的厚尾分布（fat-tailed return distributions）、波动聚集和杠杆效应（volatility clustering and leverage effects）等，B-S 公式无法反映这些特性。

Duan（1995）提出了 GARCH 期权定价模型，该模型能够反映金融数据的特性。Duan（1999）运用 GARCH 模型 $j$ 进行了存款保险费率的实证测算，并在模型中加入了资本标准和监管宽容指标，同时扩展为一个多期定价模型。

模型假设如下：

$A_t$ 为 $t$ 时刻的银行资产，其中 $t=0,1,2,\cdots,T$。$T$ 为承保期；

$R_t$ 表示 $t-1$ 到 $t$ 时间段的银行资产平均收益率，$R_t = \ln(A(t)/A(t-1))$；

$D$ 表示银行的初始存款规模，由于所有的存款都被承保，那么假设所有存款获得无风险收益率 $r$；

假定存款保险机构的审核是周期性的，分别是时刻 $t_i$，$i=1,2,\cdots$。每次审计完之后，存款保险机构银行的资产相当于重置了。银行资产重置机制为：

$$A_{t_i} = \begin{cases} q_u De^{rt_i}, & \text{当 } A_{t_i}^* \geq q_u De^{rt_i}; \\ A_{t_i}^*, & \text{当 } q_u De^{rt_i} > A_{t_i}^* \geq \rho De^{rt_i}; \\ q_1 De^{rt_i}, & \text{其他}。 \end{cases}$$

其中，$A_{t_i} = A_{t_{i-1}} \sum_{t_{i-1}+1}^{t_i} R_t$。

$q_1$ 和 $q_u$ 是资产与负债之比的边界参数，分别设置了银行资产的最小和最大值。一般 $q_1$ 可以选用银行监管机构的资本充足率标准来得到。如，《巴塞尔协议》要求的资本标准为一级资本加二级资本之和与风险调整资产的比率不低于 8%，即 $E/A \geq 8\%$，那么 $D/A \leq 92\%$，$A/D \geq 1/0.92 = 1.087$。所以，资产最小不能低于负债的 1.087 倍。令 $q_1 = 1.087$。这个修正是此模型的一大亮点，符合美国 1991 年《FDIC 改进法案》中对资本标准的严格要求。

$q_u$ 是银行股东可接受的最大资本时的资产与负债比率，资本超过这个水平，就会通过现金分红来赎回资本。$q_u$ 是 Duan，Yu（1995）引入的资本标准的门槛水平，这是 Duan，Yu（1995）修正模型的一大贡献。

$\rho$ 为资本宽容指标，这里仍然沿用 Ronn，Verma（1986）中资本宽容的指标，但 $0 < \rho \leq q_1$，当银行资产价值低于 $\rho De^{rt_i}$，存款保险机构履行赔付职能，补足银行资产至 $q_1 De^{rt_i}$，即银行资产重置。这里的 $\rho$ 满足资本标准，但是我们发现如果 $q_1 > 1$，当 $1 \leq \rho < q_1$ 时，银

行的资产仍有偿付能力,考虑到监管当局的宽容,这种情况不考虑。设置存款保险机构仅在 $A_{t_i}^* < \min(\rho,1)De^{rt_i}$ 时,进行赔付。

存款保险机构的支付机制可以写作:

当 $t_i < T$ 时,$P_{t_i} = \begin{cases} 0, & \text{当}\ A_{t_i}^* \geq \min(\rho,1)De^{rt_i}, \\ De^{rt_i} - A_{t_i}^*, & \text{其他}。\end{cases}$

当 $t_i = T$ 时,$P_{t_n} = \max(De^{rt_n} - A_{t_n}^*, 0)$。

Duan 等(1999)运用 Engle 和 Ng(1993)提出的非线性不对称 GARCH 模型(NGARCH)来描述银行资产收益的特征。

$$R_{t+1} = r + \lambda\rho_{+1} - 0.5\sigma_{t+1}^2 + \sigma_{t+1}\varepsilon_{t+1},$$
$$\sigma_{t+1}^2 = \beta_0 + \beta_1\sigma_t^2 + \beta_2\sigma_t^2(\varepsilon_t - \theta)^2.$$

其中:$R_t$ 为银行资产收益率;$\sigma_t^2$ 为收益率的波动率;$r$ 是无风险收益率;$\lambda$ 是单位风险收益率,在多期定价中,$\lambda$ 至关重要;$\varepsilon_t$ 是时刻 $t-1$ 信息条件下 $R_t$ 的条件方差(服从标准正态分布),$\varepsilon_t$ 用来刻画非线性性;$\theta$ 是衡量波动率非对称性的因子,当 $\theta = 0$ 时,模型变成 Bellerslev(1986)的标准线性 GARCH 模型,一般,对于股权,$\theta > 0$,股权的收益与波动程度负相关,即股权收益较高时,波动较平稳;而股权收益为负时,波动剧烈,就像人们赌博时,如果输钱,则风险偏好更大,所以波动率是不对称的,这个特性称为波动率的杠杆效应,对于银行的总资产,没有明显的这个特性,但是贷款也有相似的特征,而银行的资产主要由贷款组成;系数 $\beta_0 > 0$,$\beta_1 \geq 0$,$\beta_2 \geq 0$,为保证资产收益率的协方差平稳,假设 $\beta_1 + \beta_2(1 + \theta^2) < 1$。

在风险中心的假设下,上述模型可以修正为:

$$R_{t+1} = r - 0.5\sigma_{t+1}^2 + \sigma_{t+1}\xi_{t+1}, \tag{3-23}$$
$$\sigma_{t+1}^2 = \beta_0 + \beta_1\sigma_t^2 + \beta_2\sigma_t^2(\xi_t - \theta - \lambda)^2. \tag{3-24}$$

其中 $\xi_{t+1} = \varepsilon_{t+1} + \lambda$,服从标准正态分布。

此模型是 Duan 等(1999)多期存款保险费定价中银行资产收益和波动的模型。

令 $\delta_n$ 为存款保险承保期内的 n 期(监管周期)平均年化费率:

$$\delta_n = \frac{1}{nD}\Sigma_{i=1}^n e^{-rt_i} E_0^*[P(t_i)],$$

其中 $E_0^*[\cdot]$ 代表由模型(3-23)和(3-24)所定价的保费在 0 时刻的期望值。虽然完全公平的存款保险费率很难达到,但是 $\delta_n$ 反映了存款保险的本质价值。

对此模型进行了基本的测算,此测算结果可作为测算中国的范例。

Duan 等(1999)的测算过程如下:

(1)运用标准普尔 500 指数从 1990 年 1 月 2 日到 1996 年 6 月 28 日的交易日数据,共 1643 个样本点,得到银行资产和波动率定价模型(3-20)和(3-21)的参数估计:$\beta_0 = 7.254 \times 10^{-7}$、$\beta_1 = 0.931771$、$\beta_2 = 0.037339$、$\theta = 0.688025$、$\lambda = 0.027647$。

(2)根据 Duan(1995)的结论,风险中性假设下资产收益波动的方差为:

$$\sigma^2 = \beta_0[1 - \beta_1 - \beta_2(1 + \theta^2)]^{-1} = 0.1176152。$$

(3)设置资本标准:令 $q_u = 1.15$、$q_1 = 1.087$(《巴塞尔协议》8% 资本充足率对应的

$q_1$ 值），为了了解资本标准的影响，试算 $q_1$ 为 1.05 时的结果来对比。

（4）设置资产与负债比 $A/D$ 分别为 1.09、1.11 和 1.13。

（5）假定无风险收益率 $r=6\%$。

（6）$\lambda$ 在 B-S 模型中没有影响，即银行的收益预期尽管不相同，但只要他们有相同的风险水平，他们的存款保险价值都相等，但是在 GARCH 多期定价模型中，此结果不成立，为了验证，试算 $\lambda=0.01$ 时的结果与 $\lambda=0.027647$ 时的结果进行对比。

试算结果如表 3-6 所示：

表 3-6 Duan 等（1999）的多期存款保险定价模型试算结果

| | $q_1=1.087$ | | | $q_1=1.05$ | | |
|---|---|---|---|---|---|---|
| | B-S | GARCH | | B-S | GARCH | |
| | | $\lambda=0.027647$ | $\lambda=0.01$ | | $\lambda=0.027647$ | $\lambda=0.01$ |
| $A/D=1.09$ | | | | | | |
| $\delta_r=1$ | 164.69 | 194.62 | 249.63 | 164.69 | 194.62 | 249.63 |
| $\delta_r=3$ | 141.00 | 173.62 | 248.23 | 171.19 | 199.67 | 275.93 |
| $\delta_r=5$ | 134.87 | 168.85 | 248.87 | 172.91 | 201.58 | 283.40 |
| $\delta_r=10$ | 129.90 | 164.41 | 248.17 | 173.89 | 202.17 | 287.94 |
| $\delta_r=20$ | 127.44 | 162.56 | 248.55 | 174.06 | 202.51 | 290.66 |
| $A/D=1.11$ | | | | | | |
| $\delta_r=1$ | 126.22 | 158.98 | 211.07 | 126.22 | 158.99 | 211.07 |
| $\delta_r=3$ | 125.78 | 159.38 | 232.94 | 153.24 | 182.91 | 258.33 |
| $\delta_r=5$ | 125.70 | 160.27 | 239.67 | 161.89 | 191.31 | 272.68 |
| $\delta_r=10$ | 125.31 | 160.12 | 243.57 | 168.37 | 197.02 | 282.58 |
| $\delta_r=20$ | 125.15 | 160.42 | 246.25 | 170.30 | 199.94 | 287.98 |
| $A/D=1.13$ | | | | | | |
| $\delta_r=1$ | 95.82 | 129.47 | 178.70 | 95.82 | 129.47 | 178.70 |
| $\delta_r=3$ | 113.33 | 147.24 | 219.84 | 138.14 | 168.55 | 243.15 |
| $\delta_r=5$ | 118.17 | 152.94 | 231.77 | 152.59 | 182.43 | 263.38 |
| $\delta_r=10$ | 121.54 | 156.46 | 239.62 | 163.71 | 192.57 | 277.92 |
| $\delta_r=20$ | 123.26 | 158.58 | 244.27 | 168.96 | 197.71 | 285.66 |

注：试算中 $\beta_0=7.254\times10^{-7}$、$\beta_1=0.931771$、$\beta_2=0.037339$、$\theta=0.688025$、$q_u=1.15$。

**试算结果分析：**

（1）财务杠杆 $A/D$ 影响：资产与负债的比率 $A/D$ 越高，均衡费率越低。这个结果显而易见。

（2）承保期 $T$ 长短的影响：在 $A/D$（1.09）较低，保费较高时，随着 $T$ 的增加，均衡保费降低；但在 $A/D$（1.13）较高，保费较低时，随着 $T$ 的增加，均衡保费升高。这个结论在 B-S 多期定价模型中也得到了验证，因为多年的算术平均保费一定高于较低值而低于较高值。

（3）资本标准 $q_1$ 的影响：$q_1 = 1.087$ 时试算的保费整体低于 $q_1 = 1.05$ 时的保费，即设置的资本充足率越高，银行资产越安全，保费越低。同时看到，在较低的 $A/D$（1.09）和较高的资本标准 $q_1 = 1.087$ 组合时，随着承保期 $T$ 的增加，保费逐渐减少；而其他组合时，随着承保期 $T$ 的增加，保费逐渐增大。这是由资本标准和承保期双重因素影响下的结果。

（4）风险溢价因素 $\lambda$ 的影响：$\lambda$ 越高，均衡保费越高。$\lambda$ 高表示风险溢价高，承担风险获得的回报高，使得银行更愿意铤而走险，因而风险加大，这是银行的道德风险。

（5）对比 B-S 模型与 GARCH 模型的保费，明显后者定价的保费总体高于前者。

# 4 中国存款保险费率实证测算

本书对于中国存款保险费率的测算思路为：

第一，上市银行存款保险费率测算。根据上一部分的三大单期模型，运用中国16家A股上市银行的市场数据，测算他们的存款保险费率。

第二，非上市银行存款保险费率测算。对于非上市银行的存款保险费率，国际上多采用损失定价法，但是我国没有银行破产的历史数据，所以无法估计银行破产损失概率，此方法不适合中国情况。本文采用一个简单的方法来对非上市银行存款保险费率做出测算。首先，根据模型测算出的16家上市银行的存款保险费率，选取宏观经济指标和财务指标做风险因素回归分析；其次，根据存款保险费率的风险因素回归模型，导入宏观经济数据和非上市银行的财务指标就可以得到非上市银行的存款保险费率，这是Falkenheim, Pennacchi（2003）提出的"市场对照法"的基本思想。

第三，综合上市银行和非上市银行的费率测算结果，提出本书对中国的存款保险费率体系的建设。

## 4.1 上市银行存款保险费率实证测算

### 4.1.1 模型

前文介绍了Merton（1977）的简单B-S期权定价模型、Marcus and Shaked（1984）的带红利的修正模型、Ronn & Vermade（1986）的考虑监管宽容的修正模型、Duan & Yu（1995）的考虑资本标准的多期修正模型以及Duan等（1999）考虑资本标准和监管宽容的GARCH定价模型5个模型。在本部分的实证中，分别用前3个模型作中国上市银行的实证分析，然后对比分析结果，找到适合我国的模型和存款保险费率。

### 4.1.2 数据

中国目前已经上市的商业银行共有16家，这16家银行包含了4家大型国有银行、9家全国股份制商业银行和3家地方商业银行，基本上代表了我国目前商业银行的几种形态。但是他们上市时间差异很大，最早的深发展银行（现在的平安银行）上市时间为1991年4月3日，而最晚的光大银行是在2010年8月18日上市，其中除了光大银行（2010年8月18日上市）和农业银行（2010年7月15日）上市的时间较晚，其他14家银行都是在2007年及以前上市的。为此，我们选取2008年1月1日作为起始时间，2013年12月31日作为截止时间，总共6年的观察期。（表4-1）

表4-1 中国A股上市银行上市时间和证券代码

| 银行名称 | 证券代码 | 上市时间 | 银行名称 | 证券代码 | 上市时间 |
|---|---|---|---|---|---|
| 平安银行 | 000001.SZ | 1991年4月3日 | 中信银行 | 601998.SH | 2007年4月27日 |
| 浦发银行 | 600000.SH | 1999年11月10日 | 交通银行 | 601328.SH | 2007年5月15日 |
| 民生银行 | 600016.SH | 2000年12月19日 | 宁波银行 | 002142.SZ | 2007年7月19日 |
| 招商银行 | 600036.SH | 2002年4月9日 | 南京银行 | 601009.SH | 2007年7月19日 |
| 华夏银行 | 600015.SH | 2003年9月12日 | 北京银行 | 601169.SH | 2007年9月19日 |
| 工商银行 | 601398.SH | 2006年10月27日 | 建设银行 | 601939.SH | 2007年9月25日 |
| 中国银行 | 601988.SH | 2006年7月5日 | 农业银行 | 601288.SH | 2010年7月15日 |
| 兴业银行 | 601166.SH | 2007年2月5日 | 光大银行 | 601818.SH | 2010年8月18日 |

数据来源：wind咨询。

### 1. 上市银行资产价格波动率

在存款保险费率定价模型中，银行的资产价格波动率是衡量银行风险的重要指标，MS（1984）将不可衡量的银行资产价值波动率修正为股票收益波动率，如表4-2所示。

表4-2 中国上市银行股票价格日对数收益年波动率（2008—2013年）

| 证券代码 | 银行名称 | 2008年 | 2009年 | 2010年 | 2011年 | 2012年 | 2013年 | 6年平均 |
|---|---|---|---|---|---|---|---|---|
| 000001.SZ | 平安银行 | 65.83% | 46.44% | 32.93% | 26.17% | 22.76% | 48.62% | 40.46% |
| 002142.SZ | 宁波银行 | 59.14% | 41.62% | 38.27% | 26.92% | 28.21% | 33.77% | 37.99% |
| 600000.SH | 浦发银行 | 70.98% | 44.67% | 30.55% | 23.89% | 21.26% | 39.02% | 38.40% |
| 600015.SH | 华夏银行 | 69.21% | 42.80% | 35.16% | 30.21% | 24.53% | 33.22% | 39.19% |
| 600016.SH | 民生银行 | 57.41% | 39.29% | 24.89% | 23.54% | 21.83% | 40.09% | 34.51% |
| 600036.SH | 招商银行 | 63.64% | 42.33% | 28.96% | 23.14% | 21.82% | 33.01% | 35.48% |
| 601009.SH | 南京银行 | 55.86% | 42.58% | 35.91% | 25.58% | 24.14% | 27.42% | 35.25% |
| 601169.SH | 北京银行 | 59.10% | 41.00% | 34.51% | 23.45% | 22.25% | 31.34% | 35.28% |
| 601288.SH | 农业银行 | | | 20.37% | 15.74% | 12.72% | 21.25% | 17.52% |
| 601166.SH | 兴业银行 | 67.38% | 46.03% | 37.24% | 28.56% | 22.70% | 41.40% | 40.55% |
| 601328.SH | 交通银行 | 54.80% | 39.05% | 27.56% | 17.35% | 17.20% | 25.29% | 30.21% |
| 601398.SH | 工商银行 | 44.85% | 27.66% | 24.16% | 16.21% | 13.02% | 15.81% | 23.62% |
| 601818.SH | 光大银行 | | | 43.44% | 20.34% | 16.71% | 27.30% | 26.95% |
| 601939.SH | 建设银行 | 47.72% | 32.81% | 21.36% | 16.09% | 14.28% | 20.48% | 25.46% |
| 601988.SH | 中国银行 | 41.44% | 30.43% | 19.57% | 13.20% | 11.48% | 16.25% | 22.06% |
| 601998.SH | 中信银行 | 54.21% | 39.20% | 34.95% | 23.26% | 19.98% | 33.96% | 34.26% |
| | 行业平均 | 57.97% | 39.71% | 30.61% | 22.10% | 19.68% | 30.51% | 32.32% |

数据来源：wind咨询。

对于中国的上市银行，我们选取2008—2013年，6年的股票价格日数据，取对数收益率，估计股票日收益率的年波动率，具体数据见表4-2。从数据来看，我国上市银行股票日对数收益年波动率的年度差异和个体差异很大。

首先，年度差异巨大。最高的2008年，16家上市银行的日对数收益年波动率57.97%是最低的2012年日对数收益年波动率19.68%的将近3倍。这是由于我国经历了2007年的股市泡沫后，2008年和2009年仍处在泡沫破灭后的调整期，在这两年上市银行的股价波动仍然较为剧烈，银行资产波动率较高，所以2008年和2009年的波动率明显高于其他4年。

其次，不同银行的日对数收益年波动率差异较大。以上市银行6年平均波动率为例，最高的兴业银行为40.55%是最低的农业银行17.52%的2.3倍。当然，农业银行由于2010年才上市，没有经历波动剧烈的2008年，2009年。除去农业银行之外，最低的是中国银行，6年平均波动率20.83%。

从图4-1可以明显地看出年度差异和个体差异。

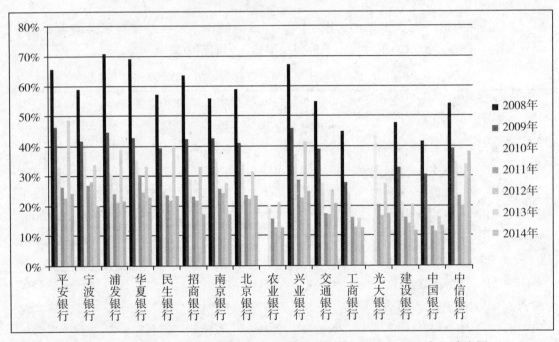

图4-1 中国上市银行股票价格日对数收益年波动率（2008—2013年）直方图

数据来源：wind咨询。

### 2. 财务杠杆指标

在存款保险费率定价模型中，财务杠杆是衡量银行资产安全程度的另一个重要指标，一般，财务越安全，破产概率越小，那么存款费率理应越低。Merton（1977）模型使用的财务杠杆指标是银行存款比资产价值（$D/V$），Marcus and Shaked（1984）修正模型中使用的财务杠杆指标是银行股权比银行存款（$E/D$），Ronn & Vermade（1986）修正模型中，除了采用银行股权比银行存款（$E/D$）指标，还考虑了债务结构对存款费率的影响，进而采用银行股权比银行全部负债（$E/B$）和银行存款占银行全部负债比（$m$）两个指标。对于这些模型中所使用到的银行存款 $D$、银行负债 $B$、银行股权价值 $E$、银行资产总额 $V$，本文采用 16 家上市银行的年度财务报表中公告的数据，具体见附表 7。附表中是年度数据，每家银行各年度财务杠杆指标的 6 年平均值见表 4-3：

表 4-3　中国 16 家上市银行财务杠杆 2008—2013 年平均数据

| 财务杠杆<br>指标 | 存款/资产<br>（$D/V$） | 股权/存款<br>（$E/D$） | 股权/负债<br>（$E/B$） | 债务结构 $m$<br>（$D/B$） |
|---|---|---|---|---|
| 平安银行 | 71.04% | 6.86% | 5.01% | 74.56% |
| 宁波银行 | 62.50% | 10.41% | 6.98% | 66.94% |
| 浦发银行 | 71.58% | 6.99% | 5.22% | 75.32% |
| 华夏银行 | 70.16% | 6.18% | 4.54% | 73.35% |
| 民生银行 | 71.93% | 7.93% | 6.02% | 76.37% |
| 招商银行 | 76.52% | 7.35% | 5.92% | 81.04% |
| 南京银行 | 63.24% | 13.00% | 9.06% | 69.06% |
| 北京银行 | 70.99% | 9.05% | 6.86% | 75.92% |
| 农业银行 | 83.81% | 6.04% | 5.32% | 88.25% |
| 兴业银行 | 60.24% | 8.27% | 5.21% | 63.38% |
| 交通银行 | 70.93% | 8.50% | 6.42% | 75.50% |
| 工商银行 | 80.71% | 7.73% | 6.64% | 86.08% |
| 光大银行 | 67.38% | 7.51% | 5.32% | 70.96% |
| 建设银行 | 82.26% | 7.85% | 6.89% | 87.96% |
| 中国银行 | 73.75% | 8.61% | 6.79% | 79.00% |
| 中信银行 | 76.43% | 8.48% | 6.93% | 81.85% |
| 最小值 | 54.57% | 4.40% | 3.29% | 57.72% |
| 最大值 | 86.93% | 18.01% | 13.71% | 90.74% |
| 行业均值 | 72.09% | 8.17% | 6.19% | 76.60% |

数据来源：wind 资讯，各家银行的年度财务报表。

### 3. 离散红利分配

对于模型中需要的红利分配指标，本文采用 16 家上市银行的年中红利分配数据计算出他们的红利分配率，本文的红利分配率不是常规的红利率，而是定义为每年的红利分配额除以分配前银行资产总额，这个定义符合模型中对红利分配的定义。具体见表 4-4。

表 4-4　中国 16 家上市银行年度红利分配指标

| | 2008 年 | 2009 年 | 2010 年 | 2011 年 | 2012 年 | 2013 年 | 6 年平均 |
|---|---|---|---|---|---|---|---|
| 平安银行 | 0.0169% | | | | 0.0861% | 0.0805% | 0.0612% |
| 宁波银行 | 0.4842% | 0.3061% | 0.2191% | 0.2214% | 0.1930% | 0.2466% | 0.2784% |
| 浦发银行 | 0.0994% | 0.0816% | 0.1048% | 0.2084% | 0.3261% | 0.3345% | 0.1925% |
| 华夏银行 | 0.0887% | 0.0767% | 0.0960% | 0.1376% | 0.2162% | 0.2316% | 0.1411% |
| 民生银行 | 0.1428% | 0.0780% | 0.1465% | 0.3818% | 0.2649% | 0.2268% | 0.2068% |
| 招商银行 | 0.0936% | 0.2191% | 0.2604% | 0.3242% | 0.3989% | 0.3893% | 0.2809% |
| 南京银行 | 0.5880% | 0.1228% | 0.2681% | 0.3161% | 0.3506% | 0.3146% | 0.3267% |
| 北京银行 | 0.2688% | 0.2101% | 0.1835% | 0.1533% | 0.3143% | 0.1185% | 0.2081% |
| 农业银行 | | | 0.1697% | 0.3657% | 0.3838% | 0.3948% | 0.3285% |
| 兴业银行 | 0.2204% | 0.1877% | 0.1490% | 0.1657% | 0.2227% | 0.2383% | 0.1973% |
| 交通银行 | 0.3659% | 0.2961% | 0.1708% | 0.1342% | 0.3380% | 0.3239% | 0.2715% |
| 工商银行 | 0.5648% | 0.4818% | 0.4772% | 0.4582% | 0.4764% | 0.4861% | 0.4907% |
| 光大银行 | | | 0.2578% | 0.3103% | 0.1029% | 0.3324% | 0.2508% |
| 建设银行 | 0.6007% | 0.4905% | 0.4908% | 0.4814% | 0.4795% | 0.4882% | 0.5052% |
| 中国银行 | 0.4744% | 0.4061% | 0.3896% | 0.3657% | 0.3852% | 0.3947% | 0.4026% |
| 中信银行 | 0.2803% | 0.1935% | | 0.3383% | 0.2371% | 0.3238% | 0.2746% |
| 行业平均 | 0.3063% | 0.2423% | 0.2417% | 0.2908% | 0.2985% | 0.3078% | 0.2812% |

数据来源：wind 资讯。

备注：空白表示该银行当年未进行现金红利分配。

从以上数据可以看出，我国上市银行红利分配水平较低，平均在 0.2812%。从行业均值的年度对比来看，年度差异不是很明显，最低值 2010 年上市银行的平均分红率为 0.2417%，最高值 2014 年上市银行的平均分红率为 0.3078%，差距不大。而各家银行之间的红利分配差异较为明显，最少的平安银行 6 年平均红利分配率仅为 0.0612%，而最多的建设银行 6 年平均红利分配率为 0.5052%，相差 8 倍之多。当然，各家银行发展情况各有不同，平安银行这几年经历平安集团的收购、合并，所以倾向于扩大规模，快速成长，红利分配比率不高，2008 年的分红率仅为 0.0169%，是我们观察的 16 家银行 6 年中的最低值。而建设银行作为全国性的大型银行，较为成熟，追求的是稳健发展，所以红利分配比率较高，2008 年的分红率达到 0.6007%，是我们观察的 16 家银行 6 年中的最高值。图 4-2 更清楚了展示了银行间的红利分配差异。

图 4-2 选用 16 家上市银行 2008—2013 年红利分配率的平均值做直方图来展示银行间的红利分配差异。从图中明显可以看出分红率较高的前 4 名是建设银行、工商银行、中国银行和农业银行，这是我国早期的四大国有银行，发展历史长，规模大，发展速度稳定。而分红率最低的是平安银行、华夏银行、浦发银行和兴业银行，这四家银行是全国性的股份制商业银行，在近几年的发展中，平安、浦发、兴业银行都发展迅速，成长性很

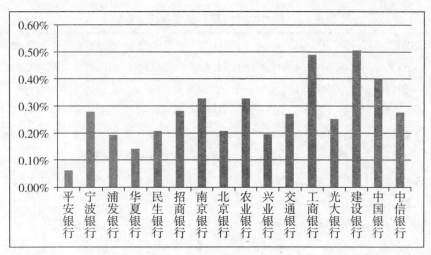

图4-2 中国16家上市银行的红利分配率（2008—2013年6年平均值）

好，但是也不乏一些不良贷款、理财产品违约的风险事件，可见从分红水平的差异可以看出银行经营的理念和特点，也能反映各家银行的风险态度。

### 4. 监管宽容

R&V模型中考虑了监管宽容这个指标，反映官方对于银行风险的容忍程度，这个指标没有一个具体的标准，官方也没有明确的指标，在不同的经济状况下，官方的容忍程度也是不同的。而对于中国而言，新中国成立以后，商业银行的数量也是慢慢增加，还没有相关的案例来总结官方的监管宽容指标。朱波、黄曼（2008）在研究存款保险费率时，对监管宽容指标采用了观察中央汇金公司对各大商业银行的注资情况，来估算。

表4-5 中央汇金公司对各家商业银行注资情况

| 银行名称 | 注资时间 | 注资金额（亿元） | 负债额B（亿元） | 监管宽容参数 |
| --- | --- | --- | --- | --- |
| 交通银行 | 2003年12月 | 30 | 9108.1049 | 0.9967 |
| 中国银行 | 2003年12月 | 1860 | 37504.89 | 0.9503 |
| 建设银行 | 2003年12月 | 1860 | 37100.41 | 0.9500 |
| 工商银行 | 2004年06月 | 1240 | 55773.69 | 0.9778 |
| 光大银行 | 2007年12月 | 1654 | 7146.6518 | 0.9720 |

表4-5中的监管宽容参数，是令各家银行的注资额为$(1-\rho)B$，从而求得相应的$\rho$。本书将最小值作为监管宽容标准，假设中国的监管宽容参数为0.95。

### 4.1.3 实证结果及分析

#### 1. Merton（1977）的简单B-S期权定价模型实证测算

运用各银行对数收益率波动率数据和财务杠杆数据，代入模型可得Merton（1977）的简单B-S期权定价模型实证结果，具体如表4-6所示：

表4-6 Merton（1977）模型实证测算结果

| 银行名称 | 2008年 | 2009年 | 2010年 | 2011年 | 2012年 | 2013年 | 6年平均 | 4年平均 |
|---|---|---|---|---|---|---|---|---|
| 平安银行 | 16.5228% | 9.4686% | 4.6310% | 0.9381% | 0.2472% | 5.8992% | 6.2845% | 2.9289% |
| 宁波银行 | 13.0364% | 4.7079% | 1.3447% | 1.0872% | 0.2550% | 0.6559% | 3.5145% | 0.8357% |
| 浦发银行 | 17.1238% | 9.6977% | 3.2021% | 0.7366% | 0.3453% | 3.4292% | 5.7558% | 1.9283% |
| 华夏银行 | 14.0391% | 5.3624% | 4.3453% | 2.4908% | 0.8996% | 2.9347% | 5.0120% | 2.6676% |
| 民生银行 | 12.6374% | 7.4064% | 2.2794% | 1.2644% | 0.0906% | 3.9202% | 4.5997% | 1.8886% |
| 招商银行 | 17.0593% | 8.0787% | 3.7895% | 2.1734% | 1.0074% | 2.5968% | 5.7842% | 2.3918% |
| 南京银行 | 9.2474% | 5.1414% | 2.1097% | 0.2398% | 0.2794% | 0.4237% | 2.9069% | 0.7632% |
| 北京银行 | 13.7643% | 9.7419% | 4.7756% | 0.3317% | 0.2206% | 1.1428% | 4.9961% | 1.6177% |
| 农业银行 | | | 2.9161% | 0.9124% | 0.3598% | 2.0156% | 1.5510% | 1.5510% |
| 兴业银行 | 11.6322% | 6.0599% | 2.0655% | 0.2895% | 0.0484% | 2.5565% | 3.7753% | 1.2400% |
| 交通银行 | 9.8332% | 4.9921% | 1.9432% | 0.1949% | 0.1659% | 1.0460% | 3.0292% | 0.8375% |
| 工商银行 | 11.4363% | 4.4840% | 3.2879% | 0.6136% | 0.1505% | 0.3881% | 3.3934% | 1.1100% |
| 光大银行 | | | 5.7438% | 0.2746% | 0.0159% | 0.9828% | 1.7543% | 1.7543% |
| 建设银行 | 12.6127% | 6.4029% | 2.6997% | 0.8358% | 0.5071% | 1.5204% | 4.0964% | 1.3907% |
| 中国银行 | 6.6170% | 3.5672% | 0.4487% | 0.0693% | 0.0096% | 0.1816% | 1.8156% | 0.1773% |
| 中信银行 | 13.3420% | 6.2252% | 7.2035% | 0.8741% | 0.9097% | 3.7203% | 5.3791% | 3.1769% |
| 行业平均 | 12.7789% | 6.5240% | 3.2991% | 0.8329% | 0.3445% | 2.0884% | 3.9780% | 1.6412% |

此表给出了用简单 Merton（1977）模型测算的结果。分析结果，可以总结如下规律：

首先，存款费率的年度差异较大。2008年16家上市银行的平均费率12.7789%是2013年平均费率0.3445%的37倍。这是由于我国经历了2007年的股市泡沫后，2008年和2009年仍处在泡沫破灭后的调整期，在这两年上市银行的股价波动仍然较为剧烈，银行资产波动率较高，所以2008年和2009年的费率明显高于其他5年。如果不考虑这两年，所有上市银行在4年内的平均费率是1.6412%。

其次，不同银行的存款费率差异较大。以上市银行4年平均费率为例，最高的中信银行存款保险费率3.1769%是最低的中国银行存款保险费率0.1773%的18倍。中国银行从2008年到2013年连续6年都是16家银行中费率最低的。而中信银行在2010是费率最高的，2012年是第二高，2013年是第三高。

最后，总体而言，用 Merton（1977）模型测算的我国16家上市银行的存款保险费率高于世界平均水平。究其原因，有很多方面，首先，中国A股市场还不成熟，近几年又是其波动比较剧烈的时期，所以根据股价波动率而得的存款费率普遍偏高。其次，从前文的数据测算来看，Merton（1977）模型测算的结果比其他模型本来就偏高。

2. Marcus and Shaked（1984）的带红利的修正模型实证测算

运用各银行对数收益率波动率数据和财务杠杆数据，代入模型，运用迭代法，可得

MS（1984）的不带红利分配的修正定价模型实证结果，具体如表4-7所示：

表4-7 MS模型实证结果（不考虑红利分配）

| 银行名称 | 2008年 | 2009年 | 2010年 | 2011年 | 2012年 | 2013年 | 6年平均 | 4年平均 |
|---|---|---|---|---|---|---|---|---|
| 平安银行 | 0.1191% | 0.0113% | 0.0005% | 0.0000% | 0.0000% | 0.0277% | 0.0264% | 0.0071% |
| 宁波银行 | 0.1269% | 0.0073% | 0.0037% | 0.0000% | 0.0001% | 0.0009% | 0.0232% | 0.0012% |
| 浦发银行 | 0.1788% | 0.0093% | 0.0002% | 0.0000% | 0.0000% | 0.0039% | 0.0320% | 0.0010% |
| 华夏银行 | 0.1914% | 0.0065% | 0.0009% | 0.0002% | 0.0000% | 0.0006% | 0.0333% | 0.0004% |
| 民生银行 | 0.0718% | 0.0039% | 0.0000% | 0.0000% | 0.0000% | 0.0053% | 0.0135% | 0.0013% |
| 招商银行 | 0.1288% | 0.0064% | 0.0001% | 0.0000% | 0.0000% | 0.0006% | 0.0227% | 0.0002% |
| 南京银行 | 0.1118% | 0.0107% | 0.0020% | 0.0000% | 0.0000% | 0.0000% | 0.0208% | 0.0005% |
| 北京银行 | 0.1200% | 0.0062% | 0.0010% | 0.0000% | 0.0000% | 0.0003% | 0.0213% | 0.0003% |
| 农业银行 | | | 0.0000% | 0.0000% | 0.0000% | 0.0000% | 0.0000% | 0.0000% |
| 兴业银行 | 0.2114% | 0.0143% | 0.0023% | 0.0001% | 0.0000% | 0.0072% | 0.0392% | 0.0024% |
| 交通银行 | 0.0581% | 0.0034% | 0.0000% | 0.0000% | 0.0000% | 0.0000% | 0.0103% | 0.0000% |
| 工商银行 | 0.0124% | 0.0000% | 0.0000% | 0.0000% | 0.0000% | 0.0000% | 0.0021% | 0.0000% |
| 光大银行 | | | 0.0100% | 0.0000% | 0.0000% | 0.0000% | 0.0025% | 0.0025% |
| 建设银行 | 0.0204% | 0.0005% | 0.0000% | 0.0000% | 0.0000% | 0.0000% | 0.0035% | 0.0000% |
| 中国银行 | 0.0072% | 0.0002% | 0.0000% | 0.0000% | 0.0000% | 0.0000% | 0.0012% | 0.0000% |
| 中信银行 | 0.0649% | 0.0038% | 0.0011% | 0.0000% | 0.0000% | 0.0008% | 0.0118% | 0.0005% |
| 行业平均 | 0.1016% | 0.0060% | 0.0014% | 0.0000% | 0.0000% | 0.0030% | 0.0165% | 0.0011% |

此表给出了用 MS（1984）模型修正了两个不可观察变量银行资产价值 $V$ 和资产波动率 $\sigma_V$ 为可观察变量 $E$ 和 $\sigma_E$，运用迭代法测算的实证结果。从结果来看，MS 模型测算结果显著小于 Merton（1977）模型测算结果。Merton（1977）模型测算的各银行6年平均费率的行业均值为3.9780%，4年平均费率的行业均值为1.6412%。MS模型测算的各银行6年平均费率的行业均值为0.0165%，4年平均费率的行业均值为0.0011%。两个模型结果相差百倍以上。Merton（1977）模型测算的结果显著高于世界各国的实际存款保险费率水平，MS（1984）的结果却显著低于世界存款保险费率水平。

以上是不考虑红利分配的 MS 定价模型实证结果，若考虑红利分配，运用表4-2中的各银行对数收益率波动率数据、附表8中的财务杠杆数据和表4-4的红利分配率数据，带入MS修正模型，可得带红利分配的模型实证结果，具体如表4-8所示。

表 4-8  MS 模型实证结果（考虑红利分配）

| 银行名称 | 2008 年 | 2009 年 | 2010 年 | 2011 年 | 2012 年 | 2013 年 | 6 年平均 | 4 年平均 |
|---|---|---|---|---|---|---|---|---|
| 平安银行 | 0.1187% | 0.0113% | 0.0005% | 0.0000% | 0.0000% | 0.0275% | 0.0263% | 0.0070% |
| 宁波银行 | 0.1229% | 0.0072% | 0.0036% | 0.0000% | 0.0001% | 0.0008% | 0.0224% | 0.0011% |
| 浦发银行 | 0.1751% | 0.0092% | 0.0002% | 0.0000% | 0.0000% | 0.0038% | 0.0314% | 0.0010% |
| 华夏银行 | 0.1888% | 0.0064% | 0.0008% | 0.0002% | 0.0000% | 0.0006% | 0.0328% | 0.0004% |
| 民生银行 | 0.0705% | 0.0039% | 0.0000% | 0.0000% | 0.0000% | 0.0052% | 0.0133% | 0.0013% |
| 招商银行 | 0.1271% | 0.0062% | 0.0001% | 0.0000% | 0.0000% | 0.0006% | 0.0223% | 0.0002% |
| 南京银行 | 0.1097% | 0.0107% | 0.0020% | 0.0000% | 0.0000% | 0.0000% | 0.0204% | 0.0005% |
| 北京银行 | 0.1177% | 0.0061% | 0.0010% | 0.0000% | 0.0000% | 0.0003% | 0.0208% | 0.0003% |
| 农业银行 | | | 0.0000% | 0.0000% | 0.0000% | 0.0000% | 0.0000% | 0.0000% |
| 兴业银行 | 0.2063% | 0.0139% | 0.0023% | 0.0001% | 0.0000% | 0.0071% | 0.0383% | 0.0024% |
| 交通银行 | 0.0558% | 0.0033% | 0.0000% | 0.0000% | 0.0000% | 0.0000% | 0.0099% | 0.0000% |
| 工商银行 | 0.0117% | 0.0000% | 0.0000% | 0.0000% | 0.0000% | 0.0000% | 0.0020% | 0.0000% |
| 光大银行 | | | 0.0098% | 0.0000% | 0.0000% | 0.0000% | 0.0025% | 0.0025% |
| 建设银行 | 0.0190% | 0.0005% | 0.0000% | 0.0000% | 0.0000% | 0.0000% | 0.0033% | 0.0000% |
| 中国银行 | 0.0069% | 0.0002% | 0.0000% | 0.0000% | 0.0000% | 0.0000% | 0.0012% | 0.0000% |
| 中信银行 | 0.0635% | 0.0037% | 0.0011% | 0.0000% | 0.0000% | 0.0008% | 0.0115% | 0.0005% |
| 行业平均 | 0.0996% | 0.0059% | 0.0013% | 0.0000% | 0.0000% | 0.0029% | 0.0161% | 0.0011% |

此表给出了用 MS（1984）考虑了连续红利分配的实证测算结果。对比 MS（1984）模型带红利分配和不带红利分配的测算结果，发现两者差距不大，究其原因主要在两点：一是红利分配率在模型中的影响不够显著，二是我国上市银行每年的分红比例过低，使得这两者差距不大。

综上所述，MS（1984）模型的巨大贡献在于把 Merton（1977）模型中的不可观察变量进行了替代，然后运用一定的数学迭代法来计算存款保险费率。其次，MS 模型考虑了红利分配，从我国实证数据的测算结果来看，红利的影响不显著，但是不可观察变量的替代影响异常显著；MS（1984）模型比 Merton（1977）模型更加符合世界实际存款保险费率水平。

**3. Ronn & Vermade（1986）的考虑监管宽容的修正模型实证测算**

Ronn，Vermade（1986）的模型延续了 MS（1984）模型对于不可观察变量的替代，把连续红利修正为离散红利，并且加入了一个重要的指标：监管宽容参数。

运用表 4-2 中各银行对数收益率波动率数据、附表 8 中的财务杠杆数据和表 4-4 的红利分配率数据，并且令 $\rho = 0.95$，分别代入公式（3-12）和公式（3-13），测算不考虑监管宽容和考虑监管宽容的 R&V 定价模型实证结果，具体结果见表 4-9、表 4-10。

表4-9 RV模型实证结果（离散红利，不考虑监管宽容）

| 银行名称 | 2008年 | 2009年 | 2010年 | 2011年 | 2012年 | 2013年 | 6年平均 | 4年平均 |
|---|---|---|---|---|---|---|---|---|
| 平安银行 | 0.1191% | 0.0113% | 0.0005% | 0.0000% | 0.0000% | 0.0277% | 0.0264% | 0.0070% |
| 宁波银行 | 0.1269% | 0.0073% | 0.0037% | 0.0000% | 0.0001% | 0.0009% | 0.0231% | 0.0012% |
| 浦发银行 | 0.1788% | 0.0093% | 0.0002% | 0.0000% | 0.0000% | 0.0039% | 0.0320% | 0.0010% |
| 华夏银行 | 0.1914% | 0.0065% | 0.0009% | 0.0002% | 0.0000% | 0.0006% | 0.0333% | 0.0004% |
| 民生银行 | 0.0718% | 0.0039% | 0.0000% | 0.0000% | 0.0000% | 0.0053% | 0.0135% | 0.0013% |
| 招商银行 | 0.1288% | 0.0064% | 0.0001% | 0.0000% | 0.0000% | 0.0006% | 0.0226% | 0.0002% |
| 南京银行 | 0.1118% | 0.0107% | 0.0020% | 0.0000% | 0.0000% | 0.0000% | 0.0208% | 0.0005% |
| 北京银行 | 0.1200% | 0.0062% | 0.0010% | 0.0000% | 0.0000% | 0.0003% | 0.0212% | 0.0003% |
| 农业银行 | | | 0.0000% | 0.0000% | 0.0000% | 0.0000% | 0.0000% | 0.0000% |
| 兴业银行 | 0.2114% | 0.0143% | 0.0023% | 0.0001% | 0.0000% | 0.0072% | 0.0392% | 0.0024% |
| 交通银行 | 0.0581% | 0.0034% | 0.0000% | 0.0000% | 0.0000% | 0.0000% | 0.0103% | 0.0000% |
| 工商银行 | 0.0124% | 0.0000% | 0.0000% | 0.0000% | 0.0000% | 0.0000% | 0.0021% | 0.0000% |
| 光大银行 | | | 0.0100% | 0.0000% | 0.0000% | 0.0000% | 0.0025% | 0.0025% |
| 建设银行 | 0.0204% | 0.0005% | 0.0000% | 0.0000% | 0.0000% | 0.0000% | 0.0035% | 0.0000% |
| 中国银行 | 0.0072% | 0.0002% | 0.0000% | 0.0000% | 0.0000% | 0.0000% | 0.0012% | 0.0000% |
| 中信银行 | 0.0649% | 0.0038% | 0.0011% | 0.0000% | 0.0000% | 0.0064% | 0.0127% | 0.0019% |
| 行业平均 | 0.1016% | 0.0060% | 0.0014% | 0.0000% | 0.0000% | 0.0033% | 0.0165% | 0.0012% |

此表给出了用 RV（1986）模型将连续红利修正为离散红利的实证测算结果，不考虑监管宽容参数。对比 MS（1984）连续红利分配的测算结果，发现两者差距不大，所以此后都采用离散红利指标。

表4-10 RV模型实证结果（离散红利，考虑监管宽容 $\rho=0.95$）

| 银行名称 | 2008年 | 2009年 | 2010年 | 2011年 | 2012年 | 2013年 | 6年平均 | 4年平均 |
|---|---|---|---|---|---|---|---|---|
| 平安银行 | 0.5393% | 0.0891% | 0.0050% | 0.0002% | 0.0000% | 0.1189% | 0.1254% | 0.0310% |
| 宁波银行 | 0.3660% | 0.0405% | 0.0195% | 0.0003% | 0.0006% | 0.0058% | 0.0721% | 0.0065% |
| 浦发银行 | 0.7345% | 0.0692% | 0.0020% | 0.0000% | 0.0000% | 0.0241% | 0.1383% | 0.0065% |
| 华夏银行 | 0.6901% | 0.0515% | 0.0102% | 0.0017% | 0.0001% | 0.0053% | 0.1265% | 0.0043% |
| 民生银行 | 0.2989% | 0.0259% | 0.0001% | 0.0000% | 0.0000% | 0.0299% | 0.0591% | 0.0075% |
| 招商银行 | 0.4862% | 0.0474% | 0.0010% | 0.0000% | 0.0000% | 0.0046% | 0.0899% | 0.0014% |
| 南京银行 | 0.2732% | 0.0465% | 0.0100% | 0.0001% | 0.0000% | 0.0004% | 0.0550% | 0.0026% |
| 北京银行 | 0.3620% | 0.0362% | 0.0078% | 0.0000% | 0.0000% | 0.0025% | 0.0681% | 0.0026% |
| 农业银行 | | | 0.0000% | 0.0000% | 0.0000% | 0.0000% | 0.0000% | 0.0000% |

续上表

| 银行名称 | 2008年 | 2009年 | 2010年 | 2011年 | 2012年 | 2013年 | 6年平均 | 4年平均 |
|---|---|---|---|---|---|---|---|---|
| 兴业银行 | 0.6489% | 0.0841% | 0.0161% | 0.0007% | 0.0000% | 0.0386% | 0.1314% | 0.0139% |
| 交通银行 | 0.2369% | 0.0249% | 0.0005% | 0.0000% | 0.0000% | 0.0001% | 0.0437% | 0.0001% |
| 工商银行 | 0.0705% | 0.0005% | 0.0000% | 0.0000% | 0.0000% | 0.0000% | 0.0118% | 0.0000% |
| 光大银行 | | | 0.0561% | 0.0000% | 0.0000% | 0.0004% | 0.0141% | 0.0141% |
| 建设银行 | 0.1058% | 0.0047% | 0.0000% | 0.0000% | 0.0000% | 0.0000% | 0.0184% | 0.0000% |
| 中国银行 | 0.0390% | 0.0018% | 0.0000% | 0.0000% | 0.0000% | 0.0000% | 0.0068% | 0.0000% |
| 中信银行 | 0.2267% | 0.0254% | 0.0091% | 0.0000% | 0.0000% | 0.0064% | 0.0446% | 0.0039% |
| 行业平均 | 0.3627% | 0.0391% | 0.0086% | 0.0002% | 0.0000% | 0.0148% | 0.0628% | 0.0059% |

此表给出了用 RV（1986）带监管宽容指标模型的实证测算结果。对比前表，可知监管宽容指标对存款保险费率的影响较为显著。以各银行6年平均费率的行业均值来看，带监管宽容指标的模型测算结果为0.0628%，而不带监管宽容指标的模型测算结果为0.0165%，前者是后者的3.8倍。若以各银行4年平均费率的行业均值来看，带监管宽容指标的模型测算结果为0.0059%，而不带监管宽容指标的模型测算结果为0.0012%，前者是后者的4.9倍。可见监管宽容的存在无疑加大了银行破产的概率。这是监管的道德风险。

最后，RV（1986）修正模型考虑了债务结构对各银行存款保险费率的影响。债务结构指标选用各银行存款型负债与总负责之比，用 $m$ 表示，在附表8中已经列出。为了对比债务结构对存款保险费率的影响，先排除红利、监管宽容指标，仅对比加入债务结构指标后的结果。测算结果见表4-11：

表4-11 RV 模型实证结果（考虑各银行的债务结构 $m$，不考虑红利和监管宽容）

| 银行名称 | 2008年 | 2009年 | 2010年 | 2011年 | 2012年 | 2013年 | 6年平均 | 4年平均 |
|---|---|---|---|---|---|---|---|---|
| 平安银行 | 0.0335% | 0.0061% | 0.0004% | 0.0000% | 0.0000% | 0.0133% | 0.0089% | 0.0034% |
| 宁波银行 | 0.0719% | 0.0047% | 0.0022% | 0.0000% | 0.0001% | 0.0006% | 0.0133% | 0.0007% |
| 浦发银行 | 0.0356% | 0.0061% | 0.0002% | 0.0000% | 0.0000% | 0.0025% | 0.0074% | 0.0007% |
| 华夏银行 | 0.0369% | 0.0033% | 0.0006% | 0.0001% | 0.0000% | 0.0005% | 0.0069% | 0.0003% |
| 民生银行 | 0.0316% | 0.0032% | 0.0000% | 0.0000% | 0.0000% | 0.0036% | 0.0064% | 0.0009% |
| 招商银行 | 0.0572% | 0.0043% | 0.0001% | 0.0000% | 0.0000% | 0.0005% | 0.0104% | 0.0001% |
| 南京银行 | 0.0716% | 0.0076% | 0.0016% | 0.0000% | 0.0000% | 0.0000% | 0.0135% | 0.0004% |
| 北京银行 | 0.0696% | 0.0054% | 0.0008% | 0.0000% | 0.0000% | 0.0002% | 0.0127% | 0.0003% |
| 农业银行 | | | 0.0000% | 0.0000% | 0.0000% | 0.0000% | 0.0000% | 0.0000% |
| 兴业银行 | 0.0455% | 0.0069% | 0.0015% | 0.0001% | 0.0000% | 0.0039% | 0.0096% | 0.0013% |
| 交通银行 | 0.0248% | 0.0024% | 0.0000% | 0.0000% | 0.0000% | 0.0000% | 0.0045% | 0.0000% |

续上表

| 银行名称 | 2008 年 | 2009 年 | 2010 年 | 2011 年 | 2012 年 | 2013 年 | 6 年平均 | 4 年平均 |
|---|---|---|---|---|---|---|---|---|
| 工商银行 | 0.0102% | 0.0000% | 0.0000% | 0.0000% | 0.0000% | 0.0000% | 0.0017% | 0.0000% |
| 光大银行 |  |  | 0.0061% | 0.0000% | 0.0000% | 0.0000% | 0.0015% | 0.0015% |
| 建设银行 | 0.0160% | 0.0004% | 0.0000% | 0.0000% | 0.0000% | 0.0000% | 0.0027% | 0.0000% |
| 中国银行 | 0.0054% | 0.0002% | 0.0000% | 0.0000% | 0.0000% | 0.0000% | 0.0009% | 0.0000% |
| 中信银行 | 0.0454% | 0.0029% | 0.0009% | 0.0000% | 0.0000% | 0.0007% | 0.0083% | 0.0004% |
| 行业平均 | 0.0397% | 0.0038% | 0.0009% | 0.0000% | 0.0000% | 0.0016% | 0.0068% | 0.0006% |

仅考虑债务结构指标后的各银行实证结果明显小于表 4–9 中的值，例如，所有银行 6 年的平均费率在没有考虑债务结构时是 0.0165%，而考虑了债务结构后是 0.0068%。这是因为考虑了债务结构后的存款保险费率的基数是各银行的总负债。

再把离散红利和监管宽容指标加入模型，得到完整的 RV 模型测算结果如表 4–12 所示：

表 4–12　RV 模型实证结果（考虑各银行的债务结构 m，考虑离散红利和监管宽容）

| 银行名称 | 2008 年 | 2009 年 | 2010 年 | 2011 年 | 2012 年 | 2013 年 | 6 年平均 | 4 年平均 |
|---|---|---|---|---|---|---|---|---|
| 平安银行 | 0.2197% | 0.0617% | 0.0050% | 0.0002% | 0.0000% | 0.0802% | 0.0612% | 0.0214% |
| 宁波银行 | 0.2515% | 0.0344% | 0.0179% | 0.0003% | 0.0007% | 0.0061% | 0.0518% | 0.0063% |
| 浦发银行 | 0.2338% | 0.0548% | 0.0021% | 0.0000% | 0.0000% | 0.0215% | 0.0520% | 0.0059% |
| 华夏银行 | 0.2189% | 0.0367% | 0.0094% | 0.0018% | 0.0001% | 0.0054% | 0.0454% | 0.0042% |
| 民生银行 | 0.1731% | 0.0243% | 0.0001% | 0.0000% | 0.0000% | 0.0266% | 0.0373% | 0.0067% |
| 招商银行 | 0.2744% | 0.0394% | 0.0010% | 0.0000% | 0.0000% | 0.0048% | 0.0533% | 0.0015% |
| 南京银行 | 0.2101% | 0.0417% | 0.0105% | 0.0001% | 0.0000% | 0.0005% | 0.0438% | 0.0028% |
| 北京银行 | 0.2518% | 0.0345% | 0.0078% | 0.0000% | 0.0000% | 0.0027% | 0.0495% | 0.0026% |
| 农业银行 |  |  | 0.0000% | 0.0000% | 0.0000% | 0.0000% | 0.0000% | 0.0000% |
| 兴业银行 | 0.2264% | 0.0573% | 0.0147% | 0.0009% | 0.0000% | 0.0311% | 0.0550% | 0.0117% |
| 交通银行 | 0.1382% | 0.0221% | 0.0005% | 0.0000% | 0.0000% | 0.0001% | 0.0268% | 0.0002% |
| 工商银行 | 0.0636% | 0.0005% | 0.0001% | 0.0000% | 0.0000% | 0.0000% | 0.0107% | 0.0000% |
| 光大银行 |  |  | 0.0448% | 0.0000% | 0.0000% | 0.0004% | 0.0113% | 0.0113% |
| 建设银行 | 0.0921% | 0.0047% | 0.0000% | 0.0000% | 0.0000% | 0.0000% | 0.0161% | 0.0000% |
| 中国银行 | 0.0353% | 0.0019% | 0.0000% | 0.0000% | 0.0000% | 0.0000% | 0.0062% | 0.0000% |
| 中信银行 | 0.1810% | 0.0235% | 0.0090% | 0.0000% | 0.0000% | 0.0066% | 0.0367% | 0.0039% |
| 行业平均 | 0.1836% | 0.0313% | 0.0077% | 0.0002% | 0.0001% | 0.0116% | 0.0348% | 0.0049% |

同样的，此表与表 4–11 相比，存款费率水平下降了，所有上市银行的 6 年平均存款费率从 0.0628% 下降到 0.0348%。

综合来看，上表考虑了离散红利、监管宽容、债务结构等指标，测算的结果显示我国上市银行的存款保险费率从万分之 0 到万分之六不等，最小的是农业银行，费率可以忽略不计，最大的是平安银行，万分之六，平均万分之三多，这个结果比较符合世界存款保险费率的平均水平。

### 4.1.4 总结

综合以上三大模型的实证结果，我们取各家银行 2008—2013 年的 6 年费率平均值进行对比，分析适合我国上市银行存款保险费定价的模型和费率体系。

表 4–13 Merton 模型、MS 修正模型、RV 模型实证结果对比

| 银行名称 | Merton B-S 模型 | MS 修正（连续红利） | RV 修正（离散红利） | RV 修正①（监管宽容） | RV 修正②（债务结构） |
|---|---|---|---|---|---|
| 平安银行 | 62.8448‰ | 0.2633‰ | 0.2643‰ | 1.2543‰ | 0.6115‰ |
| 宁波银行 | 35.1451‰ | 0.2244‰ | 0.2314‰ | 0.7208‰ | 0.5182‰ |
| 浦发银行 | 57.5581‰ | 0.3138‰ | 0.3203‰ | 1.3830‰ | 0.5203‰ |
| 华夏银行 | 50.1199‰ | 0.3279‰ | 0.3325‰ | 1.2649‰ | 0.4538‰ |
| 民生银行 | 45.9973‰ | 0.1328‰ | 0.1350‰ | 0.5913‰ | 0.3735‰ |
| 招商银行 | 57.8419‰ | 0.2233‰ | 0.2264‰ | 0.8986‰ | 0.5328‰ |
| 南京银行 | 29.0691‰ | 0.2040‰ | 0.2076‰ | 0.5502‰ | 0.4382‰ |
| 北京银行 | 49.9614‰ | 0.2085‰ | 0.2125‰ | 0.6809‰ | 0.4948‰ |
| 农业银行 | 15.5099‰ | 0.0000‰ | 0.0000‰ | 0.0000‰ | 0.0000‰ |
| 兴业银行 | 37.7534‰ | 0.3829‰ | 0.3921‰ | 1.3142‰ | 0.5505‰ |
| 交通银行 | 30.2922‰ | 0.0986‰ | 0.1025‰ | 0.4373‰ | 0.2683‰ |
| 工商银行 | 33.9341‰ | 0.0195‰ | 0.0208‰ | 0.1184‰ | 0.1069‰ |
| 光大银行 | 17.5427‰ | 0.0245‰ | 0.0251‰ | 0.1412‰ | 0.1131‰ |
| 建设银行 | 40.9642‰ | 0.0325‰ | 0.0348‰ | 0.1842‰ | 0.1614‰ |
| 中国银行 | 18.1558‰ | 0.0119‰ | 0.0123‰ | 0.0681‰ | 0.0621‰ |
| 中信银行 | 53.7915‰ | 0.1152‰ | 0.1270‰ | 0.4462‰ | 0.3668‰ |

注：农业银行和光大银行的取 4 年平均费率。

#### 1. 适合模型的选择

从表 4–13 的数据对比，可以得出如下结论：

（1）Merton（1977）的实证结果显著高于其他模型。这是因为此模型中的变量现实中不可观察，仅用表面财务数据得出的结果明显不可靠。但是 Merton（1977）模型价值巨

---

① 考虑了监管宽容，监管宽容系数统一取 $\rho=0.95$。
② 考虑了债务结构的影响，综合 RV 模型三个修正，同时加入离散红利、监管宽容、和债务结构指标。

大,因为他开创性地运用期权定价 B-S 模型来定价存款保险费率,为此后的模型奠定了基础。

(2) MS (1984) 模型的价值在于修正了 Merton (1977) 中的不可观察变量为可观察变量,加入了红利指标,并运用数值法给出了存款保险费率的定价方法,所得结果较为客观。

(3) RV (1986) 模型修正了三个方面:连续红利变为离散红利,加入监管宽容和债务结构指标,使得修正后模型更为切合实际。从表 4 – 11 中第三列和第四列 MS 和 RV 模型实证结果的对比可以看出,离散红利和连续红利的结果相差不大,但离散红利更为简便和易得。从第五列数据可以看出,监管宽容的存在加大了存款保险的风险,各银行的费率水平显著提高。从第六列数据可以看出,考虑债务结构以后,存款保险费率水平显著降低。

最后,根据世界各国存款保险费率的实际水平,平均在万分之三左右,对于中国上市银行,选择 RV 三个修正后的模型,考虑离散红利和债务结构影响,监管宽容指标取 0.95 较为合理。

**2. 费率体系建议**

在中国建立存款保险制度的初期,不适宜采用较为繁杂的费率体系,这会增加存款保险管理机构的操作难度,并且中国缺乏有效数据来评估银行风险,本文所做的也是用现有 16 家上市银行 6 年数据做一个简单分析,数据有限。但是随着未来存款保险制度的成熟,金融行业的进一步市场化,反映风险水平的差别费率制将是最终选择。本文建议采取差别费率制,可将银行分为几个组别,每个组采用统一费率,这样操作上既不复杂,又能反映一定的风险水平,更加公平,更能够激励商业银行审慎经营。

表 4 – 14  16 家 A 股上市银行差别费率体系设计

| 费率级别 | 费率区间 | 上市银行个数 | 测算平均费率 | 建议统一费率 | 具体银行名称 | | | |
|---|---|---|---|---|---|---|---|---|
| 一级 | 0.00%～0.02% | 4 | 0.0083% | 0.01% | 工商银行 | 建设银行 | 农业银行 | 中国银行 |
| 二级 | 0.02%～0.04% | 3 | 0.0336% | 0.03% | 交通银行 | 中信银行 | 民生银行 | |
| 三级 | 0.04%～0.06% | 8 | 0.0501% | 0.05% | 华夏银行 | 浦发银行 | 招商银行 | 兴业银行 |
|  |  |  |  |  | 光大银行 | 宁波银行 | 北京银行 | 南京银行 |
| 四级 | 0.06%～0.08% | 1 | 0.0612% | 0.07% | 平安银行 | | | |

在本文进行完非上市银行的费率测算后,将上市银行与非上市银行合并,一起重新调整差别费率体系,提出更加详细的五级差别费率体系。

## 4.2 存款保险费率风险因素回归分析

体现风险差别的存款保险费率能够促使银行控制风险,有效降低道德风险。那么,如何衡量银行的风险,影响银行风险的因素有哪些呢?本部分的主要内容是根据上一部分模型测算出的 16 家上市银行的存款保险费率，做风险因素回归分析。回归分析的目的主要有两个：一是可以更加细致的研究影响存款保险费率的相关因素，这不仅可以在制定存款保险费率时，根据这些风险因素的变化而调整费率水平，也可以通过关注这些风险因素的变化而及时发现银行的潜在风险，做好事前防范；二是基于风险因素的存款保险费率回归模型，可以帮助我们得到非上市银行的存款保险费率，因为非上市银行缺乏市场数据，只有财务指标数据，根据存款保险费率的风险因素回归模型，代入这些指标，就可以得到非上市银行的存款保险费率，这是 Falkenheim，Pennacchi（2003）提出的"市场对照法"的基本思想。

### 4.2.1 风险指标选择

一般来说，影响一家银行经营风险的因素包括几个方面：一是所在国的经济金融环境因素，二是银行自己的风险特征。

**1. 宏观经济金融指标**

金融市场被称为经济的晴雨表，商业银行作为金融市场的主体，其收益及风险很大程度上依赖于一国的宏观经济金融环境，这是系统性风险。本文在测算 16 家 A 股上市银行的存款保险费率时，所采用的股票价格波动率指标虽然有各银行个体因素的影响，但是整体宏观经济环境的影响也不容忽视，比如 2008 年和 2009 年，由于中国 A 股市场整体波动率较高，所以这两年的费率要明显高于其他年度。所以本文选择风险指标时，选取几个常用的度量宏观经济金融环境的指标，来体现整体系统性风险的影响。

（1）国内生产总值 GDP 增长率。GDP 增长率反映了一国整体的经济发展程度。一国经济高速增长，投资需求旺盛，国民收入提高，存款供给也增加。同时经济增长期，企业发展良好，贷款质量也高。所以，GDP 增长率对商业银行的收益和风险都有重要影响。

（2）CPI 增长率。CPI 增长率是度量一国通货膨胀的重要指标。近几年来，稳定物价是中国人民银行货币政策的首要目标。CPI 增长率的变化直接会影响整体金融环境是宽松还是紧缩。所以在我国，CPI 增长对商业银行的经营影响较大。

（3）金融相关率。金融相关率（Financial Interrelations Ratio，FIR）指某一日期一国全部金融资产价值与该国经济活动总量的比值，反映经济货币化的程度，FIR 的计算公式一般表示为金融资产/GDP。在实证研究中，常用广义货币 M2/GDP 来计算。

（4）上证 A 股指数年化收益率。

（5）上证 A 股指数年化波动率。证券市场股票指数是度量一国金融市场的重要指标。中国国内证券市场股票指数繁多，本文选用上证 A 股指数有两个考虑：一是上证 A 股包含了众多权重股，比较能体现中国各行业整体发展状态；二是我国 16 家上市银行除了平安银行和宁波银行，其他均在上海证券交易所上市，所以 A 股指数能够反映 16 家银行整体的波动率。

在 16 家上市银行存款保险费率测算中，银行权益资产的波动率是模型中的重要因子，实证测算中，本文采用的各家银行股票价格日收益率的平均年化波动率，所以，这里也对应采用上证 A 股指数日数据的平均年化收益率及波动率。

**2. 银行财务分析指标**

从商业银行经营活动的特性出发,影响商业银行风险的因素有很多,这些因素有些是主观的,如银行高管的性格、银行的企业文化、银行股东的背景等;也有很多客观因素,如注册地、建立期限、资产规模等。研究中一般主要采用的风险指标是银行的各种财务指标。财务指标具有可观性、数据可得性、指标标准性等优势。本文选择的财务指标有:

(1) 资本充足率。与非金融机构相比,商业银行具有较高的金融杠杆,资本占比往往较小,但是银行的资本是其最终弥补经营损失、抵御市场风险、维持市场信心的最后砝码,银行资本比率越高,对银行存款人和债权人的保护力度越大,破产的可能性就越小。本文选用银行的资本充足率指标。

(2) 资产规模增长率。一般来说,商业银行资产规模越大,风险承担能力越强。资产规模较大的银行,其规模经济效应和范围经济效应较为明显,并且有利于风险分散。当然,规模的过度扩张也会伴随着资产质量的下降。本文选用商业银行总资产规模增长率指标来度量资产规模因素对银行风险的影响。

(3) 不良贷款率。银行资产规模大,未必盈利一定高,真正决定商业银行经营效益的是其资产质量,本文选取银行不良贷款率①指标来度量银行的资产质量。

(4) 流动性比率。流动性比率是常用的财务指标,用于测量企业偿还短期债务的能力。其计算公式为:流动性比率 = 流动资产/流动负债。一般说来,流动性比率越高,企业偿还短期债务的能力越强。

(5) 存贷比。存贷比,即银行资产负债表中的贷款资产占存款负债的比例。通常情况下,存贷比为50%,既至少有50%的存款转化为贷款,这是商业银行的盈亏平衡点,低于50%,就有可能发生亏损。在其他因素不变的情况下,存贷比越高表明银行资产使用效率和盈利能力越强,更高的利润率来自于增加贷款利息收入或减少存款利息支出。

(6) 贷款总额/资产总额。

(7) 存款总额/负债总额。贷款总额/资产总额和存款总额/负债总额是两个反映银行资产负债结构的指标,也能体现银行的资产运作效率和资金来源风险。

综上所述,本文选取了 GDP 增长率、CPI 增长率、金融相关率、上证 A 股指数日数据的平均年化收益率及波动率,5 个反映一国经济金融环境的指标;选取了资本充足率、资产规模增长率、不良贷款率、流动性比率、存贷比、贷款/资产、存款/资产,7 个反映银行风险特征的因素。

**4.2.2 数据来源**

宏观经济金融指标所需数据来源于 wind 资讯中国宏观经济数据库,具体见表 4 – 15。

---

① 不良贷款率指金融机构不良贷款额占总贷款余额的比重。不良贷款是指在评估银行贷款质量时,把贷款按风险基础分为正常、关注、次级、可疑和损失五类,其中后三类合称为不良贷款。

表 4-15  中国宏观经济金融指标

| 年度 | GDP 增长率 | CPI 增长率 | 金融相关比 | 上证 A 股指数年化收益率 | 上证 A 股指数年化波动率 |
| --- | --- | --- | --- | --- | --- |
| 2008 | 9.63% | 5.90% | 151.42% | -35.30% | 43.34% |
| 2009 | 9.21% | -0.70% | 175.22% | 59.23% | 24.72% |
| 2010 | 10.45% | 3.30% | 179.50% | -35.51% | 23.64% |
| 2011 | 9.30% | 5.40% | 176.68% | -40.49% | 19.24% |
| 2012 | 7.65% | 2.60% | 182.46% | 58.46% | 17.99% |
| 2013 | 7.67% | 2.60% | 188.50% | -21.11% | 15.53% |

注：金融相关比 = 广义货币 M2/国内生产总值 GDP；
　　上证 A 股指数年化收益率指标是上证 A 股指数的日收益率取年化均值而得；
　　上证 A 股指数年化波动率指标是上证 A 股指数的日波动率取年化均值而得；
数据来源：wind 资讯中国宏观经济数据库。

描述银行个体风险的财务指标取各家银行年报数据计算而得，见附表 9。

### 4.2.3　回归模型

我们用 RV 修正模型测算出的 16 家 A 股上市银行的每年存款保险费率 $g$ 做因变量，上述 12 个指标作解释变量，建立多元回归方程：

$$g = C + a_1 \cdot CAR + a_2 \cdot TAGR + a_3 \cdot NPLR + a_4 \cdot LDR + a_5 \cdot LR + a_6 \cdot LAR + a_7 \cdot DDR + a_8 \cdot GRGDP + a_1 \cdot GRCPI + a_1 \cdot FIR + a_1 \cdot SAY + a_1 \cdot SAV + \varepsilon \quad (4-1)$$

其中：$\varepsilon$ 是误差项，模型中其他各指标含义见下表：

表 4-16  回归指标名称对照

| 指标名称 | 指标含义 |
| --- | --- |
| g | 存款保险费率 |
| CAR | 资本充足率（Capital adequacy ratio） |
| TAGR | 资产规模增长率（Total Assets Growth Rate） |
| NPLR | 不良贷款率（Non-Performing Loan ratio） |
| LDR | 存贷比（Loan-to-deposit Ratio） |
| LR | 流动性比率（Liquidity ratio） |
| LAR | 贷款总额/资产总额（Loan-to-Assets ratio） |
| DDR | 存款总额/负债总额（Deposit-to-Debt ratio） |
| GRGDP | GDP 增长率（Growth rate of GDP） |
| GRCPI | CPI 增长率（Growth rate of CPI） |
| FIR | 金融相关率（Financial Interrelations Ratio） |
| SAY | 上证 A 股指数年化收益率 |
| SAV | 上证 A 股指数年化波动率 |

### 4.2.4 回归结果及分析

**1. 相关性**

首先,对存款保险费率 $g$ 和 12 个指标的用 eviews 软件做相关性分析。存款保险费率 $g$ 取前文 RV(1986)修正模型的测算结果,见表 4-12;12 个指标数据见表 4-13 和附表 9。

根据相关性分析结果(详见表 4-17)发现,某些指标之间相关性较大,12 个指标的多元回归结果也不理想,某些指标系数不显著,显然这 12 个指标存在多重共线性问题。

为此,对这 12 个指标采用逐个塞选的方式,最终确定了 5 个指标:资本充足率 CAR、不良贷款率 NPLR、存贷比 LDR、GDP 增长率 GRGDP、金融相关比 FIR。

**2. 显著性**

用筛选出的 5 个指标来对存款保险费率 $g$ 进行回归,得到如下结果(表 4-18):

表 4-18 回归结果

| 变量名称 | Variable | Coefficient | Std. Error | t-Statistic | Prob. |
|---|---|---|---|---|---|
| 资本充足率 | CAR | 0.010707 | 0.002309 | 4.636728 | 0.0000 |
| 不良贷款率 | NPLR | 0.028739 | 0.012488 | 2.301327 | 0.0038 |
| 存贷比 | LDR | 0.005472 | 0.000789 | 6.937174 | 0.0000 |
| GDP 增长率 | GRGDP | 0.007109 | 0.004351 | 1.633831 | 0.0159 |
| 金融相关比 | FIR | -0.003194 | 0.000317 | -10.07128 | 0.0000 |
| R-squared | | 0.722372 | Mean dependent var | | 0.000361 |
| Adjusted R-squared | | 0.703171 | S. D. dependent var | | 0.000707 |
| S. E. of regression | | 0.000467 | Akaike info criterion | | -12.44761 |
| Sum squared resid | | 1.90E-05 | Schwarz criterion | | -12.31056 |
| Log likelihood | | 577.5901 | Hannan-Quinn criter. | | -12.39229 |
| Durbin-Watson stat | | 1.610611 | | | |

根据回归结果,所有指标的 $p$ 值都小于 0.05,回归系数显著。整体方程的拟合优度和调整拟合优度分别为 0.722372 和 0.703171,回归方程拟合效果较好,主要是本文采用的指标较少的缘故。回归标准误差和残差平方和都接近于 0,对数似然函数较大。

表 4-17　回归指标相关系数

| | 存款保险费率 g | 资本充足率 CAR | 资产规模增长率 TAGR | 不良贷款率 NPLR | 存贷比 LDR | 流动性比率 LR | 贷款/总资产 LAR | 存款/总负债 DDR | GDP增长率 GRGDP | CPI增长率 GRCPI | 金融相关比 FIR | 上证A股指数年化收益率 SAY | 上证A股指数年化波动率 SAV |
|---|---|---|---|---|---|---|---|---|---|---|---|---|---|
| g | 1.0000 | | | | | | | | | | | | |
| CAR | 0.1518 | 1.0000 | | | | | | | | | | | |
| TAGR | 0.0894 | (0.0662) | 1.0000 | | | | | | | | | | |
| NPLR | 0.3086 | 0.2219 | (0.2210) | 1.0000 | | | | | | | | | |
| LDR | 0.0595 | (0.4905) | 0.0766 | (0.4496) | 1.0000 | | | | | | | | |
| LR | 0.2938 | 0.2491 | 0.1109 | 0.1169 | 0.0177 | 1.0000 | | | | | | | |
| LAR | 0.1029 | (0.4000) | (0.2206) | 0.0102 | 0.6089 | 0.1378 | 1.0000 | | | | | | |
| DDR | 0.0590 | (0.0083) | (0.3478) | 0.4215 | (0.1528) | 0.1822 | 0.6474 | 1.0000 | | | | | |
| GRGDP | 0.2621 | (0.0506) | 0.2691 | 0.1842 | (0.0658) | 0.0647 | 0.2384 | 0.3064 | 1.0000 | | | | |
| GRCPI | 0.3772 | 0.2323 | (0.1702) | 0.1207 | (0.0792) | 0.2379 | (0.1285) | (0.0276) | 0.2554 | 1.0000 | | | |
| FIR | (0.8359) | (0.1406) | (0.1268) | (0.5207) | 0.0498 | (0.2510) | (0.1557) | (0.2251) | (0.4995) | (0.4752) | 1.0000 | | |
| AY | (0.2240) | (0.0917) | 0.1463 | (0.0786) | 0.0741 | (0.1334) | 0.0429 | (0.0413) | (0.4778) | (0.7642) | 0.2411 | 1.0000 | |
| AV | 0.8592 | 0.1263 | 0.1301 | 0.5576 | (0.0565) | 0.2438 | 0.1712 | 0.2424 | 0.5301 | 0.3854 | (0.9716) | (0.2392) | 1.0000 |

备注：(＊＊) 表示相关系数为负。

### 3. 残差检验

由模型的残差直方图可以看出残差基本服从正太分布，JB 统计量不显著。

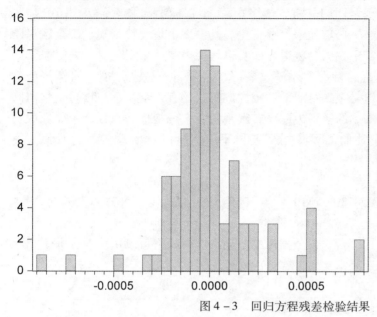

图 4-3 回归方程残差检验结果

### 4. 回归方程及说明

最终的回归方程为：

$$g = 0.010707 \cdot CAR + 0.028739 \cdot NPLR + 0.005472 \cdot LDR + 0.007109 \cdot GRGDP - 0.003194 \cdot FIR \qquad (4-2)$$

(1) 资本充足率 CAR 的系数为正，不合乎常理，一般来讲，银行的资本充足率越高，银行偿付能力越高，资产越安全，存款保险费率理应越小。但是，回归的结果却是相反的结论。究其原因，主要是 2008 年的异常。这 16 家上市银行，有 7 家是 2007 年在 A 股上市，上市时所募集资本有效地充实了各自的资本，所以接下来的 2008 年资本充足率较往年高。如，南京银行 2008 年资本充足率为 24.12%，而到了 2009 年就降为 13.90% 了，之后基本在 14% 左右；北京银行 2008 年资本充足率为 19.66%，2009 年为 14.35%，之后基本在 12% 左右。

(2) 不良贷款率 NPLR 的系数符号为正。不良贷款率越高，说明银行经营管理不善，贷款风险较高，存款费率理应越高。

(3) 存贷比 LDR 的系数为正。存贷比是银行贷款与存款之比，存贷比越高，说明银行预期收益越高，存款被有效转化为贷款，但是风险与收益成正比，存贷比高也恰恰说明风险资产高。

(4) GDP 增长率 GRGDP 系数为正。一般情况下，GDP 增长率越高，经济状况越好，金融市场越繁荣，银行贷款规模增加快速，收益与风险同步增加。

(5) 金融相关比 FIR 系数为负。金融相关比是由广义货币总量比国内生产总值，所以金融相关比也反映了货币数量的多少，金融相关比越高，流动性过剩，

### 4.2.5 总结

通过存款保险费率的风险因素回归分析，最终在 12 个指标中选取了 5 个：GDP 增长率、金融相关比、资本充足率、不良贷款率、存贷比。其中 2 个是反映宏观经济金融风险的指标，影响力度比较大，现实中我国金融行业确实也呈现出"一荣俱荣，一损俱损"同步发展现象。这是金融行业固有的特点，经济发展好，金融行业快速发展，而经济波动期，金融行业表现更加明显，这是金融行业的系统性危机。还有 3 个是反映银行个性风险的财务指标，他们对存款保险费率的解释力度没有宏观经济金融指标那么强，主要原因是我国金融行业监管较为规范，他们的风险指标差异不大，所以对风险波动的解释力度不强。

最终得出的回归方程为：

$$g = 0.010707 \cdot CAR + 0.028739 \cdot NPLR + 0.005472 \cdot LDR + 0.007109 \cdot GRGDP - 0.003194 \cdot FIR$$

这个回归方程建立了存款保险费与 5 个指标的模型。这个模型可以用作我国非上市银行存款保险费率的模拟计算。这是本文下一部分的内容。

## 4.3 非上市银行存款保险费率测算

对于非上市银行，由于缺乏市场数据，不能采用本文第三部分的模型进行保费的测算。本文采取的方法是用上文根据上市数据得到的指标回归方程来模拟。上文的回归方程是存款保险费率关于经济指标和各银行财务指标的回归。把非上市银行的财务指标数据和经济指标数据带入，可以测算非上市银行的存款保险费率。

### 4.3.1 数据来源

我国存款类金融机构比较复杂，除了 16 家 A 股上市银行外，还有 4 家全国性质的股份制商业银行（广发银行、浙商银行、渤海银行、恒丰银行）、145 家城市商业银行、468 家农村商业银行、122 家农村合作银行、1803 家农村信用社、987 家村镇银行、14 家贷款公司、49 家农村资金互助社、42 家外资法人金融机构[①]。这些存款类金融机构规模相差很大，数据收集难度较大，本文收集了 wind 资讯中行业数据库和机构研究库中所有有数据的银行来做研究，以期能够在现有数据条件下，最大程度地观察和研究我国存款类金融机构的存款保险费率。本文研究的非上市存款类金融机构共有 124 家，包含 4 家全国性质的股份制商业银行、68 家代表性的城市商业银行和 52 家农村商业银行。这 124 家存款类金融机构的具体财务指标数据见附表 10 和附表 11。宏观经济指标数据来源于表 4-13。数据时间从 2008 年到 2013 年共 6 年，与上市银行数据对应。

---

① 数据来源：中国银行业监督管理委员网站。数据截至 2013 年年底。

### 4.3.2 模型

模型采用上文的简单多元回归模型：

$g = 0.010707 \cdot CAR + 0.028739 \cdot NPLR + 0.005472 \cdot LDR + 0.007109 \cdot GRGDP - 0.003194 \cdot FIR$

### 4.3.3 结果及分析

将宏观经济指标数据和各银行财务指标数据带入上式可得各年度银行存款费率。

**1. 非上市股份制商业银行存款保险费率测算**

表4-19  4家非上市股份制商业银行存款保险费率测算结果

| 银行名称 | 2008年 | 2009年 | 2010年 | 2011年 | 2012年 | 2013年 | 平均费率 |
|---|---|---|---|---|---|---|---|
| 渤海银行 | 0.1246% | 0.0000% | 0.0000% | 0.0025% | 0.0000% | 0.0000% | 0.0212% |
| 恒丰银行 | 0.1042% | 0.0151% | 0.0018% | 0.0315% | 0.0000% | 0.0000% | 0.0254% |
| 浙商银行 | 0.0966% | 0.0268% | 0.0662% | 0.0377% | 0.0000% | 0.0000% | 0.0379% |
| 广发银行 | 0.2127% | 0.0541% | 0.0706% | 0.0572% | 0.0284% | 0.0000% | 0.0705% |
| 平均费率 | 0.1345% | 0.0240% | 0.0346% | 0.0322% | 0.0071% | 0.0000% | 0.0388% |

这4家非上市股份制商业银行的6年平均费率从万分之二到万分之七不等，平均费率0.0388%，比16家A股上市银行的平均费率略高，也算是中国比较优质的商业银行。

**2. 城市商业银行存款保险费率测算**

表4-20  68家城市商业银行存款保险费率测算结果

| 银行名称 | 2008年 | 2009年 | 2010年 | 2011年 | 2012年 | 2013年 | 年度平均费率 |
|---|---|---|---|---|---|---|---|
| 包商银行 | 0.0000% | 0.0000% | 0.0000% | 0.0000% | 0.0000% | 0.0000% | 0.0000% |
| 鄂尔多斯市商业银行 | 0.0000% | 0.0000% | 0.0000% | 0.0000% | 0.0000% | 0.0000% | 0.0000% |
| 华融湘江银行 |  |  |  |  | 0.0000% |  | 0.0000% |
| 邯郸银行 |  | 0.0007% | 0.0000% | 0.0000% |  |  | 0.0002% |
| 昆仑银行 | 0.0000% | 0.0277% | 0.0000% | 0.0000% | 0.0000% | 0.0000% | 0.0046% |
| 长沙银行 | 0.0343% | 0.0000% | 0.0000% | 0.0000% | 0.0000% | 0.0000% | 0.0057% |
| 天津银行 | 0.0487% | 0.0000% | 0.0000% | 0.0000% | 0.0000% | 0.0000% | 0.0081% |
| 攀枝花市商业银行 | 0.0561% |  |  |  |  |  | 0.0140% |
| 赣州银行 | 0.0799% | 0.0000% | 0.0000% |  |  |  | 0.0160% |
| 河北银行 | 0.0967% |  |  |  |  |  | 0.0161% |
| 东莞银行 | 0.1024% |  |  |  |  |  | 0.0171% |
| 盛京银行 | 0.0990% | 0.0045% | 0.0000% | 0.0000% | 0.0000% | 0.0000% | 0.0172% |

续上表

| 银行名称 | 2008年 | 2009年 | 2010年 | 2011年 | 2012年 | 2013年 | 年度平均费率 |
|---|---|---|---|---|---|---|---|
| 柳州银行 | 0.0700% | 0.0000% | 0.0000% | 0.0000% | | | 0.0175% |
| 南充市商业银行 | 0.0909% | | 0.0000% | 0.0000% | 0.0000% | 0.0000% | 0.0182% |
| 大连银行 | 0.1106% | 0.0000% | 0.0000% | 0.0000% | 0.0000% | 0.0000% | 0.0184% |
| 汉口银行 | 0.1144% | 0.0000% | 0.0000% | 0.0000% | 0.0000% | 0.0000% | 0.0191% |
| 浙江泰隆商业银行 | 0.0734% | 0.0274% | 0.0000% | 0.0376% | 0.0095% | 0.0000% | 0.0247% |
| 德阳银行 | 0.1054% | 0.0184% | 0.0000% | 0.0000% | 0.0000% | | 0.0247% |
| 威海市商业银行 | 0.1377% | 0.0180% | 0.0000% | 0.0000% | 0.0000% | 0.0000% | 0.0259% |
| 承德银行 | 0.1493% | 0.0083% | 0.0000% | 0.0000% | 0.0000% | 0.0000% | 0.0263% |
| 内蒙古银行 | 0.0915% | 0.0936% | 0.0000% | 0.0000% | 0.0000% | 0.0000% | 0.0309% |
| 兰州银行 | 0.1121% | 0.0384% | 0.0000% | 0.0413% | 0.0000% | 0.0000% | 0.0320% |
| 厦门银行 | 0.1646% | | 0.0000% | 0.0000% | 0.0000% | 0.0000% | 0.0329% |
| 杭州银行 | 0.1111% | 0.0417% | 0.0279% | 0.0308% | 0.0000% | 0.0000% | 0.0352% |
| 枣庄市商业银行 | 0.0670% | 0.0000% | 0.0316% | 0.0778% | 0.0402% | 0.0000% | 0.0361% |
| 江苏银行 | 0.1162% | 0.0427% | 0.0225% | 0.0331% | 0.0000% | 0.0059% | 0.0367% |
| 重庆银行 | 0.0954% | 0.0568% | 0.0366% | 0.0324% | 0.0000% | 0.0000% | 0.0369% |
| 南昌银行 | 0.1764% | 0.0513% | 0.0000% | 0.0000% | 0.0000% | 0.0000% | 0.0380% |
| 开封市商业银行 | 0.0705% | 0.0000% | 0.0148% | 0.1052% | 0.0000% | | 0.0381% |
| 潍坊银行 | 0.1268% | 0.0316% | 0.0085% | 0.0477% | 0.0235% | 0.0000% | 0.0397% |
| 九江银行 | 0.2455% | 0.0000% | 0.0000% | 0.0000% | 0.0000% | 0.0000% | 0.0409% |
| 郑州银行 | 0.0901% | 0.0176% | 0.0000% | 0.0825% | 0.0162% | | 0.0413% |
| 上饶银行 | 0.2035% | 0.0466% | 0.0000% | 0.0000% | 0.0000% | 0.0000% | 0.0417% |
| 广州银行 | 0.2628% | 0.0000% | 0.0000% | 0.0000% | 0.0000% | 0.0000% | 0.0438% |
| 泉州银行 | 0.1424% | 0.0557% | 0.0485% | 0.0219% | 0.0000% | 0.0000% | 0.0448% |
| 福建海峡银行 | 0.1291% | 0.0815% | 0.0341% | 0.0056% | 0.0198% | 0.0000% | 0.0450% |
| 东营市商业银行 | 0.1290% | 0.0488% | 0.0318% | 0.0607% | 0.0110% | 0.0000% | 0.0469% |
| 锦州银行 | 0.1541% | 0.0810% | 0.0000% | 0.0220% | 0.0307% | 0.0000% | 0.0480% |
| 长安银行 | | 0.1646% | 0.0593% | 0.0236% | 0.0000% | 0.0000% | 0.0495% |
| 鞍山银行 | 0.1223% | 0.0530% | 0.0707% | 0.0610% | 0.0040% | 0.0000% | 0.0518% |
| 成都银行 | 0.2577% | 0.0499% | 0.0000% | 0.0096% | 0.0000% | 0.0000% | 0.0529% |
| 上海银行 | 0.1352% | 0.0633% | 0.0465% | 0.0446% | 0.0289% | 0.0000% | 0.0531% |
| 辽阳银行 | 0.1787% | 0.1070% | 0.0288% | 0.0053% | 0.0000% | 0.0000% | 0.0533% |
| 日照银行 | 0.2091% | 0.0756% | 0.0000% | 0.0329% | 0.0124% | 0.0000% | 0.0550% |

续上表

| 银行名称 | 2008年 | 2009年 | 2010年 | 2011年 | 2012年 | 2013年 | 年度平均费率 |
|---|---|---|---|---|---|---|---|
| 青岛银行 | 0.2139% | 0.0787% | 0.0000% | 0.0000% | 0.0000% | | 0.0585% |
| 徽商银行 | 0.1851% | 0.0491% | 0.0487% | 0.0384% | 0.0074% | 0.0226% | 0.0586% |
| 浙江稠州商业银行 | 0.1243% | 0.0596% | 0.0693% | 0.0433% | 0.0369% | 0.0206% | 0.0590% |
| 吉林银行 | 0.1982% | 0.0717% | 0.0285% | 0.0362% | 0.0198% | 0.0000% | 0.0591% |
| 莱商银行 | 0.1037% | 0.0105% | 0.0007% | 0.1418% | 0.0684% | 0.0312% | 0.0594% |
| 嘉兴银行 | 0.1593% | 0.0537% | 0.0190% | 0.0499% | 0.0571% | 0.0194% | 0.0597% |
| 宁夏银行 | 0.1802% | 0.0896% | 0.0641% | 0.0364% | 0.0071% | 0.0005% | 0.0630% |
| 重庆三峡银行 | 0.3846% | 0.0000% | 0.0000% | 0.0000% | 0.0000% | 0.0000% | 0.0641% |
| 临商银行 | 0.2196% | | 0.0462% | 0.0332% | 0.0293% | 0.0000% | 0.0657% |
| 焦作市商业银行 | 0.1846% | 0.0964% | 0.0728% | 0.0405% | 0.0349% | | 0.0715% |
| 贵阳银行 | 0.2974% | | 0.0000% | 0.0000% | 0.0000% | | 0.0743% |
| 绍兴银行 | 0.1837% | 0.0827% | 0.0835% | 0.0530% | 0.0283% | 0.0213% | 0.0754% |
| 许昌银行 | 0.1369% | 0.0607% | 0.0421% | 0.0869% | 0.0563% | | 0.0766% |
| 哈尔滨银行 | 0.1367% | 0.0000% | 0.0000% | 0.0000% | 0.3530% | 0.0000% | 0.0816% |
| 齐商银行 | 0.2057% | 0.1059% | 0.0695% | 0.0782% | 0.0389% | 0.0000% | 0.0830% |
| 广西北部湾银行 | 0.3585% | 0.0968% | 0.0000% | 0.0000% | 0.0000% | 0.0953% | 0.0918% |
| 济宁银行 | 0.1970% | 0.0708% | 0.1333% | 0.1200% | 0.0823% | 0.0114% | 0.1025% |
| 富滇银行 | 0.2414% | 0.1064% | 0.0702% | | | 0.0000% | 0.1045% |
| 齐鲁银行 | 0.1262% | 0.0414% | 0.3597% | 0.2528% | 0.0056% | 0.0000% | 0.1310% |
| 新乡银行 | 0.1891% | 0.1305% | | | | | 0.1598% |
| 烟台银行 | 0.1944% | 0.1994% | 0.1258% | | | | 0.1732% |
| 湖州银行 | 0.0943% | 0.0457% | | | | 0.4083% | 0.1828% |
| 洛阳银行 | 1.6917% | 0.0203% | 0.0058% | 0.0037% | 0.0315% | 0.0000% | 0.2922% |
| 温州银行 | 0.1392% | 0.0499% | 0.0360% | 0.0253% | 1.6784% | 0.0000% | 0.3215% |
| 行业平均 | 0.1674% | 0.0443% | 0.0282% | 0.0289% | 0.0418% | 0.0099% | 0.0561% |

备注：空白表示当年无数据。

这68家城市商业银行的6年平均费率相差巨大，从零到0.3215%；平均费率0.0561%，远比16家A股上市银行的平均费率高，也反映了中国城市商业银行良莠不齐的现状。

### 3. 农村商业银行存款保险费率测算

表4-21　52家农村商业银行存款保险费率

| | 2008年 | 2009年 | 2010年 | 2011年 | 2012年 | 2013年 | 平均费率 |
|---|---|---|---|---|---|---|---|
| 新余农村商业银行 | | | | | 0.0203% | 0.0000% | 0.0101% |
| 江苏吴江农村商业银行 | | | | 0.0333% | 0.0198% | 0.0000% | 0.0177% |
| 无锡农村商业银行 | | | 0.0248% | | | | 0.0248% |
| 浙江杭州余杭农商行 | 0.1493% | 0.0392% | 0.0019% | 0.0116% | 0.0000% | 0.0000% | 0.0337% |
| 鄂尔多斯农村商业银行 | 0.0000% | | | 0.0281% | 0.0980% | | 0.0420% |
| 广州农村商业银行 | 0.2216% | | 0.0000% | 0.0000% | 0.0000% | 0.0000% | 0.0443% |
| 江苏张家港农商行 | 0.1323% | 0.0535% | 0.0097% | 0.0090% | 0.0410% | 0.0223% | 0.0446% |
| 湖南炎陵农村商业银行 | | | 0.0583% | 0.0343% | | | 0.0463% |
| 江苏江南农村商业银行 | | | | | | 0.0544% | 0.0544% |
| 江苏紫金农村商业银行 | | | 0.0079% | 0.0299% | 0.1128% | 0.0742% | 0.0562% |
| 江苏江阴农村商业银行 | | | 0.0277% | 0.0668% | 0.0765% | 0.0601% | 0.0578% |
| 安庆独秀农村商业银行 | | | | 0.0686% | 0.0351% | 0.0713% | 0.0583% |
| 广东顺德农村商业银行 | 0.1544% | 0.0810% | 0.0264% | 0.0580% | 0.0341% | 0.0000% | 0.0590% |
| 湖南宜章农村商业银行 | | | | 0.0813% | 0.0239% | 0.0751% | 0.0601% |
| 江苏海安农村商业银行 | | | 0.0827% | 0.0798% | 0.0294% | 0.0505% | 0.0606% |
| 安徽石台农村商业银行 | | | | 0.1115% | 0.0672% | 0.0082% | 0.0623% |
| 江苏扬州农村商业银行 | | | | 0.0858% | 0.0721% | 0.0337% | 0.0639% |
| 武汉农村商业银行 | | 0.1307% | 0.0640% | 0.0431% | 0.0204% | | 0.0645% |
| 福建晋江农村商业银行 | | | 0.0975% | 0.0322% | | | 0.0648% |
| 杭州联合农村商业银行 | 0.1059% | 0.0413% | 0.0537% | 0.0736% | 0.0875% | 0.0471% | 0.0682% |
| 安徽定远农村商业银行 | | | | 0.0691% | 0.0702% | | 0.0696% |
| 安徽肥西农村商业银行 | | | | 0.1150% | 0.0899% | 0.0169% | 0.0739% |
| 沧州融信农村商业银行 | | | | 0.0955% | 0.0565% | | 0.0760% |
| 重庆农村商业银行 | 0.2758% | 0.0892% | 0.0691% | 0.0236% | 0.0000% | 0.0000% | 0.0763% |
| 合肥科技农村商业银行 | 0.1742% | 0.0000% | 0.0027% | 0.0454% | 0.1567% | 0.0791% | 0.0764% |
| 江苏宜兴农村商业银行 | | | 0.0692% | 0.0905% | | | 0.0798% |
| 江门新会农村商业银行 | | | 0.0892% | 0.1335% | 0.0749% | 0.0248% | 0.0806% |
| 天津滨海农村商业银行 | 0.2135% | 0.1012% | 0.0516% | 0.1008% | 0.0313% | 0.0077% | 0.0844% |
| 浙江义乌农村商业银行 | 0.1378% | 0.0610% | 0.0604% | | | | 0.0864% |
| 北京农村商业银行 | 0.1510% | 0.0951% | | | 0.0145% | | 0.0868% |
| 珠海农村商业银行 | | | | 0.0950% | 0.1253% | 0.0513% | 0.0905% |

续上表

| | 2008年 | 2009年 | 2010年 | 2011年 | 2012年 | 2013年 | 平均费率 |
|---|---|---|---|---|---|---|---|
| 江苏昆山农村商业银行 | 0.2133% | 0.1220% | 0.0537% | 0.0373% | 0.0293% | | 0.0911% |
| 芜湖扬子农村商业银行 | 0.1438% | 0.0812% | 0.1052% | 0.1041% | 0.0571% | 0.0669% | 0.0931% |
| 安徽青阳农村商业银行 | | | | 0.1015% | 0.0666% | 0.1122% | 0.0935% |
| 江门融和农村商业银行 | | | | | 0.1377% | 0.0564% | 0.0971% |
| 江苏江都农村商业银行 | | | | 0.1497% | 0.1110% | 0.0366% | 0.0991% |
| 江苏姜堰农村商业银行 | | 0.1215% | 0.0945% | 0.0979% | | | 0.1046% |
| 安徽泾县农村商业银行 | | | | | 0.1475% | 0.0753% | 0.1114% |
| 大连农村商业银行 | | | | 0.1232% | 0.1528% | 0.0614% | 0.1125% |
| 厦门农村商业银行 | 0.3436% | 0.1745% | 0.0899% | 0.0000% | 0.1035% | 0.0000% | 0.1186% |
| 池州九华农村商业银行 | 0.2597% | 0.0845% | 0.1776% | 0.1124% | 0.0505% | 0.0310% | 0.1193% |
| 江苏睢宁农村商业银行 | | | 0.0877% | 0.0713% | 0.1393% | 0.1815% | 0.1200% |
| 陕西白河农村商业银行 | | | | | 0.1607% | 0.0813% | 0.1210% |
| 湖南浏阳农村商业银行 | | | | | 0.1320% | | 0.1320% |
| 安徽太湖农村商业银行 | | | 0.1072% | 0.1780% | 0.1195% | | 0.1349% |
| 安徽桐城农村商业银行 | 0.2883% | 0.1108% | 0.1317% | | | 0.0398% | 0.1427% |
| 江苏沭阳农村商业银行 | | | 0.1383% | 0.1823% | 0.1405% | 0.1244% | 0.1464% |
| 江苏滨海农村商业银行 | | | | 0.2033% | 0.1199% | | 0.1616% |
| 佛山农村商业银行 | 0.4149% | 0.2161% | 0.1185% | 0.1754% | 0.1140% | 0.0178% | 0.1761% |
| 广东南海农村商业银行 | 0.5709% | 0.3712% | 0.1502% | 0.0969% | 0.0285% | 0.0000% | 0.2029% |
| 连云港东方农商行 | | | | 0.1249% | 0.5069% | | 0.3159% |
| 江苏阜宁农村商业银行 | | | | | 0.5333% | 0.3129% | 0.4231% |
| 平均 | 0.2162% | 0.1109% | 0.0708% | 0.0856% | 0.0906% | 0.0527% | 0.0964% |

备注：空白表示当年该银行数据不足。

这52家农村商业银行的6年平均费率同样相差巨大，从0.01%到0.4231%，平均费率为0.0964%，显著高于城市商业银行0.0561%的平均费率，可见农村商业银行由于规模小，财务指标往往不稳定。

## 4.4 中国存款保险制度差别费率体系设计

笔者认为，虽然在中国存款保险制度的建立初期，不易采用过于复杂的费率体系，但是统一的费率体系不能反映银行风险差别，无法激励银行审慎经营，至少要采用差别费率体系。等到存款保险机构经验丰富，中国的现实数据更加完善后，再考虑风险差别费率。

综合本文测算的140家银行的存款保险费率，本文按照测算费率从小到大排列，分为五个级别，提出了中国存款保险制度的五级差别费率体系，具体见表4-22：

表4-22 中国商业银行五级差别费率体系

| 费率级别 | 费率区间 | 银行总个数 | 上市银行个数 | 非上市股份制银行个数 | 城市商业银行个数 | 农村商业银行个数 | 平均费率 | 统一费率 |
|---|---|---|---|---|---|---|---|---|
| 一级 | 0.00%～0.02% | 23 | 5 | 0 | 16 | 2 | 0.0106% | 0.01% |
| 二级 | 0.02%～0.04% | 22 | 3 | 3 | 14 | 2 | 0.0319% | 0.03% |
| 三级 | 0.04%～0.06% | 36 | 7 | 0 | 20 | 9 | 0.0510% | 0.05% |
| 四级 | 0.06%～0.08% | 22 | 1 | 1 | 7 | 13 | 0.0690% | 0.07% |
| 五级 | 0.08%以上 | 37 | 0 | 0 | 11 | 26 | 0.1424% | 0.10% |
| 合计 | | 140 | 16 | 4 | 68 | 52 | 0.0684% | |

### 1. 一级费率

一级费率区间为0.00%～0.02%，落入这个区间的共有23家银行，其中上市银行5家、城市商业银行16家、农村商业银行2家。基本上是大型股份制银行和少数优质城市商业银行以及农村商业银行。对于这23家银行，本文认为要逐一分析。

首先，5家上市银行分别是4家全国性质的大型股份制银行（工商银行、建设银行、农业银行、中国银行）和光大银行，其中4家是老牌国有银行，历史悠久，规模大，风险低，在中国金融体系中占有举足轻重的地位，现实中确实是风险最低的一组银行。光大银行的平均费率0.0113%也较低，究其原因主要是光大银行上市较晚，用模型测算时缺乏2008年和2009年费率，所以2010—2013年4年费率的平均值较低，按照上市银行4年平均费率排名，光大银行仅次于平安银行和兴业银行，算上市银行中风险较高的，所以建议将光大银行调整到跟兴业银行同级的三级组中去。

其次，城市商业银行和农村商业银行财务数据不够齐全，特别是农村商业银行，很多都是在2008年10月党的十七届三中全会《中共中央关于推动农村改革发展若干重大问题的决定》出台后，陆续改制而成的。所以缺乏波动较大的2008年和2009年数据，测算费率较低。所以农村商业银行和城市商业银行的数据不够客观，但是在现有数据条件下，仍然值得参考。本文认为，鉴于城市商业银行和农村商业银行数据不全以及财务波动情况较大，谨慎起见，将暂不归入一级费率区间，城市商业银行的16家建议并入到二级组中去。农村商业银行财务波动性更大，建议将落入一级区间的2家和二级区间的2家都并入三级费率区间中。调整后的差别费率体系见表4-23。

调整后，这个级别4家银行的平均费率为0.0083%，为了规范起见，将一级统一费率定为0.01%。

表4-23　中国商业银行五级差别费率体系（调整后）

| 费率级别 | 费率区间 | 银行总个数 | 上市银行个数 | 非上市股份制银行个数 | 城市商业银行个数 | 农村商业银行个数 | 平均费率 | 统一费率 |
| --- | --- | --- | --- | --- | --- | --- | --- | --- |
| 一级 | 0.00%~0.02% | 4 | 4 | 0 | 0 | 0 | 0.0083% | 0.01% |
| 二级 | 0.02%~0.04% | 36 | 3 | 3 | 30 | 0 | 0.0227% | 0.03% |
| 三级 | 0.04%~0.06% | 41 | 8 | 0 | 20 | 13 | 0.0472% | 0.05% |
| 四级 | 0.06%~0.08% | 22 | 1 | 1 | 7 | 13 | 0.0690% | 0.07% |
| 五级 | 0.08%以上 | 37 | 0 | 0 | 11 | 26 | 0.1424% | 0.10% |
| 合计 | | 140 | 16 | 4 | 68 | 52 | 0.0684% | |

**2. 二级费率**

二级费率区间为0.02%~0.04%，测算费率落入这个区间的有22家商业银行，加上调整的16家城市商业银行，去除调到三级的2家农村商业银行，最终36家银行在这个区间，包括3家上市银行、3家非上市股份制银行和30家城市商业银行。

首先，3家上市银行分别是交通银行、中信银行和民生银行。交通银行是中国最早的股份制银行，发展历史长，规模相对较大，中信银行和民生银行近几年发展迅速，资质较好。

其次，3家非上市股份制银行分别是渤海银行、恒丰银行和浙商银行。恒丰银行前身是烟台住房储蓄银行，2003年正式改制为股份制商业银行。浙商银行2004年8月18日正式开业，前身为"浙江商业银行"，是一家于1993年在宁波成立的中外合资银行。渤海银行，全称为渤海银行股份有限公司，2005年12月30日成立，总部在天津市马场道。这三家银行是我国在1996年金融体系改革后通过改组成为股份制商业银行，规模虽然不大，但是经营较为稳健。

最后，30家城市商业银行。这些是本文观察的68家城市商业银行中，财务指标相对较好。

调整前，22家银行的平均费率为0.0319%，调整后，36家银行的平均费率为0.0227%，为了谨慎起见，将二级统一费率定为0.03%。

**3. 三级费率**

三级费率区间为0.04%~0.06%，测算费率落入这个区间的有36家商业银行，加上调整的光大银行和4家农村商业银行，最终41家银行在这个区间，包括8家上市银行、20家城市商业银行和13家农村商业银行。

首先，8家上市银行分别为华夏银行、浦发银行、招商银行、兴业银行、平安银行、宁波银行、北京银行、南京银行。其中，前5家是我国成立较早的股份制商业银行，后3家是城市商业银行中比较突出的，是第一批上市的城市商业银行。其中，北京银行原称为"北京市商业银行"，成立于1996年，是中国最大的城市商业银行及北京地区第三大银行，2007年5月18日在上海证券交易所上市。南京银行成立于1996年2月8日，是一家由国有股份、中资法人股份、外资股份及众多个人股份共同组成的银行，2007年7月，南京银行在上海证券交易所上市,是全国第一家登陆上交所的城市商行。宁波银行成立于1997年4月10日,2006年5月,宁波银行引进境外战略投资者新加坡华侨银行,2007年7月19日,宁波银行在深圳证券交易所挂牌上市。

其次,20家城市商业银行和13家农村商业银行。本文把农村商业银行中财务指标较好都归为三级费率,主要是考虑到农村商业银行普遍改制较晚,发展不成熟,数据不充足,财务不稳定,所以为了谨慎起见,从三级费率算起。当然,这13家农村商业银行也发展不一,发展较好的,如重庆农村商业银行,前身为重庆市农村信用社,成立于1951年,历史悠久,2008年6月29日,在原重庆市信用联社和39个区县信用社、农村合作银行基础上改制成为重庆农村商业银行是我国第三家、西部首家省级农村商业银行,其资产规模、存款规模、网点数量居重庆金融机构首位。2010年12月16日,重庆农村商业银行成功在香港H股主板上市,成为全国首家上市农商行、首家境外上市地方银行、西部首家上市银行。

这41家银行的平均费率为0.0472%,建议统一费率为0.05%。

4. 四级费率

四级费率区间为0.06%~0.08%,测算费率落入这个区间的有22家商业银行,包括1家上市银行平安银行、1家非上市股份制银行广发银行、7家城市商业银行和13家农村商业银行。

平安银行和广发银行是成立较早的全国性质的股份制商业银行。平安银行是由深圳发展银行和深圳城市商业银行合并而成。深圳发展银行是中国第一家上市的股份制商业银行,规模虽然不大,但发展较为快速。近几年更是经历了新桥外资入股和平安收购等重大事项变更,所以波动较大,特别是2010年至2012年期间,是深发展银行和平安银行(原深圳城市商业银行)合并整合的关键时期,所以波动难免剧烈。

广发银行是目前唯一还未上市的成立较早的全国性质的股份制商业银行,从广发银行的财务数据来看,其2008年和2009年的不良贷款率较高,分别为2.85%和2.40%。这两家银行都有着极大的发展潜力,目前虽然处于较高的费率区间,但是只要其稳健经营,发展良好,就能够非常容易地进入更低级别的费率区间。

这22家银行的平均费率为0.0690%,建议统一费率为0.07%。

5. 五级费率

五级费率区间为0.08%以上,测算费率落入这个区间的有37家商业银行,包括11家城市商业银行和26家农村商业银行。这37家银行普遍是改制较晚,改制后发展时间不长,所以财务指标相对不规范,本文能够收集到的数据也有限,所以难免偏颇。其实小型城市商业银行和农村商业银行近几年发展快速,他们起点低,规模小,发展灵活,业务具有特色,当然风险也相对集中,这些特点使得这些小型银行未来存在很大的不确定性,经营好的,可能成为像北京银行那样的实力雄厚的上市银行,经营不善的也可能面临淘汰,未来他们的波动会很大。这37家银行的平均费率为0.1424%,为了鼓励这些小型银行发展,本文建议费率不宜过高,不宜跟四级费率拉开太大档次,所以建议统一费率为0.10%。

基于以上分析,笔者将观察到的140家商业银行分为五个组别,每个组别采用统一费率。本文所设计的五级差别费率体系较之单一费率制更公平，能够激励银行审慎经营。虽然本文的回归模型较为简单，回归的时间不够长，但是在目前中国现有数据条件下，也算是做了一个尝试，对中国未来的存款保险制度费率体系提出了较为详细的建议。随着未来中国金融市场更加完善，市场数据和财务数据更加健全，可做更加复杂和精确的费率测算。

# 5 中国存款保险制度运作模式总结

本书在借鉴世界各国存款保险制度实践经验的基础上，依据国际存款保险协会的指导原则，参考我国学者的建议，根据《存款保险条例》的规定，分析中国目前市场环境，笔者提出了自己的解读和建议。针对其中至关重要的存款保险费率，本书进行了更为细致的研究。对于A股上市银行，本书梳理了常用适合上市银行的理论模型，然后运用这些模型和中国实际市场数据，进行了存款保险费率的实证测算。对于非上市银行，鉴于中国缺乏历史数据无法采用理论上常见的损失定价法，本书采用了一个相对简单的方法，用上市银行模型测算出的费率建立有关经济指标和银行个体财务指标的回归模型，然后导入非上市银行数据，即可测算非上市银行存款保险费率。虽然此模型较为简单，但也是在现有数据条件下的有效尝试。最后笔者综合上市银行和非上市银行测算的存款保险费率，提出了五级差别费存款保险费率体系。

现将笔者研究结论即本书对于中国存款保险制度的总体设计框架总结如下：

1. 政策目标

在存款保险制度建立初期，由于存款保险机构缺乏经验，制度还不完善，没有必要赋予其太多的目标。我国存款保险制度的目标定位为：保护小额存款者利益、建立金融市场退出机制。随着中国经济金融环境的改变，结合金融监管的架构，再来适当地加以调整。

2. 职能权限

制度建立初期，存款保险机构的职能应当简单、可行。所以，我国存款保险制度的职能应该定位在三个方面：

（1）制定保费，征收保费，管理基金，及时理赔。

（2）监测银行状况、评估银行风险。

（3）和央行以及其他金融监管机构一起合作进行问题银行的早期干预和破产银行的倒闭清算。

在市场状况良好时，存款保险机构负责营运资金，并且监测银行风险状况；当发现个别银行风险较高，有干预的必要时，和其他金融监管机构合作，制定早期干预策略，尽量避免银行风险状况恶化，减小损失；当有银行无法挽救时，承担破产银行的清算、赔付和接管职能。

3. 组织形式

针对存款保险机构组织形式中的一些问题，通过分析我国目前国情，本文核心观点如下：

（1）提倡由政府出资建立公营性质的存款保险制度，来承担更多的公共目标。

（2）成立存款保险管理委员会，建设成一个单独设立的特殊企业法人，赋予它更多的权力来履行它的目标，同时受央行监督和检查。

（3）成立一个不定期的问题机构处置讨论会，由中国人民银行、银监会、审计局、存保会、最高人民法院、商业银行等机构的代表参加，当有金融机构出现问题时，决定问题机构的处理方法，由存保会负责具体的救助处置实施。

(4) 加快建设金融信息系统，让各部门能够共享信息，节省成本，也为存款保险机构评估风险、厘定保费、理赔客户所需的更复杂的信息做好准备。

**4. 会员资格**

针对会员资格，本文对我国现阶段金融体系的架构进行分析，核心观点为：

(1) 会员资格范围包括所有境内存款类金融机构。

(2) 所有存款类金融机构实行强制加入模式。

(3) 现存的存款类金融机构通过申请获得会员资格。

(4) 新成立存款类金融机构获得了监管机构的准入资格就自动获得存款保险会员资格。

(5) 所有存款类金融机构实行统一的存款保险制度。

**5. 保障存款范围**

笔者根据我国的国情和存款保险制度建立初期工作的可操作性，认为存款保险制度承保的存款范围包括企业个人的本外币存款，不包括银行间存款，不单独考虑高利率存款和内部存款问题。

**6. 限额承保和联合承保**

我国在建立存款保险制度的初期，要综合考虑世界各国的经验和我国的具体国情，对存款保险制度的保障额度做出合适的选择。基于对世界各国存款保险制度的研究，可以总结出几条结论：

(1) 大部分国家都采用了限额承保模式。

(2) 大部分国家的限额是基于每个存款人而非每个存款账户。

(3) 大部分国家采用了限额之下的全额承保，少数国家设计了联合保险方式。

(4) 世界各国的限额差别较大，要综合考虑人均 GDP、存款额度分布情况、通货膨胀增长率、基金规模、本国银行的国际竞争力等各因素。

笔者详细分析了我国 GDP 和存款分布特征等因素，《存款保险条例》所规定的存款保险的承保限额为 50 万元符合中国国情。

**7. 筹资机制**

金融机构是存款保险费率的承担主体，中国人民银行在存款保险制度建立初期，给予一定的资金支持，作为存款保险机构运作的初始准备金。建立事前积累的资金筹集方式，并且积累基金交由信誉良好的世界投资机构，在全世界范围内进行资产配置。以存款作为费率基础，未来考虑风险加权资产。

**8. 五级差别费率体系**

在中国建立存款保险制度的初期，建议实行分档次的五级差别费率体系（具体见表4-23）。

首先，一级费率为 0.01%，具体银行是 4 家全国性质的大型股份制银行：工商银行、建设银行、农业银行和中国银行。

其次，二级费率为 0.03%，36 家银行在这个区间，包括 3 家上市银行（交通银行、中信银行和民生银行）、3家非上市股份制银行（渤海银行、恒丰银行和浙商银行），以及30家城市商业银行。

再次，三级费率为0.05%，41家银行在这个区间，包括8家上市银行（华夏银行、浦发银行、招商银行、兴业银行、平安银行、宁波银行、北京银行、南京银行）、20家城市商业银行和13家农村商业银行。

然后，四级费率为0.07%，22家商业银行在这个区间，包括1家上市银行平安银行、1家非上市股份制银行广发银行、7家城市商业银行和13家农村商业银行。

最后，五级费率为0.10%，37家商业银行在这个区间，包括11家城市商业银行和26家农村商业银行。

# 附　　表

### 附表1　中国利率市场化进程

| 时间 | 利率市场化举措 |
|---|---|
| 1996年6月1日 | 放开银行间同业拆借市场利率 |
| 1997年6月 | 银行间债券市场正式启动，同时放开了债券回购和现券交易利率 |
| 1998年 | 对小企业的贷款利率浮动幅度由10%扩大到20%，农村信用社的贷款利率最高上浮幅度由40%扩大到50% |
| 1998年3月 | 改革再贴现利率及贴现利率的生成机制，放开贴现和转贴现利率 |
| 1999年10月 | 对保险公司3000万元以上5年以上大额定期存款，实行协商利率 |
| 1999年 | 允许县以下金融机构贷款利率最高可上浮30%，将对小企业贷款利率的最高可上浮30%的规定扩大到所有中型企业 |
| 2000年9月21日 | 实行外汇利率管理体制改革，放开了外币贷款利率；300万美元以上的大额外币存款利率由金融机构与客户协商确定 |
| 2002年 | 扩大农村信用社利率改革试点范围，进一步扩大农村信用社利率浮动幅度；统一中外资金融机构外币利率管理政策 |
| 2002年3月 | 将境内外资金融机构对中国居民的小额外币存款，纳入中国人民银行现行小额外币存款利率管理范围 |
| 2003年7月 | 放开英镑、瑞士法郎和加拿大元的外币小额存款利率管理 |
| 2003年11月 | 对美元、日元、港元和欧元的小额存款利率实行上限管理 |
| 2004年1月1日 | 商业银行、诚信社贷款利率浮动区间上限扩大到贷款基准利率的1.7倍，农信社贷款利率浮动区间上限扩大到贷款基准利率的2倍，金融机构贷款利率浮动区间下限保持为贷款基准利率的0.9倍 |
| 2004年10月29日 | 不再设定金融机构人民币贷款利率上限及贷款利率下限 |
| 2005年9月20日 | 商业银行被允许决定除定期和活期存款外的6种存款的定价权 |
| 2006年8月 | 将商业性个人住房贷款利率浮动扩大至基准利率的0.85倍 |
| 2008年10月 | 将商业性个人住房贷款利率下限扩大至基准利率的0.7倍 |
| 2012年7月6日 | 金融机构人民币1年期存款基准利率上浮区间为基准利率的1.1倍，1年期贷款基准利率下浮区间扩大到基准利率的0.7倍 |
| 2015年3月1日 | 存款利率浮动区间的上限调整为1.3倍 |
| 2015年5月11日 | 存款利率浮动上限继续扩大至基准利率的1.5倍 |
| 2015年8月26日 | 放开一年期以上定期存款利率浮动上限 |

附表2 世界70个国家存款保险限额与人均GDP倍数（2003年数据）

| 国家 | 倍数 | 国家 | 倍数 | 国家 | 倍数 |
| --- | --- | --- | --- | --- | --- |
| 塞尔维亚和黑山 | 0.04 | 哈萨克斯坦 | 1.34 | 阿根廷 | 3.06 |
| 乌克兰 | 0.27 | 肯尼亚 | 1.34 | 韩国 | 3.32 |
| 卢森堡 | 0.39 | 拉脱维亚 | 1.35 | 保加利亚 | 3.41 |
| 瑞士 | 0.53 | 希腊 | 1.39 | 捷克 | 3.43 |
| 白俄罗斯 | 0.59 | 罗马尼亚 | 1.39 | 巴林 | 3.49 |
| 爱尔兰 | 0.6 | 加拿大 | 1.62 | 阿尔及利亚 | 3.74 |
| 智利 | 0.71 | 匈牙利 | 1.63 | 印度 | 3.87 |
| 奥地利 | 0.72 | 波斯尼亚和黑塞哥维那 | 1.70 | 哥伦比亚 | 3.98 |
| 冰岛 | 0.72 | 牙买加 | 1.74 | 越南 | 4.03 |
| 荷兰 | 0.72 | 斯洛文尼亚 | 1.84 | 斯洛伐克 | 4.25 |
| 巴拉圭 | 0.77 | 菲律宾 | 1.87 | 意大利 | 4.58 |
| 德国 | 0.78 | 委内瑞拉 | 1.87 | 孟加拉国 | 4.59 |
| 黎巴嫩 | 0.79 | 英国 | 1.89 | 波兰 | 4.98 |
| 坦桑尼亚 | 0.88 | 葡萄牙 | 1.92 | 挪威 | 5.81 |
| 芬兰 | 0.91 | 塞浦路斯 | 2.3 | 阿曼 | 6.5 |
| 瑞典 | 0.92 | 巴西 | 2.33 | 乌干达 | 6.5 |
| 特立尼达和多巴哥 | 1.02 | 克罗地亚 | 2.35 | 约旦 | 7.59 |
| 尼日利亚 | 1.05 | 日本 | 2.54 | 秘鲁 | 8.76 |
| 斯里兰卡 | 1.07 | 美国 | 2.67 | 洪都拉斯 | 9.48 |
| 俄罗斯 | 1.08 | 法国 | 2.7 | 巴拉圭 | 9.7 |
| 西班牙 | 1.11 | 立陶宛 | 2.79 | 马其顿 | 9.92 |
| 丹麦 | 1.15 | 阿尔巴尼亚 | 2.97 | 土耳其 | 12.59 |
| 爱沙尼亚 | 1.16 | 巴哈马 | 3.01 | | |
| 危地马拉 | 1.25 | 萨尔瓦多 | 3.03 | | |
| 平均 | 2.8 | | | | |

数据来源：Demirguc-Kunt Asli, Karacaovali Baybars, Leaven Luc. Deposit Insurance around the World: A Comprehensive Database. World Bank Economic Review, 2005.

附表3 世界各国存款保险制度承保存款价值和存款账户覆盖率

| 国家 | 承保存款价值覆盖率 | 承保存款账户覆盖率 | 国家 | 承保存款价值覆盖率 | 承保存款账户覆盖率 |
| --- | --- | --- | --- | --- | --- |
| 坦桑尼亚 | 12% | 54% | 斯洛伐克 | 47% | — |
| 肯尼亚 | 16% | 83.3% | 葡萄牙 | 53% | — |

续上表

| 国家 | 承保存款价值覆盖率 | 承保存款账户覆盖率 | 国家 | 承保存款价值覆盖率 | 承保存款账户覆盖率 |
|---|---|---|---|---|---|
| 拉脱维亚 | 18.7% | 94.7% | 马其顿 | 53.7% | 居民账户100% |
| 尼日利亚 | 19% | 78% | 瑞典 | 57% | — |
| 菲律宾 | 19% | — | 西班牙 | 60% | 94% |
| 乌克兰 | 19% | — | 美国 | 60% | 99% |
| 巴西 | 23.6% | 95.5% | 意大利 | 62% | — |
| 乌干达 | 26% | 95% | 克罗地亚 | 68% | 95% |
| 智利 | 30% | 定期存款94% | 保加利亚 | 71% | — |
| 哥伦比亚 | 30.8% | 98% | 印度 | 72% | 98% |
| 孟加拉国 | 31% | 96% | 挪威 | 76.1% | 99.8% |
| 牙买加 | 33.5% | 90% | 韩国 | 80.8% | — |
| 特立尼达和多巴哥共和国 | 34.1% | 96.3% | 墨西哥 | 81% | — |
| 加拿大 | 34.3% | 85%–90% | 俄罗斯 | 85% | — |
| 巴哈马 | 39% | — | 捷克共和国 | 86.2% | — |
| 秘鲁 | 39.5% | — | 匈牙利 | 86.8% | 97% |
| 阿根廷 | 40% | 95% | 日本 | 87.9% | — |
| 芬兰 | 40% | 96% | 泰国 | 100% | 100% |
| 罗马尼亚 | 43% | 96% | 土耳其 | 100% | 100% |
| 立陶宛 | 44% | 98.8% | 土库曼斯坦 | 100% | 100% |
| 丹麦 | 44.6% | — | | | |
| 平均 | 52% | 94% | | | |

注：1. 本表按照承保存款价值覆盖率排列。2. — 代表无数据对应。

数据来源：

1. 承保存款价值覆盖率数据来源于 Demirguc – Kunt Asli, Karacaovali Baybars, Leaven Luc. Deposit Insurance around the World: A Comprehensive Database. World Bank Economic Review, 2005.

2. 承保存款账户覆盖率数据来源于吉莉安·加西亚著、陆符玲译：《存款保险制度的现状与良好做法》，国际货币基金组织不定期刊物第197号，中国金融出版社2003年版。

附表4 中国2000年至今存款数据统计

| 年份 | 各项存款 | | 储蓄存款 | | 人均储蓄存款 | |
| | 年末余额（亿元） | 年度同比 | 年末余额（亿元） | 年度同比 | 年末余额（元） | 年度同比 |
|---|---|---|---|---|---|---|
| 2014 | 1,138,644.64 | 9.08% | 485,261.34 | 8.41% | 35,476.99 | 7.85% |
| 2013 | 1,043,846.86 | 13.76% | 447,601.57 | 12.03% | 32,894.47 | 11.48% |

续上表

| 年份 | 各项存款 年末余额（亿元） | 年度同比 | 储蓄存款 年末余额（亿元） | 年度同比 | 人均储蓄存款 年末余额（元） | 年度同比 |
|---|---|---|---|---|---|---|
| 2012 | 917,554.77 | 13.37% | 399,551.04 | 16.27% | 29,508.06 | 15.70% |
| 2011 | 809,368.33 | 12.69% | 343,635.89 | 13.30% | 25,505.00 | 12.76% |
| 2010 | 718,237.93 | 20.16% | 303,302.49 | 16.31% | 22,619.00 | 15.78% |
| 2009 | 597,741.10 | 28.21% | 260,771.66 | 19.68% | 19,537.00 | 19.08% |
| 2008 | 466,203.32 | 19.73% | 217,885.35 | 26.29% | 16,407.00 | 25.65% |
| 2007 | 389,371.15 | 16.08% | 172,534.19 | 6.77% | 13,058.00 | 6.22% |
| 2006 | 335,434.10 | 16.81% | 161,587.30 | 14.56% | 12,293.00 | 13.96% |
| 2005 | 287,169.52 | 19.39% | 141,050.99 | 17.98% | 10,787.00 | 17.29% |
| 2004 | 240,525.07 | 15.61% | 119,555.39 | 15.38% | 9,197.00 | 14.70% |
| 2003 | 208,055.59 | 21.73% | 103,617.65 | 19.22% | 8,018.00 | 18.50% |
| 2002 | 170,917.40 | 19.01% | 86,910.65 | 17.83% | 6,766.00 | 17.06% |
| 2001 | 143,617.17 | 16.00% | 73,762.43 | 14.66% | 5,780.00 | 13.87% |
| 2000 | 123,804.35 | — | 64,332.38 | — | 5,076.00 | — |
| 均值 | | 17.26% | | 15.62% | | 14.99% |

注：数据为每年12月的余额数据。
数据来源：笔者根据wind资讯经济数据库（EDB）数据提取、整理、计算而得。

附表5  中国银行结算账户数

| 时间 | 银行结算账户数 季（万户） | 银行结算账户数：单位 季（万户） | 银行结算账户数：个人 季（万户） |
|---|---|---|---|
| 2014年12月 | 651,200.00 | 3,976.91 | 647,300.00 |
| 2014年9月 | 629,400.00 | 3,884.86 | 625,500.00 |
| 2014年6月 | 606,100.00 | 3,776.23 | 602,300.00 |
| 2014年3月 | 584,100.00 | 3,652.15 | 580,500.00 |
| 2013年12月 | 564,300.00 | 3,558.06 | 560,700.00 |
| 2013年9月 | 544,600.00 | 3,474.45 | 541,100.00 |
| 2013年6月 | 526,000.00 | 3,376.31 | 522,600.00 |
| 2013年3月 | 507,200.00 | 3,264.34 | 503,900.00 |
| 2012年12月 | 491,000.00 | 3,169.57 | 487,800.00 |
| 2012年9月 | 473,800.00 | 3,095.34 | 470,700.00 |
| 2012年6月 | 451,000.00 | 3,018.03 | 448,000.00 |

续上表

| 时间 | 银行结算账户数 季（万户） | 银行结算账户数：单位 季（万户） | 银行结算账户数：个人 季（万户） |
| --- | --- | --- | --- |
| 2012年3月 | 429,300.00 | 2,917.31 | 426,400.00 |
| 2011年12月 | 411,000.00 | 2,824.22 | 408,200.00 |
| 2011年9月 | 397,000.00 | 2,745.32 | 394,200.00 |
| 2011年6月 | 378,600.00 | 2,668.69 | 375,900.00 |
| 2011年3月 | 350,100.00 | 2,571.48 | 347,500.00 |
| 2010年12月 | 337,600.00 | 2,487.07 | 335,100.00 |
| 2010年9月 | 323,300.00 | 2,413.31 | 320,800.00 |
| 2010年6月 | 303,100.00 | 2,336.56 | 300,700.00 |
| 2010年3月 | 291,700.00 | 2,254.99 | 289,400.00 |
| 2009年12月 | 281,418.48 | 2,191.12 | 279,227.36 |
| 2009年9月 | 274,557.44 | 2,134.18 | 272,423.26 |
| 2009年6月 | 256,242.34 | 2,076.03 | 254,166.31 |
| 2009年3月 | 246,587.57 | 2,012.58 | 244,574.99 |
| 2008年12月 | 238,960.18 | 1,965.69 | 236,994.49 |
| 2008年9月 | 233,933.17 | 1,925.54 | 232,007.66 |
| 2008年6月 | 224,963.60 | 1,874.56 | 223,089.07 |
| 2008年3月 | 222,805.09 | 1,816.00 | 220,989.90 |
| 2007年9月 | 211,890.61 | 1,715.10 | 210,175.51 |
| 2007年6月 | 204,669.09 | 1,653.02 | 202,992.80 |
| 2007年3月 | 203,289.32 | 1,587.43 | 201,632.85 |

数据来源：Wind资讯行业经济数据库。

附表6　2008—2013年股票日价格对数收益波动率（单位%）

| 证券代码 | 银行名称 | 2008年 | 2009年 | 2010年 | 2011年 | 2012年 | 2013年 |
| --- | --- | --- | --- | --- | --- | --- | --- |
| 000001.SZ | 平安银行 | 65.8305 | 46.4387 | 32.9340 | 26.1711 | 22.7635 | 48.6195 |
| 002142.SZ | 宁波银行 | 59.1374 | 41.6239 | 38.2676 | 26.9209 | 28.2138 | 33.7659 |
| 600000.SH | 浦发银行 | 70.9802 | 44.6720 | 30.5483 | 23.8887 | 21.2647 | 39.0219 |
| 600015.SH | 华夏银行 | 69.2075 | 42.8029 | 35.1594 | 30.2133 | 24.5253 | 33.2191 |
| 600016.SH | 民生银行 | 57.4092 | 39.2919 | 24.8905 | 23.5393 | 21.8271 | 40.0920 |
| 600036.SH | 招商银行 | 63.6352 | 42.3339 | 28.9632 | 23.1383 | 21.8243 | 33.0103 |
| 601009.SH | 南京银行 | 55.8620 | 42.5800 | 35.9063 | 25.5843 | 24.1356 | 27.4244 |
| 601169.SH | 北京银行 | 59.1020 | 41.0018 | 34.5096 | 23.4538 | 22.2532 | 31.3385 |

续上表

| 证券代码 | 银行名称 | 2008年 | 2009年 | 2010年 | 2011年 | 2012年 | 2013年 |
|---|---|---|---|---|---|---|---|
| 601288.SH | 农业银行 | | | 20.3749 | 15.7401 | 12.7233 | 21.2537 |
| 601166.SH | 兴业银行 | 67.3816 | 46.0294 | 37.2394 | 28.5633 | 22.7018 | 41.4031 |
| 601328.SH | 交通银行 | 54.8007 | 39.0529 | 27.5555 | 17.3516 | 17.1974 | 25.2900 |
| 601398.SH | 工商银行 | 44.8472 | 27.6592 | 24.1591 | 16.2070 | 13.0223 | 15.8054 |
| 601818.SH | 光大银行 | | | 43.4392 | 20.3382 | 16.7093 | 27.2961 |
| 601939.SH | 建设银行 | 47.7152 | 32.8144 | 21.3572 | 16.0872 | 14.2778 | 20.4830 |
| 601988.SH | 中国银行 | 41.4353 | 30.4320 | 19.5731 | 13.2032 | 11.4768 | 16.2485 |
| 601998.SH | 中信银行 | 54.2142 | 39.1954 | 34.9542 | 23.2586 | 19.9751 | 33.9556 |

数据来源：Wind 资讯。

附表7　中国上市银行年度财务报表财务数据（2008—2013年）

| 指标 | 吸收存款 | 股东权益 | 负债合计 | 资产总计 | 吸收存款 | 股东权益 | 负债合计 | 资产总计 |
|---|---|---|---|---|---|---|---|---|
| 年度 | 2008年 | | | | 2009年 | | | |
| 平安银行 | 3605.14 | 164.01 | 4580.39 | 4744.40 | 4546.35 | 204.70 | 5673.41 | 5878.11 |
| 宁波银行 | 762.22 | 88.05 | 944.58 | 1032.63 | 1107.52 | 97.42 | 1536.10 | 1633.52 |
| 浦发银行 | 9472.94 | 416.79 | 12677.24 | 13094.25 | 12953.42 | 679.53 | 15546.31 | 16227.18 |
| 华夏银行 | 4853.50 | 274.21 | 7042.16 | 7316.37 | 5816.78 | 302.34 | 8152.22 | 8454.56 |
| 民生银行 | 7857.86 | 538.80 | 9996.78 | 10543.50 | 11279.38 | 880.34 | 13374.98 | 14263.92 |
| 招商银行 | 12506.48 | 795.15 | 14920.16 | 15717.97 | 16081.46 | 927.83 | 19751.58 | 20679.41 |
| 南京银行 | 627.31 | 112.96 | 823.60 | 937.06 | 1021.27 | 120.39 | 1373.98 | 1495.66 |
| 北京银行 | 3158.40 | 337.94 | 3832.07 | 4170.21 | 4469.39 | 375.59 | 4958.92 | 5334.69 |
| 农业银行 | 60974.28 | 2904.4 | 67238.10 | 70143.51 | 74976.18 | 3428.2 | 85396.63 | 88825.88 |
| 兴业银行 | 6324.26 | 490.22 | 9718.77 | 10208.99 | 9008.84 | 595.97 | 12725.64 | 13321.62 |
| 交通银行 | 18658.15 | 1452.1 | 25326.13 | 26782.55 | 23720.55 | 1638.5 | 31447.12 | 33091.37 |
| 工商银行 | 82234.46 | 6031.8 | 91505.16 | 97576.54 | 97712.77 | 6738.9 | 111061.1 | 117850.5 |
| 光大银行 | 6051.70 | 332.32 | 8186.06 | 8518.38 | 7996.44 | 481.07 | 11495.75 | 11976.96 |
| 建设银行 | 63759.15 | 4659.7 | 70878.90 | 75554.52 | 80013.23 | 5554.7 | 90643.35 | 96233.55 |
| 中国银行 | 51733.52 | 4682.7 | 64617.93 | 69556.94 | 66850.49 | 5149.9 | 82065.49 | 87519.43 |
| 中信银行 | 9458.35 | 953.43 | 10924.91 | 11878.37 | 13419.27 | 1027.9 | 16680.23 | 17750.31 |
| 年度 | 2010年 | | | | 2011年 | | | |
| 平安银行 | 5629.12 | 335.13 | 6940.97 | 7276.10 | 8508.45 | 733.11 | 11827.96 | 12581.77 |
| 宁波银行 | 1458.28 | 158.77 | 2473.98 | 2632.74 | 1767.37 | 187.14 | 2417.84 | 2604.98 |
| 浦发银行 | 16386.80 | 1229.9 | 20681.31 | 21914.11 | 18510.55 | 1488.9 | 25351.51 | 26846.94 |

续上表

| 指标 | 吸收存款 | 股东权益 | 负债合计 | 资产总计 | 吸收存款 | 股东权益 | 负债合计 | 资产总计 |
|---|---|---|---|---|---|---|---|---|
| 华夏银行 | 7676.22 | 354.96 | 10047.35 | 10402.30 | 8960.24 | 639.01 | 11802.11 | 12441.41 |
| 民生银行 | 14169.39 | 1041.1 | 17184.80 | 18237.37 | 16447.38 | 1295.9 | 20949.54 | 22290.64 |
| 招商银行 | 18971.78 | 1340.1 | 22685.01 | 24025.07 | 22200.60 | 1649.9 | 26299.61 | 27949.71 |
| 南京银行 | 1397.24 | 188.34 | 2025.22 | 2214.93 | 1664.24 | 216.44 | 2599.87 | 2817.92 |
| 北京银行 | 5577.24 | 425.46 | 6906.44 | 7332.11 | 6142.41 | 503.83 | 9060.65 | 9564.99 |
| 农业银行 | 88879.05 | 5420.7 | 97951.70 | 103374.1 | 96220.26 | 6496.0 | 110277.9 | 116775.77 |
| 兴业银行 | 11327.67 | 919.95 | 17576.78 | 18496.73 | 13452.79 | 1152.1 | 22927.20 | 24087.98 |
| 交通银行 | 28678.47 | 2227.7 | 37279.36 | 39515.93 | 32832.32 | 2718.0 | 43383.89 | 46111.77 |
| 工商银行 | 111455.5 | 8204.3 | 126369.6 | 134586.2 | 122612.2 | 9567.4 | 145190.5 | 154768.68 |
| 光大银行 | 10297.11 | 813.64 | 14024.88 | 14839.50 | 11788.00 | 960.34 | 16371.96 | 17333.46 |
| 建设银行 | 90753.69 | 6967.9 | 101094.1 | 108103.2 | 99874.50 | 8111.4 | 114651.7 | 122818.34 |
| 中国银行 | 75391.53 | 6441.6 | 97837.15 | 104598.6 | 88179.61 | 7231.6 | 110741.7 | 118300.66 |
| 中信银行 | 17308.16 | 1201.7 | 19567.76 | 20813.14 | 19680.51 | 1744.9 | 25871.00 | 27658.81 |
| | 2012 年 | | | | 2013 年 | | | |
| 平安银行 | 10211.08 | 847.99 | 15217.38 | 16065.37 | 12170.02 | 1120.8 | 17796.60 | 18917.41 |
| 宁波银行 | 2075.77 | 221.17 | 3514.20 | 3735.37 | 2552.78 | 255.07 | 4422.51 | 4677.73 |
| 浦发银行 | 21343.65 | 1774.9 | 29660.48 | 31457.07 | 24196.96 | 2043.7 | 34728.98 | 36801.25 |
| 华夏银行 | 10360.00 | 746.94 | 14141.37 | 14888.60 | 11775.92 | 854.20 | 15864.28 | 16724.47 |
| 民生银行 | 19261.94 | 1630.7 | 30434.57 | 32120.01 | 21466.89 | 1977.1 | 30219.23 | 32262.10 |
| 招商银行 | 25324.44 | 2003.3 | 32076.98 | 34080.99 | 27752.76 | 2654.6 | 37504.43 | 40163.99 |
| 南京银行 | 2136.56 | 246.18 | 3189.81 | 3437.92 | 2601.49 | 265.90 | 4072.01 | 4340.57 |
| 北京银行 | 7137.72 | 716.17 | 10482.78 | 11199.69 | 8344.80 | 781.14 | 12584.58 | 13367.64 |
| 农业银行 | 108629.3 | 7498.2 | 124929.8 | 132443.4 | 118114.1 | 8431.1 | 137175.6 | 145621.02 |
| 兴业银行 | 18132.66 | 1695.7 | 30803.40 | 32509.75 | 21703.45 | 1997.7 | 34762.64 | 36774.35 |
| 交通银行 | 37284.12 | 3799.2 | 48919.32 | 52733.79 | 41578.33 | 4195.6 | 55394.53 | 59609.37 |
| 工商银行 | 136429.1 | 11249 | 164137.6 | 175422.2 | 146208.3 | 12741 | 176392.9 | 189177.52 |
| 光大银行 | 14269.41 | 1141.8 | 21649.73 | 22792.95 | 16052.78 | 1528.4 | 22620.34 | 24150.86 |
| 建设银行 | 113430.7 | 9417.3 | 130232.2 | 139728.3 | 122230.4 | 10659 | 142888.8 | 153632.10 |
| 中国银行 | 91739.95 | 8246.8 | 118190.7 | 126806.2 | 100977.8 | 9239.2 | 129128.2 | 138742.99 |
| 中信银行 | 22551.41 | 1983.5 | 27568.53 | 29599.39 | 26516.78 | 2256.0 | 34104.68 | 36411.93 |

数据来源：根据各银行年报数据计算而得。

附表8 中国上市银行财务杠杆指标（2008—2013年）

| 指标 | 存款/资产 (D/V) | 股权/存款 (E/D) | 股权/负债 (E/B) | 债务结构 m (D/B) | 存款/资产 (D/V) | 股权/存款 (E/D) | 股权/负债 (E/B) | 债务结构 m (D/B) |
|---|---|---|---|---|---|---|---|---|
| 年度 | 2008年 | | | | 2009年 | | | |
| 平安银行 | 75.9872% | 4.5493% | 3.5807% | 78.7081% | 77.3438% | 4.5024% | 3.6080% | 80.1343% |
| 宁波银行 | 73.8131% | 11.5518% | 9.3216% | 80.6936% | 67.7999% | 8.7962% | 6.3420% | 72.0998% |
| 浦发银行 | 72.3442% | 4.3998% | 3.2877% | 74.7240% | 79.8255% | 5.2460% | 4.3710% | 83.3216% |
| 华夏银行 | 66.3375% | 5.6498% | 3.8939% | 68.9206% | 68.8005% | 5.1977% | 3.7087% | 71.3521% |
| 民生银行 | 74.5280% | 6.8568% | 5.3897% | 78.6039% | 79.0763% | 7.8049% | 6.5820% | 84.3319% |
| 招商银行 | 79.5680% | 6.3579% | 5.3294% | 83.8227% | 77.7656% | 5.7696% | 4.6975% | 81.4186% |
| 南京银行 | 66.9444% | 18.0064% | 13.7148% | 76.1664% | 68.2825% | 11.7882% | 8.7621% | 74.3297% |
| 北京银行 | 75.7372% | 10.6998% | 8.8188% | 82.4202% | 83.7796% | 8.4037% | 7.5741% | 90.1283% |
| 农业银行 | 86.9279% | 4.7634% | 4.3196% | 90.6841% | 84.4080% | 4.5724% | 4.0144% | 87.7976% |
| 兴业银行 | 61.9480% | 7.7514% | 5.0441% | 65.0726% | 67.6258% | 6.6154% | 4.6833% | 70.7929% |
| 交通银行 | 69.6653% | 7.7826% | 5.7336% | 73.6715% | 71.6820% | 6.9074% | 5.2103% | 75.4300% |
| 工商银行 | 84.2769% | 7.3349% | 6.5918% | 89.8687% | 82.9125% | 6.8967% | 6.0678% | 87.9810% |
| 光大银行 | 71.0429% | 5.4914% | 4.0596% | 73.9269% | 66.7652% | 6.0160% | 4.1847% | 69.5600% |
| 建设银行 | 84.3883% | 7.3082% | 6.5741% | 89.9551% | 83.1448% | 6.9423% | 6.1281% | 88.2726% |
| 中国银行 | 74.3758% | 9.0516% | 7.2468% | 80.0606% | 76.3836% | 7.7036% | 6.2754% | 81.4599% |
| 中信银行 | 79.6267% | 10.0803% | 8.7271% | 86.5760% | 75.6002% | 7.6605% | 6.1629% | 80.4501% |
| 年度 | 2010年 | | | | 2011年 | | | |
| 平安银行 | 77.3646% | 5.9535% | 4.8283% | 81.0999% | 67.6252% | 8.6162% | 6.1981% | 71.9350% |
| 宁波银行 | 55.3901% | 10.8872% | 6.4175% | 58.9448% | 67.8458% | 10.5887% | 7.7400% | 73.0970% |
| 浦发银行 | 74.7774% | 7.5058% | 5.9472% | 79.2348% | 68.9485% | 8.0436% | 5.8731% | 73.0156% |
| 华夏银行 | 73.7935% | 4.6241% | 3.5329% | 76.4005% | 72.0195% | 7.1316% | 5.4144% | 75.9206% |
| 民生银行 | 77.6943% | 7.3474% | 6.0581% | 82.4532% | 73.7860% | 7.8795% | 6.1862% | 78.5095% |
| 招商银行 | 78.9666% | 7.0634% | 5.9072% | 83.6313% | 79.4305% | 7.4321% | 6.2737% | 84.4142% |
| 南京银行 | 63.0831% | 13.4792% | 9.2996% | 68.9921% | 59.0593% | 13.0052% | 8.3249% | 64.0124% |
| 北京银行 | 76.0661% | 7.6285% | 6.1603% | 80.7543% | 64.2177% | 8.2025% | 5.5607% | 67.7922% |
| 农业银行 | 85.9781% | 6.0990% | 5.5341% | 90.7376% | 82.3975% | 6.7512% | 5.8906% | 87.2525% |
| 兴业银行 | 61.2415% | 8.1213% | 5.2339% | 64.4468% | 55.8486% | 8.5639% | 5.0250% | 58.6761% |
| 交通银行 | 72.5745% | 7.7680% | 5.9758% | 76.9285% | 71.2016% | 8.2785% | 6.2650% | 75.6786% |
| 工商银行 | 82.8135% | 7.3610% | 6.4923% | 88.1981% | 79.2229% | 7.8030% | 6.5896% | 84.4492% |
| 光大银行 | 69.3898% | 7.9017% | 5.8014% | 73.4203% | 68.0072% | 8.1468% | 5.8658% | 72.0012% |

续上表

| 指标 | 存款/资产 (D/V) | 股权/存款 (E/D) | 股权/负债 (E/B) | 债务结构 m (D/B) | 存款/资产 (D/V) | 股权/存款 (E/D) | 股权/负债 (E/B) | 债务结构 m (D/B) |
|---|---|---|---|---|---|---|---|---|
| 建设银行 | 83.9510% | 7.6778% | 6.8925% | 89.7715% | 81.3189% | 8.1216% | 7.0748% | 87.1112% |
| 中国银行 | 72.0770% | 8.5443% | 6.5841% | 77.0582% | 74.5386% | 8.2010% | 6.5302% | 79.6264% |
| 中信银行 | 83.1598% | 6.9433% | 6.1415% | 88.4524% | 71.1546% | 8.8664% | 6.7448% | 76.0717% |
| | 2012 年 | | | | 2013 年 | | | |
| 平安银行 | 63.5596% | 8.3046% | 5.5725% | 67.1014% | 64.3324% | 9.2096% | 6.2979% | 68.3840% |
| 宁波银行 | 55.5708% | 10.6548% | 6.2936% | 59.0682% | 54.5732% | 9.9917% | 5.7675% | 57.7225% |
| 浦发银行 | 67.8501% | 8.3162% | 5.9843% | 71.9599% | 65.7504% | 8.4463% | 5.8849% | 69.6737% |
| 华夏银行 | 69.5834% | 7.2099% | 5.2820% | 73.2602% | 70.4113% | 7.2538% | 5.3844% | 74.2291% |
| 民生银行 | 59.9687% | 8.4663% | 5.3583% | 63.2897% | 66.5390% | 9.2101% | 6.5426% | 71.0372% |
| 招商银行 | 74.3066% | 7.9105% | 6.2452% | 78.9490% | 69.0986% | 9.5654% | 7.0782% | 73.9986% |
| 南京银行 | 62.1468% | 11.5224% | 7.7178% | 66.9806% | 59.9343% | 10.2210% | 6.5299% | 63.8872% |
| 北京银行 | 63.7315% | 10.0336% | 6.8318% | 68.0900% | 62.4254% | 9.3608% | 6.2071% | 66.3097% |
| 农业银行 | 82.0194% | 6.9025% | 6.0019% | 86.9523% | 81.1106% | 7.1381% | 6.1462% | 86.1043% |
| 兴业银行 | 55.7761% | 9.3520% | 5.5051% | 58.8658% | 59.0179% | 9.2045% | 5.7467% | 62.4333% |
| 交通银行 | 70.7025% | 10.1898% | 7.7662% | 76.2155% | 69.7513% | 10.0909% | 7.5741% | 75.0585% |
| 工商银行 | 77.7719% | 8.2460% | 6.8540% | 83.1187% | 77.2863% | 8.7145% | 7.2233% | 82.8878% |
| 光大银行 | 62.6045% | 8.0016% | 5.2739% | 65.9103% | 66.4688% | 9.5210% | 6.7567% | 70.9661% |
| 建设银行 | 81.1796% | 8.3023% | 7.2312% | 87.0989% | 79.5604% | 8.7208% | 7.4600% | 85.5423% |
| 中国银行 | 72.3466% | 8.9893% | 6.9775% | 77.6203% | 72.7805% | 9.1497% | 7.1550% | 78.1997% |
| 中信银行 | 76.1888% | 8.7957% | 7.1950% | 81.8013% | 72.8244% | 8.5079% | 6.6150% | 77.7511% |

数据来源：根据各银行年报数据计算而得。

附表 9　中国上市银行财务分析指标

| 银行名称 | 年度 | 资本充足率 | 不良贷款率 | 存贷比 | 流动性比率 | 贷款/资产 | 存款/负债 | 资产规模增长率 |
|---|---|---|---|---|---|---|---|---|
| 平安银行 | 2008 | 8.58% | 0.68% | 78.70% | 0.42 | 59.81% | 78.71% | 34.58% |
| | 2009 | 8.88% | 0.68% | 69.12% | 0.39 | 61.16% | 80.13% | 23.90% |
| | 2010 | 10.19% | 0.58% | 69.23% | 0.53 | 55.99% | 81.10% | 23.78% |
| | 2011 | 11.51% | 0.53% | 72.94% | 0.55 | 49.33% | 71.94% | 72.92% |
| | 2012 | 11.37% | 0.95% | 69.61% | 0.51 | 44.87% | 67.10% | 27.69% |
| | 2013 | 11.04% | 0.89% | 68.64% | 0.50 | 44.79% | 68.38% | 17.75% |

续上表

| 银行名称 | 年度 | 资本充足率 | 不良贷款率 | 存贷比 | 流动性比率 | 贷款/资产 | 存款/负债 | 资产规模增长率 |
|---|---|---|---|---|---|---|---|---|
| 宁波银行 | 2008 | 16.15% | 0.92% | 64.49% | 0.56 | 47.60% | 80.69% | 36.75% |
| | 2009 | 10.75% | 0.79% | 69.40% | 0.46 | 50.12% | 72.10% | 58.19% |
| | 2010 | 16.20% | 0.69% | 66.22% | 0.53 | 38.58% | 58.94% | 61.17% |
| | 2011 | 15.36% | 0.68% | 66.62% | 0.52 | 47.12% | 73.10% | -1.05% |
| | 2012 | 15.65% | 0.76% | 67.74% | 0.42 | 38.98% | 59.07% | 43.39% |
| | 2013 | 13.88% | 0.89% | 61.97% | 0.43 | 36.60% | 57.72% | 25.23% |
| 浦发银行 | 2008 | 9.06% | 1.21% | 73.64% | 0.55 | 53.27% | 74.72% | 43.11% |
| | 2009 | 10.34% | 0.80% | 71.71% | 0.49 | 57.24% | 83.32% | 23.93% |
| | 2010 | 12.02% | 0.51% | 69.96% | 0.40 | 52.32% | 79.23% | 35.05% |
| | 2011 | 12.70% | 0.44% | 71.93% | 0.43 | 49.59% | 73.02% | 22.51% |
| | 2012 | 12.45% | 0.58% | 72.37% | 0.38 | 49.10% | 71.96% | 17.17% |
| | 2013 | 11.50% | 0.74% | 73.05% | 0.42 | 48.03% | 69.67% | 16.99% |
| 华夏银行 | 2008 | 11.40% | 1.82% | 70.44% | 0.53 | 48.59% | 68.92% | 23.52% |
| | 2009 | 10.20% | 1.50% | 70.97% | 0.29 | 50.89% | 71.35% | 15.56% |
| | 2010 | 10.58% | 1.18% | 67.00% | 0.38 | 50.75% | 76.40% | 23.04% |
| | 2011 | 11.68% | 0.92% | 66.72% | 0.39 | 49.15% | 75.92% | 19.60% |
| | 2012 | 10.85% | 0.88% | 69.51% | 0.34 | 48.37% | 73.26% | 19.67% |
| | 2013 | 10.93% | 0.90% | 69.90% | 0.31 | 49.22% | 74.23% | 12.33% |
| 民生银行 | 2008 | 9.22% | 1.20% | 83.78% | 0.46 | 62.44% | 78.60% | 14.63% |
| | 2009 | 10.83% | 0.84% | 78.28% | 0.35 | 61.90% | 84.33% | 35.29% |
| | 2010 | 10.44% | 0.69% | 74.64% | 0.32 | 57.99% | 82.45% | 27.86% |
| | 2011 | 10.86% | 0.63% | 73.28% | 0.41 | 54.07% | 78.51% | 22.23% |
| | 2012 | 10.75% | 0.76% | 71.88% | 0.36 | 43.11% | 63.29% | 44.10% |
| | 2013 | 12.10% | 0.85% | 73.33% | 0.29 | 48.80% | 71.04% | 0.44% |
| 招商银行 | 2008 | 11.34% | 1.11% | 70.75% | 0.43 | 55.63% | 83.82% | 19.93% |
| | 2009 | 10.45% | 0.82% | 73.69% | 0.34 | 57.34% | 81.42% | 31.57% |
| | 2010 | 11.47% | 0.68% | 74.59% | 0.37 | 59.58% | 83.63% | 16.18% |
| | 2011 | 11.53% | 0.56% | 71.80% | 0.44 | 58.72% | 84.41% | 16.34% |
| | 2012 | 12.14% | 0.61% | 71.37% | 0.52 | 55.88% | 78.95% | 21.94% |
| | 2013 | 11.28% | 0.83% | 74.44% | 0.60 | 54.70% | 74.00% | 17.85% |
| 南京银行 | 2008 | 24.12% | 1.64% | 61.60% | 0.50 | 42.88% | 76.17% | 23.19% |
| | 2009 | 13.90% | 1.22% | 64.00% | 0.40 | 44.82% | 74.33% | 59.61% |

续上表

| 银行名称 | 年度 | 资本充足率 | 不良贷款率 | 存贷比 | 流动性比率 | 贷款/资产 | 存款/负债 | 资产规模增长率 |
|---|---|---|---|---|---|---|---|---|
| 南京银行 | 2010 | 14.63% | 0.97% | 60.04% | 0.40 | 37.88% | 68.99% | 48.09% |
| | 2011 | 14.96% | 0.78% | 61.77% | 0.39 | 36.48% | 64.01% | 27.22% |
| | 2012 | 14.98% | 0.83% | 58.63% | 0.36 | 36.44% | 66.98% | 22.00% |
| | 2013 | 12.95% | 0.89% | 56.49% | 0.45 | 33.86% | 63.89% | 26.26% |
| 北京银行 | 2008 | 19.66% | 1.55% | 57.98% | 0.63 | 46.30% | 82.42% | 17.73% |
| | 2009 | 14.35% | 1.02% | 58.94% | 0.47 | 51.26% | 90.13% | 27.92% |
| | 2010 | 12.62% | 0.69% | 58.22% | 0.38 | 45.65% | 80.75% | 37.44% |
| | 2011 | 12.06% | 0.53% | 64.41% | 0.34 | 42.41% | 67.79% | 30.45% |
| | 2012 | 12.90% | 0.59% | 68.19% | 0.38 | 44.35% | 68.09% | 17.09% |
| | 2013 | 11.31% | 0.65% | 68.74% | 0.33 | 43.75% | 66.31% | 19.36% |
| 农业银行 | 2008 | 9.41% | 4.32% | 50.84% | 0.45 | 44.20% | 90.68% | 32.21% |
| | 2009 | 10.07% | 2.91% | 55.19% | 0.41 | 46.59% | 87.80% | 26.63% |
| | 2010 | 11.59% | 2.03% | 55.77% | 0.38 | 47.95% | 90.74% | 16.38% |
| | 2011 | 11.94% | 1.55% | 58.50% | 0.40 | 48.20% | 87.25% | 12.96% |
| | 2012 | 12.61% | 1.33% | 59.22% | 0.45 | 48.57% | 86.95% | 13.42% |
| | 2013 | 12.57% | 1.22% | 61.17% | 0.44 | 49.61% | 86.10% | 9.95% |
| 兴业银行 | 2008 | 11.24% | 0.83% | 70.82% | 0.41 | 48.92% | 65.07% | 19.92% |
| | 2009 | 10.75% | 0.54% | 71.90% | 0.32 | 52.67% | 70.79% | 30.49% |
| | 2010 | 11.22% | 0.42% | 71.21% | 0.38 | 46.19% | 64.45% | 38.85% |
| | 2011 | 11.04% | 0.38% | 71.46% | 0.31 | 40.82% | 58.68% | 30.23% |
| | 2012 | 12.06% | 0.43% | 66.50% | 0.29 | 37.81% | 58.87% | 34.96% |
| | 2013 | 11.92% | 0.76% | 61.95% | 0.35 | 36.90% | 62.43% | 13.12% |
| 交通银行 | 2008 | 13.47% | 1.92% | 65.29% | 0.40 | 49.61% | 73.67% | 27.32% |
| | 2009 | 12.00% | 1.36% | 71.97% | 0.28 | 55.58% | 75.43% | 23.56% |
| | 2010 | 12.36% | 1.12% | 72.10% | 0.32 | 56.61% | 76.93% | 19.41% |
| | 2011 | 12.44% | 0.86% | 71.94% | 0.35 | 55.56% | 75.68% | 16.69% |
| | 2012 | 14.07% | 0.92% | 72.71% | 0.38 | 55.89% | 76.22% | 14.36% |
| | 2013 | 13.25% | 1.05% | 73.40% | 0.48 | 54.80% | 75.06% | 13.04% |
| 工商银行 | 2008 | 13.06% | 2.29% | 56.40% | 0.33 | 46.86% | 89.87% | 12.36% |
| | 2009 | 12.36% | 1.54% | 59.50% | 0.31 | 48.61% | 87.98% | 20.78% |
| | 2010 | 12.27% | 1.08% | 62.00% | 0.32 | 50.45% | 88.20% | 14.20% |
| | 2011 | 13.17% | 0.94% | 63.50% | 0.28 | 50.33% | 84.45% | 15.00% |

续上表

| 银行名称 | 年度 | 资本充足率 | 不良贷款率 | 存贷比 | 流动性比率 | 贷款/资产 | 存款/负债 | 资产规模增长率 |
|---|---|---|---|---|---|---|---|---|
| 工商银行 | 2012 | 13.66% | 0.85% | 64.10% | 0.33 | 50.19% | 83.12% | 13.34% |
|  | 2013 | 13.31% | 0.94% | 66.60% | 0.30 | 52.45% | 82.89% | 7.84% |
| 光大银行 | 2008 | 9.10% | 2.00% | 74.86% | 0.42 | 55.00% | 76.45% | 15.24% |
|  | 2009 | 10.39% | 1.25% | 78.15% | 0.35 | 54.18% | 70.26% | 40.60% |
|  | 2010 | 11.02% | 0.75% | 71.63% | 0.46 | 52.53% | 75.81% | 23.90% |
|  | 2011 | 10.57% | 0.64% | 71.67% | 0.38 | 51.34% | 74.84% | 16.81% |
|  | 2012 | 10.99% | 0.74% | 71.52% | 0.51 | 44.89% | 65.91% | 31.50% |
|  | 2013 | 11.31% | 0.86% | 72.59% | 0.33 | 48.29% | 70.97% | 5.96% |
| 建设银行 | 2008 | 12.16% | 2.21% | 59.50% | 0.53 | 50.21% | 89.96% | 14.51% |
|  | 2009 | 11.70% | 1.50% | 60.24% | 0.50 | 50.08% | 88.27% | 27.37% |
|  | 2010 | 12.68% | 1.14% | 62.47% | 0.52 | 52.44% | 89.77% | 12.33% |
|  | 2011 | 13.68% | 1.09% | 65.05% | 0.54 | 52.89% | 87.11% | 13.61% |
|  | 2012 | 14.32% | 0.99% | 66.23% | 0.57 | 53.76% | 87.10% | 13.77% |
|  | 2013 | 13.88% | 0.99% | 70.28% | 0.47 | 55.91% | 85.54% | 9.95% |
| 中国银行 | 2008 | 13.43% | 2.65% | 61.30% | 0.49 | 47.39% | 80.06% | 16.01% |
|  | 2009 | 11.14% | 1.52% | 70.30% | 0.45 | 56.11% | 81.46% | 25.82% |
|  | 2010 | 12.58% | 1.10% | 70.20% | 0.43 | 54.12% | 77.06% | 19.51% |
|  | 2011 | 12.97% | 1.00% | 68.77% | 0.47 | 53.62% | 79.63% | 13.10% |
|  | 2012 | 13.63% | 0.95% | 71.99% | 0.50 | 54.14% | 77.62% | 7.19% |
|  | 2013 | 13.47% | 0.96% | 72.52% | 0.48 | 54.83% | 78.20% | 9.41% |
| 中信银行 | 2008 | 14.32% | 1.36% | 70.30% | 0.51 | 55.98% | 86.58% | 17.46% |
|  | 2009 | 10.14% | 0.95% | 79.62% | 0.48 | 60.04% | 80.45% | 49.43% |
|  | 2010 | 11.31% | 0.67% | 72.83% | 0.57 | 60.74% | 88.45% | 17.26% |
|  | 2011 | 12.27% | 0.60% | 72.97% | 0.59 | 51.85% | 76.07% | 32.89% |
|  | 2012 | 13.44% | 0.74% | 73.59% | 0.49 | 56.18% | 81.80% | 7.02% |
|  | 2013 | 12.12% | 1.03% | 73.21% | 0.43 | 53.31% | 77.75% | 23.02% |
| 行业平均 |  | 12.28% | 1.05% | 68.11% | 42.44% | 50.13% | 76.68% |  |

数据来源：根据各银行年报数据，wind资讯行业数据库数据计算而得。

附表10　非上市股份制银行和部分城市商业银行指标数据

| 银行名称 | 年度 | 资本充足率 | 不良贷款率 NPLR | 存贷比 LDR | 银行名称 | 年度 | 资本充足率 CAR | 不良贷款率 NPLR | 存贷比 LDR |
|---|---|---|---|---|---|---|---|---|---|
| 渤海银行 | 2008 | 13.23% | 0.25% | 71.42% | 辽阳银行 | 2008 | 9.89% | 4.30% | 66.59% |
|  | 2009 | 10.21% | 0.10% | 68.64% |  | 2009 | 15.37% | 1.96% | 69.49% |
|  | 2010 | 10.79% | 0.11% | 66.83% |  | 2010 | 13.16% | 0.97% | 65.61% |
|  | 2011 | 11.77% | 0.14% | 67.74% |  | 2011 | 14.63% | 0.77% | 59.34% |
|  | 2012 | 11.68% | 0.14% | 65.19% |  | 2012 | 13.66% | 0.75% | 53.00% |
|  | 2013 | 12.81% | 0.26% | 55.28% |  | 2013 | 15.44% | 0.95% | 51.31% |
| 广发银行 | 2008 | 11.63% | 2.85% | 77.03% | 临商银行 | 2008 | 11.20% | 4.31% | 71.46% |
|  | 2009 | 8.98% | 2.40% | 70.03% |  | 2009 |  | 2.35% | 64.79% |
|  | 2010 | 11.02% | 1.58% | 74.24% |  | 2010 | 14.49% | 1.01% | 65.99% |
|  | 2011 | 11.10% | 1.34% | 72.75% |  | 2011 | 12.06% | 0.76% | 69.52% |
|  | 2012 | 11.27% | 1.48% | 71.92% |  | 2012 | 12.83% | 0.88% | 72.19% |
|  | 2013 | 8.97% | 0.87% | 71.84% |  | 2013 | 10.51% | 1.87% | 66.19% |
| 恒丰银行 | 2008 | 8.91% | 0.55% | 74.60% | 柳州银行 | 2008 | 9.12% | 1.78% | 61.48% |
|  | 2009 | 12.00% | 0.38% | 67.60% |  | 2009 | 13.85% | 1.28% | 52.32% |
|  | 2010 | 11.08% | 0.62% | 66.59% |  | 2010 | 13.48% | 0.96% | 49.73% |
|  | 2011 | 11.41% | 0.59% | 71.37% |  | 2011 | 12.51% | 0.76% | 44.04% |
|  | 2012 | 11.38% | 0.67% | 55.98% |  | 2012 |  |  |  |
|  | 2013 | 0.00% | 0.95% | 55.99% |  | 2013 |  |  |  |
| 浙商银行 | 2008 | 10.01% | 0.39% | 71.90% | 洛阳银行 | 2008 | 12.38% | 66.34% | 12.38% |
|  | 2009 | 11.06% | 0.29% | 72.04% |  | 2009 | 13.17% | 1.21% | 61.90% |
|  | 2010 | 15.44% | 0.20% | 72.03% |  | 2010 | 14.28% | 0.82% | 60.00% |
|  | 2011 | 13.94% | 0.24% | 69.40% |  | 2011 | 12.27% | 0.54% | 64.87% |
|  | 2012 | 12.51% | 0.46% | 68.31% |  | 2012 | 15.56% | 0.56% | 68.94% |
|  | 2013 | 12.54% | 0.64% | 67.90% |  | 2013 | 13.18% | 0.57% | 67.89% |
| 鞍山银行 | 2008 | 14.02% | 2.20% | 59.23% | 内蒙古银行 | 2008 | 10.04% | 3.17% | 56.30% |
|  | 2009 | 11.73% | 2.56% | 63.60% |  | 2009 | 17.24% | 2.21% | 62.08% |
|  | 2010 | 13.17% | 2.16% | 67.00% |  | 2010 | 14.29% | 1.09% | 48.95% |
|  | 2011 | 13.38% | 1.68% | 67.19% |  | 2011 | 19.75% | 1.12% | 46.52% |
|  | 2012 | 14.09% | 0.93% | 64.84% |  | 2012 | 18.08% | 1.79% | 42.33% |
|  | 2013 | 11.21% | 1.47% | 64.28% |  | 2013 | 15.90% | 1.76% | 57.42% |

续上表

| 银行名称 | 年度 | 资本充足率 CAR | 不良贷款率 NPLR | 存贷比 LDR | 银行名称 | 年度 | 资本充足率 CAR | 不良贷款率 NPLR | 存贷比 LDR |
|---|---|---|---|---|---|---|---|---|---|
| 包商银行 | 2008 | 12.50% | 0.53% | 48.49% | 南昌银行 | 2008 | 16.41% | 2.87% | 60.94% |
|  | 2009 | 12.40% | 0.52% | 41.34% |  | 2009 | 14.16% | 1.52% | 64.00% |
|  | 2010 | 11.34% | 0.46% | 37.14% |  | 2010 | 12.65% | 1.38% | 51.47% |
|  | 2011 | 14.36% | 0.43% | 41.38% |  | 2011 | 13.63% | 1.28% | 47.06% |
|  | 2012 | 16.84% | 0.87% | 47.64% |  | 2012 | 15.94% | 1.56% | 53.93% |
|  | 2013 | 12.05% | 1.00% | 49.77% |  | 2013 | 12.61% | 1.77% | 55.93% |
| 长安银行 | 2008 |  |  |  | 南充市商业银行 | 2008 | 11.29% | 1.14% | 64.41% |
|  | 2009 | 33.97% | 0.27% | 52.49% |  | 2009 |  |  |  |
|  | 2010 | 24.32% | 0.19% | 53.44% |  | 2010 | 11.17% | 0.54% | 46.45% |
|  | 2011 | 18.72% | 0.24% | 57.48% |  | 2011 | 16.65% | 0.42% | 35.40% |
|  | 2012 | 13.20% | 0.22% | 62.83% |  | 2012 | 13.34% | 0.32% | 42.38% |
|  | 2013 | 11.36% | 0.22% | 62.63% |  | 2013 | 13.07% | 0.47% | 39.96% |
| 长沙银行 | 2008 | 9.86% | 3.08% | 46.67% | 宁夏银行 | 2008 | 13.92% | 2.65% | 67.65% |
|  | 2009 | 10.91% | 1.71% | 45.90% |  | 2009 | 14.69% | 2.02% | 67.33% |
|  | 2010 | 13.44% | 1.33% | 49.25% |  | 2010 | 14.85% | 0.99% | 68.66% |
|  | 2011 | 13.02% | 0.76% | 47.21% |  | 2011 | 13.38% | 0.86% | 67.00% |
|  | 2012 | 12.91% | 0.72% | 43.20% |  | 2012 | 13.58% | 0.80% | 67.08% |
|  | 2013 | 12.11% | 0.73% | 44.02% |  | 2013 | 14.23% | 0.87% | 67.75% |
| 成都银行 | 2008 | 17.62% | 3.71% | 69.01% | 攀枝花市商业银行 | 2008 | 9.19% | 0.21% | 67.05% |
|  | 2009 | 14.44% | 1.46% | 63.51% |  | 2009 |  |  | 64.50% |
|  | 2010 | 13.14% | 0.73% | 55.45% |  | 2010 |  |  | 45.04% |
|  | 2011 | 15.19% | 0.62% | 59.82% |  | 2011 | 16.10% | 0.11% | 46.69% |
|  | 2012 | 14.52% | 0.62% | 57.40% |  | 2012 | 14.75% | 0.09% | 48.58% |
|  | 2013 | 13.11% | 0.72% | 56.82% |  | 2013 | 14.97% | 0.08% | 54.58% |
| 承德银行 | 2008 | 17.16% | 2.52% | 56.35% | 齐鲁银行 | 2008 | 11.34% | 2.55% | 63.36% |
|  | 2009 | 16.13% | 1.44% | 52.70% |  | 2009 | 11.66% | 1.99% | 64.60% |
|  | 2010 | 15.17% | 0.94% | 47.60% |  | 2010 | 9.14% | 13.97% | 65.68% |
|  | 2011 | 17.02% | 0.70% | 47.74% |  | 2011 | 10.90% | 9.56% | 65.71% |
|  | 2012 | 15.49% | 0.52% | 55.39% |  | 2012 | 13.07% | 1.15% | 65.97% |
|  | 2013 | 13.78% | 0.29% | 51.78% |  | 2013 | 11.98% | 0.96% | 63.97% |

续上表

| 银行名称 | 年度 | 资本充足率 CAR | 不良贷款率 NPLR | 存贷比 LDR | 银行名称 | 年度 | 资本充足率 CAR | 不良贷款率 NPLR | 存贷比 LDR |
|---|---|---|---|---|---|---|---|---|---|
| 重庆三峡银行 | 2008 | 52.15% | 0.73% | 40.29% | 齐商银行 | 2008 | 14.20% | 2.69% | 71.56% |
| | 2009 | 14.62% | 0.67% | 50.88% | | 2009 | 13.02% | 2.08% | 73.26% |
| | 2010 | 15.91% | 0.61% | 49.75% | | 2010 | 12.23% | 1.22% | 73.56% |
| | 2011 | 13.13% | 0.33% | 44.04% | | 2011 | 12.08% | 1.68% | 72.88% |
| | 2012 | 12.97% | 0.25% | 41.33% | | 2012 | 12.84% | 1.42% | 71.08% |
| | 2013 | 12.21% | 0.52% | 39.25% | | 2013 | 10.44% | 1.94% | 64.64% |
| 重庆银行 | 2008 | 10.77% | 0.78% | 68.16% | 青岛银行 | 2008 | 19.71% | 1.95% | 66.16% |
| | 2009 | 13.75% | 0.47% | 71.32% | | 2009 | 15.38% | 1.58% | 66.31% |
| | 2010 | 12.41% | 0.36% | 71.72% | | 2010 | 11.10% | 1.14% | 54.14% |
| | 2011 | 11.96% | 0.35% | 71.69% | | 2011 | 14.52% | 0.86% | 55.36% |
| | 2012 | 12.63% | 0.33% | 67.20% | | 2012 | 13.70% | 0.76% | 59.57% |
| | 2013 | 13.26% | 0.39% | 60.82% | | 2013 | | 0.75% | 56.79% |
| 大连银行 | 2008 | 10.94% | 2.45% | 61.81% | 泉州银行 | 2008 | 11.68% | 3.44% | 60.98% |
| | 2009 | 13.38% | 1.25% | 54.19% | | 2009 | 10.88% | 1.97% | 68.86% |
| | 2010 | 12.02% | 0.97% | 50.88% | | 2010 | 15.55% | 0.83% | 65.28% |
| | 2011 | 11.57% | 0.98% | 62.72% | | 2011 | 14.42% | 0.74% | 62.94% |
| | 2012 | 11.23% | 0.90% | 57.96% | | 2012 | 12.17% | 0.82% | 58.53% |
| | 2013 | 10.81% | 1.96% | 55.66% | | 2013 | 12.65% | 0.92% | 51.59% |
| 德阳银行 | 2008 | 9.19% | 2.97% | 61.55% | 日照银行 | 2008 | 17.67% | 0.93% | 74.62% |
| | 2009 | 11.75% | 1.57% | 62.43% | | 2009 | 16.06% | 0.84% | 68.29% |
| | 2010 | 12.23% | 0.73% | 48.69% | | 2010 | 13.12% | 0.68% | 59.28% |
| | 2011 | 12.56% | 0.58% | 56.93% | | 2011 | 12.73% | 0.64% | 68.79% |
| | 2012 | 14.25% | 0.64% | 59.92% | | 2012 | 13.01% | 0.98% | 68.22% |
| | 2013 | | | | | 2013 | 14.66% | 0.96% | 61.59% |
| 东莞银行 | 2008 | 14.37% | 1.88% | 56.60% | 上海银行 | 2008 | 11.27% | 2.23% | 66.83% |
| | 2009 | 13.08% | 1.57% | 54.95% | | 2009 | 10.29% | 1.59% | 73.39% |
| | 2010 | 11.70% | 1.09% | 56.71% | | 2010 | 10.70% | 1.12% | 72.87% |
| | 2011 | 13.74% | 0.80% | 59.83% | | 2011 | 11.43% | 0.98% | 71.68% |
| | 2012 | 13.43% | 0.80% | 60.20% | | 2012 | 13.17% | 0.84% | 71.65% |
| | 2013 | 14.77% | 0.97% | 62.96% | | 2013 | 11.94% | 0.82% | 70.52% |

续上表

| 银行名称 | 年度 | 资本充足率 CAR | 不良贷款率 NPLR | 存贷比 LDR | 银行名称 | 年度 | 资本充足率 CAR | 不良贷款率 NPLR | 存贷比 LDR |
|---|---|---|---|---|---|---|---|---|---|
| 东营市商业银行 | 2008 | 12.31% | 1.04% | 69.91% | 上饶银行 | 2008 | 18.89% | 1.82% | 66.55% |
| | 2009 | 13.74% | 0.84% | 67.93% | | 2009 | 17.22% | 0.87% | 60.56% |
| | 2010 | 12.24% | 0.66% | 69.59% | | 2010 | 12.85% | 0.52% | 60.19% |
| | 2011 | 14.62% | 0.56% | 70.58% | | 2011 | 14.82% | 0.26% | 58.67% |
| | 2012 | 14.76% | 0.51% | 67.02% | | 2012 | 18.35% | 0.55% | 50.32% |
| | 2013 | 13.31% | 0.48% | 64.48% | | 2013 | 16.07% | 0.81% | 51.85% |
| 鄂尔多斯市商业银行 | 2008 | 8.11% | 0.18% | 45.11% | 绍兴银行 | 2008 | 10.40% | 2.84% | 74.18% |
| | 2009 | 13.57% | 1.92% | 34.72% | | 2009 | 12.11% | 2.55% | 68.33% |
| | 2010 | 12.09% | 1.26% | 38.25% | | 2010 | 12.12% | 1.94% | 72.55% |
| | 2011 | 12.63% | 1.40% | 49.18% | | 2011 | 12.22% | 0.63% | 73.51% |
| | 2012 | 13.52% | 1.28% | 49.01% | | 2012 | 11.67% | 1.16% | 72.80% |
| | 2013 | 17.16% | 1.87% | 43.38% | | 2013 | 12.75% | 1.22% | 72.61% |
| 富滇银行 | 2008 | 16.03% | 3.02% | 72.76% | 盛京银行 | 2008 | 13.98% | 1.57% | 58.37% |
| | 2009 | 13.33% | 2.23% | 71.96% | | 2009 | 12.01% | 0.94% | 62.69% |
| | 2010 | 12.24% | 1.28% | 73.36% | | 2010 | 11.30% | 0.76% | 58.85% |
| | 2011 | 14.27% | | 68.80% | | 2011 | 12.02% | 0.63% | 54.80% |
| | 2012 | 13.27% | | 69.79% | | 2012 | 11.92% | 0.54% | 51.75% |
| | 2013 | 11.01% | 0.87% | 70.11% | | 2013 | 11.17% | 0.46% | 50.76% |
| 赣州银行 | 2008 | 12.51% | 0.23% | 64.79% | 天津银行 | 2008 | 12.38% | 1.98% | 50.16% |
| | 2009 | 12.25% | 0.12% | 59.67% | | 2009 | 12.48% | 1.54% | 47.30% |
| | 2010 | 14.21% | 0.09% | 39.59% | | 2010 | 11.30% | 1.02% | 48.33% |
| | 2011 | | | | | 2011 | 11.33% | 0.93% | 55.66% |
| | 2012 | 13.71% | 0.62% | 31.63% | | 2012 | 13.05% | 0.72% | 60.25% |
| | 2013 | 12.57% | 1.19% | 34.35% | | 2013 | 11.04% | 1.03% | 59.99% |
| 广西北部湾银行 | 2008 | 38.09% | 1.91% | 56.83% | 威海市商业银行 | 2008 | 10.55% | 1.60% | 72.00% |
| | 2009 | 21.84% | 1.50% | 57.39% | | 2009 | 11.08% | 1.12% | 66.03% |
| | 2010 | 16.99% | 0.98% | 50.67% | | 2010 | 12.08% | 0.84% | 59.39% |
| | 2011 | 14.01% | 0.51% | 51.31% | | 2011 | 11.58% | 0.69% | 64.55% |
| | 2012 | 13.16% | 0.51% | 63.88% | | 2012 | 13.69% | 0.57% | 65.37% |
| | 2013 | 18.43% | 2.99% | 65.72% | | 2013 | 11.59% | 0.46% | 57.20% |

续上表

| 银行名称 | 年度 | 资本充足率 CAR | 不良贷款率 NPLR | 存贷比 LDR | 银行名称 | 年度 | 资本充足率 CAR | 不良贷款率 NPLR | 存贷比 LDR |
|---|---|---|---|---|---|---|---|---|---|
| 贵阳银行 | 2008 | 9.71% | 9.81% | 59.70% | 潍坊银行 | 2008 | 12.21% | 1.90% | 65.18% |
| | 2009 | | 3.81% | 55.38% | | 2009 | 11.20% | 1.44% | 66.61% |
| | 2010 | | | 54.40% | | 2010 | 10.15% | 1.07% | 67.27% |
| | 2011 | 13.28% | 0.73% | 53.30% | | 2011 | 12.32% | 0.88% | 71.04% |
| | 2012 | 15.59% | 0.60% | 53.41% | | 2012 | 12.36% | 1.29% | 69.89% |
| | 2013 | 12.95% | 0.59% | 52.15% | | 2013 | 12.50% | 0.96% | 65.13% |
| 哈尔滨银行 | 2008 | 10.66% | 3.16% | 63.40% | 温州银行 | 2008 | 10.60% | 1.45% | 72.96% |
| | 2009 | 13.12% | 0.99% | 57.93% | | 2009 | 11.60% | 0.89% | 72.05% |
| | 2010 | 11.57% | 0.79% | 47.93% | | 2010 | 12.67% | 0.87% | 68.42% |
| | 2011 | 13.70% | 0.65% | 45.17% | | 2011 | 11.55% | 0.99% | 67.86% |
| | 2012 | 46.75% | 13.13% | 0.64% | | 2012 | 11.61% | 70.25% | 11.61% |
| | 2013 | 12.55% | 0.85% | 47.26% | | 2013 | 11.34% | 1.24% | 70.96% |
| 杭州银行 | 2008 | 10.70% | 0.84% | 70.82% | 厦门银行 | 2008 | 10.57% | 3.98% | 64.38% |
| | 2009 | 12.63% | 0.80% | 69.01% | | 2009 | | | 47.31% |
| | 2010 | 11.73% | 0.65% | 69.93% | | 2010 | 15.80% | 1.47% | 27.93% |
| | 2011 | 12.21% | 0.59% | 69.68% | | 2011 | 14.56% | 1.03% | 29.47% |
| | 2012 | 12.46% | 0.97% | 66.24% | | 2012 | 12.80% | 1.00% | 33.11% |
| | 2013 | 11.58% | 1.19% | 66.48% | | 2013 | 14.12% | 0.99% | 31.81% |
| 河北银行 | 2008 | 10.82% | 2.93% | 56.99% | 新乡银行 | 2008 | 10.61% | 3.41% | 71.76% |
| | 2009 | 13.93% | 1.02% | 52.20% | | 2009 | 12.55% | 2.80% | 74.89% |
| | 2010 | 13.15% | 0.67% | 48.44% | | 2010 | | | |
| | 2011 | 12.19% | 0.80% | 52.95% | | 2011 | | | |
| | 2012 | 12.95% | 0.62% | 55.12% | | 2012 | | | |
| | 2013 | 12.09% | 0.68% | 53.41% | | 2013 | | | |
| 徽商银行 | 2008 | 15.83% | 1.22% | 72.32% | 许昌银行 | 2008 | 13.04% | 1.24% | 68.87% |
| | 2009 | 12.14% | 0.93% | 70.65% | | 2009 | 13.06% | 0.97% | 70.76% |
| | 2010 | 12.06% | 0.60% | 73.34% | | 2010 | 14.32% | 0.70% | 67.19% |
| | 2011 | 14.68% | 0.48% | 66.81% | | 2011 | 20.84% | 0.44% | 63.83% |
| | 2012 | 13.54% | 0.58% | 68.38% | | 2012 | 20.85% | 0.30% | 64.47% |
| | 2013 | 15.19% | 0.54% | 71.65% | | 2013 | | | |

续上表

| 银行名称 | 年度 | 资本充足率 CAR | 不良贷款率 NPLR | 存贷比 LDR | 银行名称 | 年度 | 资本充足率 CAR | 不良贷款率 NPLR | 存贷比 LDR |
| --- | --- | --- | --- | --- | --- | --- | --- | --- | --- |
| 吉林银行 | 2008 | 11.89% | 4.09% | 67.35% | 烟台银行 | 2008 | 8.58% | 3.99% | 73.66% |
|  | 2009 | 11.00% | 1.44% | 74.33% |  | 2009 | 23.05% | 1.85% | 71.93% |
|  | 2010 | 11.46% | 1.16% | 67.90% |  | 2010 | 17.16% | 1.56% | 72.42% |
|  | 2011 | 11.25% | 1.32% | 68.72% |  | 2011 |  |  |  |
|  | 2012 | 12.57% | 1.13% | 69.64% |  | 2012 |  |  |  |
|  | 2013 | 11.30% | 1.17% | 65.54% |  | 2013 |  |  |  |
| 济宁银行 | 2008 | 14.89% | 1.98% | 72.35% | 枣庄市商业银行 | 2008 | 13.00% | 1.97% | 52.34% |
|  | 2009 | 11.95% | 1.39% | 72.57% |  | 2009 | 12.35% | 1.53% | 54.38% |
|  | 2010 | 22.68% | 1.02% | 65.83% |  | 2010 | 16.63% | 1.21% | 58.08% |
|  | 2011 | 19.56% | 0.74% | 70.81% |  | 2011 | 17.23% | 1.70% | 62.62% |
|  | 2012 | 17.23% | 0.73% | 74.05% |  | 2012 | 14.50% | 1.76% | 66.30% |
|  | 2013 | 14.20% | 0.80% | 70.17% |  | 2013 | 10.93% | 2.38% | 64.46% |
| 嘉兴银行 | 2008 | 10.36% | 2.49% | 71.65% | 浙江稠州商业银行 | 2008 | 10.59% | 0.78% | 73.77% |
|  | 2009 | 11.27% | 1.38% | 70.83% |  | 2009 | 13.03% | 0.50% | 73.08% |
|  | 2010 | 10.88% | 0.67% | 69.85% |  | 2010 | 15.35% | 0.40% | 71.73% |
|  | 2011 | 12.52% | 0.90% | 70.91% |  | 2011 | 13.70% | 0.63% | 68.83% |
|  | 2012 | 12.99% | 1.78% | 72.25% |  | 2012 | 12.32% | 1.06% | 73.62% |
|  | 2013 | 11.82% | 1.65% | 71.83% |  | 2013 | 12.02% | 0.99% | 75.09% |
| 江苏银行 | 2008 | 10.50% | 1.82% | 67.00% | 浙江泰隆商业银行 | 2008 | 11.89% | 0.79% | 61.88% |
|  | 2009 | 10.74% | 1.45% | 69.49% |  | 2009 | 13.12% | 0.70% | 65.96% |
|  | 2010 | 11.82% | 1.06% | 66.61% |  | 2010 | 11.37% | 0.44% | 65.02% |
|  | 2011 | 12.82% | 0.96% | 66.97% |  | 2011 | 12.21% | 0.51% | 71.33% |
|  | 2012 | 12.16% | 1.01% | 66.22% |  | 2012 | 11.45% | 0.80% | 71.68% |
|  | 2013 | 13.41% | 1.15% | 68.86% |  | 2013 | 11.57% | 0.95% | 61.34% |
| 焦作市商业银行 | 2008 | 9.78% | 4.28% | 68.00% | 郑州银行 | 2008 | 10.65% | 2.25% | 59.69% |
|  | 2009 | 12.47% | 2.71% | 69.30% |  | 2009 | 14.67% | 1.51% | 56.89% |
|  | 2010 | 13.14% | 1.92% | 68.70% |  | 2010 | 11.61% | 0.51% | 59.37% |
|  | 2011 | 10.14% | 1.79% | 69.20% |  | 2011 | 18.45% | 0.44% | 67.70% |
|  | 2012 | 16.85% | 0.91% | 65.19% |  | 2012 | 15.26% | 0.47% | 67.19% |
|  | 2013 | 12.84% | 0.80% | 67.38% |  | 2013 |  | 0.53% | 61.74% |

续上表

| 银行名称 | 年度 | 资本充足率 CAR | 不良贷款率 NPLR | 存贷比 LDR | 银行名称 | 年度 | 资本充足率 CAR | 不良贷款率 NPLR | 存贷比 LDR |
|---|---|---|---|---|---|---|---|---|---|
| 锦州银行 | 2008 | 11.38% | 2.98% | 66.12% | 福建海峡银行 | 2008 | 11.59% | 2.32% | 64.60% |
| | 2009 | 14.62% | 1.48% | 68.74% | | 2009 | 17.25% | 1.39% | 64.15% |
| | 2010 | 14.71% | 1.03% | 51.20% | | 2010 | 14.72% | 0.89% | 63.95% |
| | 2011 | 14.01% | 0.91% | 62.88% | | 2011 | 13.93% | 0.86% | 60.30% |
| | 2012 | 14.66% | 0.84% | 69.08% | | 2012 | 13.44% | 1.30% | 67.05% |
| | 2013 | 11.64% | 0.87% | 66.46% | | 2013 | 12.50% | 1.47% | 64.22% |
| 九江银行 | 2008 | 25.46% | 0.43% | 68.66% | 邯郸银行 | 2008 | | | 56.47% |
| | 2009 | 13.26% | 0.21% | 55.74% | | 2009 | 13.24% | 0.64% | 61.16% |
| | 2010 | 15.35% | 0.17% | 40.81% | | 2010 | 10.81% | 0.53% | 50.26% |
| | 2011 | 15.97% | 0.12% | 35.33% | | 2011 | 13.73% | 0.41% | 43.65% |
| | 2012 | 16.80% | 0.89% | 41.58% | | 2012 | | | 42.56% |
| | 2013 | 15.08% | 0.95% | 38.78% | | 2013 | | | 41.01% |
| 开封市商业银行 | 2008 | 14.35% | 2.83% | 45.81% | 华融湘江银行 | 2008 | | | |
| | 2009 | 12.48% | 1.43% | 54.63% | | 2009 | 10.74% | 2.22% | 54.27% |
| | 2010 | 12.47% | 1.03% | 64.09% | | 2010 | 13.78% | 0.00% | 52.34% |
| | 2011 | 18.26% | 0.72% | 70.75% | | 2011 | 11.54% | 0.01% | 53.13% |
| | 2012 | 12.84% | 0.46% | 67.47% | | 2012 | | 0.14% | 53.53% |
| | 2013 | | | | | 2013 | 11.94% | 0.38% | 53.68% |
| 昆仑银行 | 2008 | 20.75% | 1.09% | 22.78% | 广州银行 | 2008 | 10.44% | 11.92% | 40.87% |
| | 2009 | 20.07% | 0.08% | 55.68% | | 2009 | 14.66% | 0.00% | 46.22% |
| | 2010 | 17.16% | 0.06% | 21.03% | | 2010 | 12.70% | 0.00% | 45.60% |
| | 2011 | 19.18% | 0.03% | 24.14% | | 2011 | 12.13% | 0.03% | 56.88% |
| | 2012 | 13.72% | 1.80% | 31.79% | | 2012 | 12.56% | 0.04% | 53.11% |
| | 2013 | 12.38% | 1.03% | 48.33% | | 2013 | 12.26% | 0.03% | 50.86% |
| 莱商银行 | 2008 | 14.54% | 0.80% | 62.17% | 汉口银行 | 2008 | 13.04% | 1.90% | 61.29% |
| | 2009 | 14.33% | 0.96% | 59.15% | | 2009 | 11.62% | 1.28% | 59.97% |
| | 2010 | 13.06% | 0.68% | 62.20% | | 2010 | 12.01% | 1.16% | 44.04% |
| | 2011 | 23.08% | 0.53% | 69.02% | | 2011 | 11.04% | 0.87% | 52.11% |
| | 2012 | 19.05% | 0.45% | 69.42% | | 2012 | 13.53% | 0.96% | 54.76% |
| | 2013 | 15.90% | 1.23% | 68.19% | | 2013 | 12.25% | 1.10% | 56.93% |

续上表

| 银行名称 | 年度 | 资本充足率 CAR | 不良贷款率 NPLR | 存贷比 LDR | 银行名称 | 年度 | 资本充足率 CAR | 不良贷款率 NPLR | 存贷比 LDR |
|---|---|---|---|---|---|---|---|---|---|
| 兰州银行 | 2008 | 8.65% | 2.51% | 66.25% | 湖州银行 | 2008 | 8.85% | 1.43% | 68.29% |
| | 2009 | 10.57% | 1.60% | 68.24% | | 2009 | 11.17% | 0.86% | 72.29% |
| | 2010 | 12.01% | 1.21% | 61.02% | | 2010 | 14.82% | | 72.08% |
| | 2011 | 13.88% | 0.85% | 66.98% | | 2011 | 13.63% | | 75.22% |
| | 2012 | 12.02% | 0.85% | 66.79% | | 2012 | 15.05% | | 71.84% |
| | 2013 | 11.63% | 0.91% | 64.61% | | 2013 | 14.65% | 14.64% | 69.12% |

数据来源：wind 资讯行业数据库和机构研究库。

注：1. 空白表示无数据。

2. 本表包含 4 家非上市的全国性股份制银行、68 家城市商业银行。

3. 本表所列之银行是汇聚了 wind 资讯行业数据库和机构研究库中所有能够收集数据的银行，是中国比较有代表性的城市商业银行。

数据来源：wind 资讯行业数据库。

附表 11　53 家农村商业银行指标数据

| 银行名称 | 年度 | 资本充足率 CAR | 不良贷款率 NPLR | 存贷比 LDR | 银行名称 | 年度 | 资本充足率 CAR | 不良贷款率 NPLR | 存贷比 LDR |
|---|---|---|---|---|---|---|---|---|---|
| 重庆农村商业银行 | 2008 | 9.77% | 7.76% | 66.40% | 江苏滨海农村商业银行 | 2008 | | | |
| | 2009 | 10.23% | 3.88% | 66.21% | | 2009 | | | |
| | 2010 | 16.31% | 2.38% | 59.42% | | 2010 | | | |
| | 2011 | 14.90% | 1.44% | 58.64% | | 2011 | 13.24% | 3.31% | 84.90% |
| | 2012 | 12.93% | 0.98% | 58.93% | | 2012 | 13.18% | 2.39% | 80.14% |
| | 2013 | 13.31% | 0.80% | 59.00% | | 2013 | | | |
| 安徽定远农村商业银行 | 2008 | | | | 江苏阜宁农村商业银行 | 2008 | | | |
| | 2009 | | | | | 2009 | | | |
| | 2010 | | | | | 2010 | | | |
| | 2011 | 10.71% | 3.18% | 66.01% | | 2011 | | | |
| | 2012 | 16.29% | 2.73% | 63.17% | | 2012 | 15.79% | 15.78% | 80.25% |
| | 2013 | | | | | 2013 | 16.00% | 9.10% | 78.14% |

续上表

| 银行名称 | 年度 | 资本充足率 CAR | 不良贷款率 NPLR | 贷存比 LDR | 银行名称 | 年度 | 资本充足率 CAR | 不良贷款率 NPLR | 贷存比 LDR |
|---|---|---|---|---|---|---|---|---|---|
| 安徽肥西农村商业银行 | 2008 | | | | 江苏海安农村商业银行 | 2008 | | | |
| | 2009 | | | | | 2009 | | | |
| | 2010 | | 6.06% | 65.60% | | 2010 | 12.21% | 1.61% | 73.96% |
| | 2011 | 13.22% | 4.26% | 63.81% | | 2011 | 13.13% | 1.19% | 73.69% |
| | 2012 | 16.55% | 3.70% | 61.17% | | 2012 | 12.22% | 0.96% | 72.99% |
| | 2013 | 12.97% | 3.60% | 58.87% | | 2013 | 16.94% | 0.80% | 71.94% |
| 安徽泾县农村商业银行 | 2008 | | | | 江苏江都农村商业银行 | 2008 | | | |
| | 2009 | | | | | 2009 | | | |
| | 2010 | | | | | 2010 | | | |
| | 2011 | | 4.55% | 74.08% | | 2011 | 12.92% | 3.70% | 73.69% |
| | 2012 | 15.72% | 3.85% | 72.53% | | 2012 | 13.34% | 3.34% | 73.20% |
| | 2013 | 11.20% | 4.10% | 70.37% | | 2013 | 11.18% | 2.31% | 72.75% |
| 安徽青阳农村商业银行 | 2008 | | | | 江苏江南农村商业银行 | 2008 | | | |
| | 2009 | | | | | 2009 | | | |
| | 2010 | | | | | 2010 | | 1.43% | 67.99% |
| | 2011 | 14.55% | 3.05% | 65.11% | | 2011 | | 1.03% | 71.94% |
| | 2012 | 13.38% | 2.85% | 67.59% | | 2012 | | 1.53% | 71.35% |
| | 2013 | 19.65% | 2.80% | 67.42% | | 2013 | 16.94% | 1.84% | 67.20% |
| 安徽石台农村商业银行 | 2008 | | | | 江苏江阴农村商业银行 | 2008 | 13.70% | 0.00% | 70.03% |
| | 2009 | | | | | 2009 | | | 70.74% |
| | 2010 | | | | | 2010 | 12.82% | 0.49% | 68.61% |
| | 2011 | 14.79% | 3.00% | 66.73% | | 2011 | 13.14% | 0.48% | 75.02% |
| | 2012 | 14.61% | 2.51% | 67.08% | | 2012 | 15.36% | 1.23% | 74.02% |
| | 2013 | 11.89% | 2.83% | 63.44% | | 2013 | 14.81% | 1.19% | 75.82% |
| 安徽太湖农村商业银行 | 2008 | | | | 江苏姜堰农村商业银行 | 2008 | | | |
| | 2009 | | | | | 2009 | 10.27% | 3.78% | 72.56% |
| | 2010 | 7.07% | 4.62% | 72.68% | | 2010 | 10.71% | 3.12% | 71.12% |
| | 2011 | 13.49% | 4.47% | 73.70% | | 2011 | 14.38% | 1.99% | 70.34% |
| | 2012 | 13.03% | 4.22% | 70.75% | | 2012 | | | |
| | 2013 | | | | | 2013 | | | |

续上表

| 银行名称 | 年度 | 资本充足率 CAR | 不良贷款率 NPLR | 贷存比 LDR | 银行名称 | 年度 | 资本充足率 CAR | 不良贷款率 NPLR | 贷存比 LDR |
|---|---|---|---|---|---|---|---|---|---|
| 安徽桐城农村商业银行 | 2008 | 12.62% | 5.73% | 73.78% | 江苏昆山农村商业银行 | 2008 | 12.81% | 2.97% | 74.19% |
| | 2009 | 9.44% | 3.94% | 71.40% | | 2009 | 14.07% | 2.33% | 72.83% |
| | 2010 | 17.27% | 2.36% | 69.07% | | 2010 | 12.01% | 1.91% | 67.48% |
| | 2011 | | | | | 2011 | 12.69% | 1.46% | 65.37% |
| | 2012 | 14.78% | | | | 2012 | 11.50% | 2.90% | 64.18% |
| | 2013 | 15.48% | 0.81% | 72.80% | | 2013 | | | |
| 安庆独秀农村商业银行 | 2008 | | | | 江苏沭阳农村商业银行 | 2008 | | | |
| | 2009 | | | | | 2009 | | | |
| | 2010 | | | | | 2010 | 10.29% | 2.14% | 85.10% |
| | 2011 | 11.90% | 2.46% | 67.38% | | 2011 | 16.04% | 1.48% | 85.20% |
| | 2012 | 11.86% | 1.77% | 70.48% | | 2012 | 13.92% | 1.49% | 87.18% |
| | 2013 | 17.34% | 1.46% | 71.49% | | 2013 | 13.52% | 1.48% | 88.57% |
| 北京农村商业银行 | 2008 | 10.50% | 4.92% | 57.08% | 江苏睢宁农村商业银行 | 2008 | | | |
| | 2009 | 11.10% | 7.50% | 46.58% | | 2009 | | | 76.20% |
| | 2010 | | 4.77% | 46.86% | | 2010 | 11.71% | 2.46% | 71.39% |
| | 2011 | | 3.49% | 50.40% | | 2011 | 13.33% | 1.89% | 68.07% |
| | 2012 | 15.12% | 2.39% | 57.07% | | 2012 | 15.06% | 3.80% | 72.60% |
| | 2013 | | 1.71% | 61.68% | | 2013 | 16.49% | 4.28% | 78.49% |
| 沧州融信农村商业银行 | 2008 | | | | 江苏吴江农村商业银行 | 2008 | | | |
| | 2009 | | | | | 2009 | 13.24% | 1.84% | |
| | 2010 | | | | | 2010 | 15.75% | 0.99% | |
| | 2011 | 10.52% | 2.87% | 72.84% | | 2011 | 14.38% | 0.74% | 65.11% |
| | 2012 | 11.07% | 2.84% | 70.31% | | 2012 | 13.86% | 1.66% | 64.35% |
| | 2013 | | | | | 2013 | 12.92% | 1.35% | 65.66% |
| 池州九华农村商业银行 | 2008 | 12.20% | 5.28% | 71.73% | 江苏扬州农村商业银行 | 2008 | | | |
| | 2009 | 9.22% | 4.37% | 64.76% | | 2009 | | | |
| | 2010 | 24.31% | 3.20% | 59.27% | | 2010 | | | |
| | 2011 | 16.69% | 2.11% | 67.85% | | 2011 | 11.28% | 2.26% | 72.78% |
| | 2012 | 14.06% | 1.59% | 69.92% | | 2012 | 11.54% | 3.04% | 71.20% |
| | 2013 | 13.27% | 1.73% | 70.68% | | 2013 | 10.82% | 2.55% | 71.66% |

续上表

| 银行名称 | 年度 | 资本充足率 CAR | 不良贷款率 NPLR | 贷存比 LDR | 银行名称 | 年度 | 资本充足率 CAR | 不良贷款率 NPLR | 贷存比 LDR |
|---|---|---|---|---|---|---|---|---|---|
| 大连农村商业银行 | 2008 | | | | 江苏宜兴农村商业银行 | 2008 | | | |
| | 2009 | | | | | 2009 | | | |
| | 2010 | | | | | 2010 | 12.64% | 2.35% | 66.76% |
| | 2011 | 14.47% | 2.62% | 71.48% | | 2011 | 13.40% | 1.95% | 71.12% |
| | 2012 | 15.68% | 3.56% | 75.11% | | 2012 | | | |
| | 2013 | 11.86% | 2.96% | 72.54% | | 2013 | | | |
| 鄂尔多斯农村商业银行 | 2008 | 15.18% | 0.67% | 39.03% | 江苏张家港农村商业银行 | 2008 | 14.67% | 1.59% | 63.00% |
| | 2009 | | | | | 2009 | 13.51% | 0.95% | 68.66% |
| | 2010 | | | | | 2010 | 13.86% | 0.65% | 62.44% |
| | 2011 | 13.66% | 0.04% | 69.24% | | 2011 | 13.31% | 0.69% | 63.02% |
| | 2012 | 16.51% | 1.78% | 72.82% | | 2012 | 14.21% | 1.00% | 70.99% |
| | 2013 | | | | | 2013 | 14.26% | 1.08% | 70.57% |
| 佛山农村商业银行 | 2008 | 8.63% | 12.13% | 71.11% | 江苏紫金农村商业银行 | 2008 | | | |
| | 2009 | 10.95% | 7.16% | 70.77% | | 2009 | | | |
| | 2010 | 9.93% | 4.32% | 70.73% | | 2010 | 8.75% | 2.23% | 63.81% |
| | 2011 | 21.14% | 1.88% | 71.85% | | 2011 | 13.43% | 1.84% | 60.57% |
| | 2012 | 17.17% | 1.81% | 74.29% | | 2012 | 14.91% | 2.75% | 73.55% |
| | 2013 | 14.57% | 1.55% | 66.67% | | 2013 | 13.53% | 2.48% | 74.12% |
| 福建晋江农村商业银行 | 2008 | | | 89.30% | 连云港东方农村商业银行 | 2008 | | | |
| | 2009 | 0.00% | 3.86% | 72.20% | | 2009 | | | |
| | 2010 | 18.25% | 1.08% | 67.63% | | 2010 | | | |
| | 2011 | 17.71% | 0.79% | 58.12% | | 2011 | 17.03% | 1.75% | 71.36% |
| | 2012 | | | | | 2012 | 15.70% | 13.02% | 90.10% |
| | 2013 | | | | | 2013 | | 26.76% | 108.86% |
| 广东揭阳农村商业银行 | 2008 | 6.66% | 8.07% | 69.29% | 陕西白河农村商业银行 | 2008 | | | |
| | 2009 | 7.73% | 5.08% | 72.00% | | 2009 | | | |
| | 2010 | 18.28% | 3.20% | 70.89% | | 2010 | | | |
| | 2011 | | 2.90% | 71.54% | | 2011 | 18.79% | 2.98% | 68.00% |
| | 2012 | | 2.03% | 73.25% | | 2012 | 18.60% | 1.26% | 68.40% |
| | 2013 | | | 0.00% | | 2013 | | | |

续上表

| 银行名称 | 年度 | 资本充足率 CAR | 不良贷款率 NPLR | 贷存比 LDR | 银行名称 | 年度 | 资本充足率 CAR | 不良贷款率 NPLR | 贷存比 LDR |
|---|---|---|---|---|---|---|---|---|---|
| 广东南海农村商业银行 | 2008 | 0.20% | 22.55% | 61.38% | 天津滨海农村商业银行 | 2008 | 20.61% | 2.49% | 61.49% |
| | 2009 | 3.24% | 16.69% | 64.16% | | 2009 | 15.95% | 1.22% | 71.19% |
| | 2010 | 9.20% | 7.21% | 62.77% | | 2010 | 14.55% | 0.93% | 67.28% |
| | 2011 | 16.94% | 1.47% | 67.87% | | 2011 | 14.41% | 1.42% | 73.81% |
| | 2012 | 15.29% | 1.13% | 65.92% | | 2012 | 12.18% | 1.38% | 71.20% |
| | 2013 | 11.64% | 0.95% | 64.05% | | 2013 | 13.24% | 1.38% | 68.32% |
| 广东顺德农村商业银行 | 2008 | 10.86% | 4.98% | 56.68% | 无锡农村商业银行 | 2008 | | | |
| | 2009 | 17.33% | 2.38% | 58.71% | | 2009 | 12.22% | | 72.48% |
| | 2010 | 15.65% | 0.92% | 60.56% | | 2010 | 11.04% | 1.28% | 67.41% |
| | 2011 | 16.41% | 0.48% | 67.02% | | 2011 | | 0.90% | 70.68% |
| | 2012 | 16.38% | 0.41% | 68.59% | | 2012 | | 0.88% | 69.23% |
| | 2013 | 13.89% | 0.42% | 66.89% | | 2013 | | 1.02% | 65.28% |
| 广州农村商业银行 | 2008 | 5.85% | 9.35% | 55.83% | 芜湖扬子农村商业银行 | 2008 | 11.51% | 1.50% | 71.76% |
| | 2009 | 11.95% | | 60.08% | | 2009 | 10.37% | 0.80% | 80.65% |
| | 2010 | 11.00% | 0.71% | 60.57% | | 2010 | 27.21% | 0.63% | 53.87% |
| | 2011 | 13.92% | 0.59% | 57.13% | | 2011 | 17.32% | 0.64% | 72.82% |
| | 2012 | 13.97% | 0.71% | 52.07% | | 2012 | 15.73% | 0.86% | 71.71% |
| | 2013 | 14.37% | 0.91% | 50.47% | | 2013 | 16.99% | 1.21% | 72.70% |
| 杭州联合农村商业银行 | 2008 | 10.00% | 1.66% | 66.94% | 武汉农村商业银行 | 2008 | | | |
| | 2009 | 11.18% | 1.20% | 69.68% | | 2009 | 17.20% | 2.76% | 66.04% |
| | 2010 | 13.93% | 0.79% | 69.61% | | 2010 | 13.02% | 1.98% | 67.02% |
| | 2011 | 13.14% | 0.91% | 74.00% | | 2011 | 11.62% | 1.52% | 68.20% |
| | 2012 | 13.95% | 2.43% | 72.49% | | 2012 | 13.58% | 1.47% | 65.99% |
| | 2013 | 13.46% | 2.37% | 69.88% | | 2013 | | 1.45% | 65.41% |
| 合肥科技农村商业银行 | 2008 | 10.10% | 3.16% | 71.36% | 厦门农村商业银行 | 2008 | 10.79% | 9.07% | 69.92% |
| | 2009 | 10.45% | 1.92% | 57.42% | | 2009 | 12.72% | 5.70% | 67.38% |
| | 2010 | 9.39% | 0.93% | 68.44% | | 2010 | 11.39% | 3.80% | 65.39% |
| | 2011 | 11.77% | 0.63% | 73.00% | | 2011 | 9.62% | 1.57% | 58.65% |
| | 2012 | 23.87% | 0.83% | 74.14% | | 2012 | 14.36% | 4.14% | 65.64% |
| | 2013 | 16.42% | 1.56% | 74.20% | | 2013 | 12.54% | 1.81% | 58.14% |

续上表

| 银行名称 | 年度 | 资本充足率 CAR | 不良贷款率 NPLR | 贷存比 LDR | 银行名称 | 年度 | 资本充足率 CAR | 不良贷款率 NPLR | 贷存比 LDR |
|---|---|---|---|---|---|---|---|---|---|
| 湖南浏阳农村商业银行 | 2008 | | | | 新余农村商业银行 | 2008 | | | |
| | 2009 | | | | | 2009 | | | |
| | 2010 | | | | | 2010 | | | |
| | 2011 | | 1.41% | 70.28% | | 2011 | | 0.00% | 69.79% |
| | 2012 | 21.30% | 1.04% | 73.54% | | 2012 | 12.09% | 1.59% | 68.26% |
| | 2013 | | 0.84% | 74.25% | | 2013 | 13.64% | 1.06% | 66.70% |
| 湖南炎陵农村商业银行 | 2008 | | | 0.00% | 浙江杭州余杭农村商业银行 | 2008 | 10.77% | 1.99% | 71.64% |
| | 2009 | | | 0.00% | | 2009 | 10.41% | 1.24% | 70.60% |
| | 2010 | 16.46% | 1.86% | 59.87% | | 2010 | 10.74% | 0.68% | 66.96% |
| | 2011 | 14.79% | 1.97% | 58.02% | | 2011 | 11.02% | 0.34% | 69.81% |
| | 2012 | | | | | 2012 | 11.61% | 0.62% | 67.93% |
| | 2013 | | | | | 2013 | 14.78% | 0.97% | 63.13% |
| 湖南宜章农村商业银行 | 2008 | | | | 浙江义乌农村商业银行 | 2008 | 13.47% | 0.82% | 70.39% |
| | 2009 | | | | | 2009 | 12.65% | 0.88% | 72.08% |
| | 2010 | 5.85% | 2.54% | 58.33% | | 2010 | 12.55% | 0.91% | 72.89% |
| | 2011 | 19.03% | 2.19% | 57.16% | | 2011 | | | |
| | 2012 | 15.87% | 2.15% | 58.58% | | 2012 | | | |
| | 2013 | 13.31% | 4.96% | 61.70% | | 2013 | | | |
| 江门融和农村商业银行 | 2008 | | | | 珠海农村商业银行 | 2008 | | | |
| | 2009 | | | | | 2009 | | | |
| | 2010 | 10.16% | 4.03% | 0.00% | | 2010 | | | |
| | 2011 | 22.82% | 2.08% | 0.00% | | 2011 | 9.52% | 4.11% | 68.19% |
| | 2012 | 20.52% | 1.71% | 72.60% | | 2012 | 21.02% | 1.45% | 70.71% |
| | 2013 | 16.72% | 1.46% | 69.99% | | 2013 | 17.38% | 1.40% | 68.08% |
| 江门新会农村商业银行 | 2008 | | | | | | | | |
| | 2009 | | | 61.61% | | | | | |
| | 2010 | 8.02% | 6.09% | 59.81% | | | | | |
| | 2011 | 19.93% | 2.74% | 62.06% | | | | | |
| | 2012 | 17.55% | 2.10% | 64.88% | | | | | |
| | 2013 | 16.94% | 1.18% | 65.26% | | | | | |

# 参 考 文 献

**1. 连续出版物**

［1］Acharya S, Dreyfus J. Optimal Band Reorganization Policies and the Pricing of Federal Deposit Insurance［J］. The Journal of Finance, 1989, 44 (5): 1313 – 1333.

［2］Allen F, Gale D. Optimal Banking Crisis［J］. Journal of Finance, 1998, 53 (4): 1245 – 1284.

［3］Allen L, Saunders A. Forbearance and Valuation of Deposit Insurance as a Callable Put［J］. Journal of Banking& Finance, 1993, 17 (4): 629 – 643.

［4］Angkinand A, Wihlborg C. Deposit Insurance Coverage, Ownership, and Bank's Risk-Taking in Emerging Markets［J］. Journal of International Money and Finance, 2010, 29 (2): 252 – 274.

［5］Bartholdy J, Boyle G W, Stover R D. Deposit Insurance and the Risk Premium in Bank Deposit Rates［J］. Journal of Banking & Finance, 2003, 27 (4): 699 – 717.

［6］Berlin M, Saunders A. Deposit Insurance Reform: What are the Issues and What needs to Be Fixed?［J］. Journal of Banking and Finance, 1991, 15 (2): 735 – 752.

［7］Boyd J H, Chang C, Smith B D. Deposit Insurance: A Reconsideration［J］. Journal of Monetary Economics, 2002, 49 (6): 1235 – 1260.

［8］Brewer E, Mondschean T H. An Empirical Test of the Incentive Effects of Deposit Insurance: The Case of Junk Bonds at Savings and Loan Associations［J］. Journal of Money, Credit and Banking, 1994, 26 (1): 146 – 164.

［9］Bryant J. A Model of Reserves, Bank Runs, and Deposit Insurance［J］. Journal of Banking & Finance, 1980, 4 (4): 335 – 344.

［10］Calomiris C W. Is Deposit Insurance Necessary? A Historical Perspective［J］. The journal of Economic History, 1990, 50 (2): 283 – 295.

［11］Cooper R, Ross T W. Bank Runs: Deposit Insurance and Capital Requirements［J］. International Economic Review, 2002, 43 (1): 55 – 72.

［12］Demirguc-Kunt Asli, Edward Kane. Deposit Insurance Around the World: Where Does it Work?［J］Journal of Economic Perspectives, 2002, 16 (2): 175 – 195.

［13］Demirguc-Kunt Asli, Tolga Sobaci. Deposit Insurance around the World: A New Development Database［J］. World Bank Economic Review, 2001, 15 (3): 481 – 490.

［14］Demirguc-Kunt Asli, Edward Kane. Determinants of Deposit Insurance Adoption and Design［J］. Journal of Financial Intermediation, 2008, 17 (3): 407 – 438.

［15］Demirguc-Kunt Asli, Karacaovali Baybars, Leaven Luc. Deposit Insurance around the World: A Comprehensive Database［J］. World Bank Policy Research Working Paper, 2005,

No. 3628

[16] Diamond, Douglas W, Dybvig Phillip H. Bank Runs Deposit insurance and Liquidity [J]. Journal of Political Economy, 1983, 91 (3): 401 – 419.

[17] Duan J C, Min-Teh Yu. Capital Standard, Forbearance and Deposit Insurance Pricing under GARCH [J]. Journal of Banking and Finance, 1999, 23 (1): 1691 – 1706.

[18] Garcia Gillian. Deposti Insurance-A Survey of Actual and Best Practices [J]. International Monetary Fund Working Papers, 1999: 54 – 99.

[19] Grossman R. Deposit Insurance, Regulation, and Moral Hazard in the Thrift Industry: Evidence from the 1930s [J]. American Economic Review, 1992, 82 (1): 800 – 821.

[20] John K, John T A, Senbet L W. Risk-Shifting Incentives of Depository Institutions: A New Perspective on Federal Deposit Insurance Reform [J]. Journal of Banking and Finance, 1991, 15 (4 – 5): 895 – 915.

[21] Keeley M C. Deposit Insurance, Risk and Market Power in Banking [J]. American Economic Review, 1990, 80 (5): 1183 – 1200.

[22] Laeven Luc. International evidence on the value of deposit insurance [J]. The Quarterly Review of Economics and Finance, 2002, 42 (4): 721 – 732.

[23] Marcus Shaked. The Valuation of FDIC Deposit Insurance Using Option Pricing Estimates [J]. Journal of Money, Credit and Banking, 1984, 16 (4): 446 – 460.

[24] Merton R. An Analytical Derivation of the Cost of Deposit Insurance and Loan Guarantees [J]. Journal of Banking and Finance, 1977, 1 (1): 3 – 11.

[25] Pennacchi G. Deposit Insurance, Bank Regulation, and Financial System Risks [J]. Journal of Monetary Economics, 2006, 53 (1): 1 – 30.

[26] Pennacchi G. Risk-based Capital Standards, Deposit Insurance, and Procyclicality [J]. Journal of Financial Intermediation, 2005, 14 (4): 432 – 465.

[27] Ronn E, Verma A. Pricing Risk-adjusted Deposit Insurance: an Option-based Model [J]. Journal of Finance, 1986, 41 (4): 871 – 895.

[28] Schumacher L. Bank Runs and Currency Run in a System without a Safety Net: Argentina and Tequila shock [J]. Journal of Monetary Economics, 2000, 46 (1): 257 – 277.

[29] Sharpe W F. Bank Capital Adequacy, Deposit Insurance and Security Values [J]. The Journal of Financial and Quantitative Analysis, 1978, 13 (4): 701 – 718.

[30] Stiglitz J E, Weiss A. Credit Rationing in Markets with Imperfect Information [J]. The American Economic Review, 1981, 71 (3): 393 – 410.

[31] 北京大学中国经济研究中心宏观组. 设计有效的存款保险制度[J]. 金融研究, 2003 (11): 1 – 16.

[32] 曹元涛. 隐性存款保险制度、显性存款保险制度与中国的选择 [J]. 经济学动态, 2005 (6): 48 – 53.

[33] 陈国进. 日本存款保险制度与银行危机管理 [J]. 国际金融研究, 2002 (5): 37 – 41.

[34] 戴晓凤, 尹伯成. 论存款保险制度与银行的道德风险 [J]. 世界经济, 2001 (11): 45-48.

[35] 何光辉, 杨咸月. 存款保险制度的产生发展及其理论基础 [J]. 当代经济科学, 2003, 25 (2): 13-18.

[36] 何广文, 冯兴元. 德国存款保险制度的特征及其对中国的启示 [J]. 德国研究, 2003 (4): 4-9.

[37] 黄少安. 制度变迁主体转换假说及其对中国制度变革的解释 [J]. 经济研究, 1999 (1): 68-74.

[38] 黄韬. 日本存款保险法律制度的实践及其评价 [J]. 日本学刊, 2009 (6): 82-93.

[39] 蒋先玲. 加拿大存款保险制度的发展及其对我国的启示 [J]. 国际贸易问题, 2004 (8): 70-73.

[40] 李华民. 存款保险制度的辩证评价与中国的选择 [J]. 中国软科学, 2004 (5): 28-33.

[41] 李友申. 日本存款保险制度: 演变与启示 [J]. 现代日本经济, 2004 (5): 1-6.

[42] 李宗怡, 冀勇鹏. 我国是否应该建立显性存款保险制度 [J]. 国际金融研究, 2003 (7): 51-56.

[43] 凌涛, 杜要忠, 杨明奇. 存款保险融资制度设计中的公平问题 [J]. 金融研究, 2007 (5): 15-25.

[44] 刘士余, 李培育. 关于建立中国存款保险制度若干问题的研究 [J]. 金融研究, 1999 (11): 61-65.

[45] 陆爱勤. 存款保险制度的国际经验和中国模式的思考 [J]. 世界经济研究, 2010 (6): 22-27.

[46] 陆桂娟. 存款保险的经济学分析 [J]. 金融研究, 2006 (5): 113-120.

[47] 陆军, 陈志毅. 各国存款保险制度安排的比较研究 [J]. 国际金融研究, 2002 (5): 42-48.

[48] 钱小安. 存款保险的道德风险、约束条件与制度设计 [J]. 金融研究, 2004 (8): 21-27.

[49] 沈福喜, 高阳, 林旭东. 国外存款保险费率的借鉴与统计研究 [J]. 统计研究, 2002 (5): 23-29.

[50] 王自力. FDIC 经验与我国存款保险制度建设 [J]. 金融研究, 2006 (3): 124-130.

[51] 魏志宏. 中国存款保险定价研究 [J]. 金融研究, 2004 (5): 99-105.

[52] 魏志宏. 存款保险制度的国际规范与指导原则 [J]. 国际金融研究, 2004 (3): 60-64.

[53] 吴军, 邹恒甫. 存款保险、道德风险与银行最优监管 [J]. 统计研究, 2005 (2): 35-37.

[54]谢平,王素珍,闫伟.存款保险的理论研究与国际比较[J].金融研究,2001(5):1-12.

[55]许有传,何佳.不完全隐性保险政策与银行业风险承担行为[J].金融研究,2008,27(1):163-174.

[56]颜海波.中国建立存款保险制度所面临的困境与选择[J].金融研究,2004(11):29-36.

[57]张金宝,任若恩.银行债务的清偿结构与存款保险定价[J].金融研究,2007(6):35-43.

[58]张金宝,任若恩.基于商业银行资本配置的存款保险定价方法研究[J].金融研究,2007(1):53-60.

[59]张伟.存款保险、信息不对称与预警机制[J].世界经济,2005(11):43-53.

[60]张亚涛.存款保险定价模型研究[J].国际金融研究,2003(11):43-53.

[61]张正平,何广文.存款保险定价理论研究的最新进展[J].经济评论,2006(2):104-112.

[62]张正平,何广文.存款保险制度在全球的最新发展、运行绩效及其启示[J].国际金融研究,2005(6):33-39.

[63]张正平,何广文.我国银行业市场约束力的实证研究(1994~2003)[J].金融研究,2005(10):42-52.

[64]中国人民银行存款保险课题组.构建中国存款保险体系的若干思考[J].中国金融,2003(5).

2. 专著

[65]存款保险制度研究编委会.存款保险制度研究[M].北京:中国金融出版社,2003.

[66]范小云,曹元涛.中国金融改革中的金融安全与风险控制[M].北京:中国金融出版社,2008.

[67]何光辉.存款保险制度研究[M].北京:中国金融出版社,2003.

[68]吉莉安·加西亚著,陆符玲译.存款保险制度的现状与良好做法.国际货币基金组织不定期刊物第197号,北京:中国金融出版社,2003.

[69] John C. Hull. Options, Future and other Derivatives [M].北京:华夏出版社,2000.

[70]刘仁伍.存款保险制度道德风险:理论与实证分析[M].北京:中国社会科学出版社,2007.

[71]苏宁.存款保险制度设计国际经验与中国选择[M].北京:社会科学文献出版社,2007.

[72]张正平.转轨时期我国存款保险制度的构建[M].北京:中国经济出版社,2007.